银行业专业人员职业资格考试(初级)应试指导教材

银行管理

(第3版)

银行业专业人员职业资格考试应试指导教材编写组　编著

中国财富出版社有限公司

图书在版编目(CIP)数据

银行管理/银行业专业人员职业资格考试应试指导教材编写组编著.—3版.—北京：中国财富出版社有限公司,2024.2

(银行业专业人员职业资格考试(初级)应试指导教材)

ISBN 978-7-5047-8112-3

Ⅰ.①银… Ⅱ.①银… Ⅲ.①银行管理—中国—资格考试—自学参考资料 Ⅳ.①F832.1

中国国家版本馆CIP数据核字(2024)第047704号

策划编辑	李彩琴	责任编辑	李彩琴	版权编辑	李　洋
责任印制	尚立业	责任校对	孙丽丽	责任发行	董　倩

出版发行	中国财富出版社有限公司		
社　　址	北京市丰台区南四环西路188号5区20楼	邮政编码	100070
电　　话	010-52227588转2098(发行部)	010-52227588转321(总编室)	
	010-52227566(24小时读者服务)	010-52227588转305(质检部)	
网　　址	http://www.cfpress.com.cn	排　版	安徽佰通教育科技发展股份有限公司
经　　销	新华书店	印　刷	三河市德利印刷有限公司
书　　号	ISBN 978-7-5047-8112-3/F·3672		
开　　本	787mm×1092mm　1/16	版　次	2024年6月第3版
印　　张	17.5	印　次	2024年6月第1次印刷
字　　数	448千字	定　价	52.00元

版权所有·侵权必究·印装差错·负责调换

编 委 会

主　　编：李　飞

编　　委：(排名不分先后)

   苏庆庆　　　陈　业　　　王星明

   杨　蓉　　　李慧慧　　　鲍文一

   陈　光　　　丁菡芬　　　王　安

   张　庆　　　范月嫒　　　闫　波

责　　编：蒋　然

编 写 组：(排名不分先后)

   胡结华　　　石雪莉　　　陆浩洁

   殷军队　　　刘　兵　　　芮清清

前 言

一、考试简介

银行业专业人员职业资格考试（初级）科目包括"银行业法律法规与综合能力"和"银行业专业实务"。其中，"银行业专业实务"下设"个人理财""公司信贷""个人贷款""风险管理""银行管理"五个专业类别。考生须在主办方举办的连续两次考试中通过"银行业法律法规与综合能力"和"银行业专业实务"科目下任意一个专业类别，方可取得银行业专业人员职业资格证书。

为了帮助广大考生更快、更好地熟悉考试内容，把握考试重点，并及时进行巩固和自我检测，银行业专业人员职业资格考试应试指导教材编写组根据中国银行业协会2024年3月发布的《银行业专业人员职业资格考试专业实务科目〈银行管理〉初级考试大纲》，对真题考点进行细致分析，编写了本套教材。

二、学习指导

特色模块	学习指导
应试分析	通过应试分析把握整章的主要内容、所占分值、考试重点及学习方法等。
思维导图	通过思维导图建立整章的脉络框架，明确不同知识点的学习要求。
知识精讲	★结合学习要求和真考解读有侧重地学习。其中，标记蓝色及下划线的内容需要重点记忆（蓝色标记为考试重点，下划线标记为题眼）。 ★学完知识点做典型真题，了解知识点考查形式，做到灵活运用。
章节练习	学完一章知识点，进行章节真题练习，做到及时巩固。

三、增值服务

（一）视频课程

本套教材随书赠送视频课程，为考生提供多元化学习方式。考生可通过以下两种方式观看视频课程。

（1）微信扫描每节节名右侧的二维码即可进入观看。

（2）微信扫描下页图中的二维码，根据提示激活课程之后在网校观看。

（二）智能题库

本套教材中章节练习题数量有限，智能考试题库系统为大家提供更多章节练习题。此外，智能考试题库系统中有真题必练、模拟预测、错题训练、章节练习＆测评等功能。智能考试题库系统包括微信版、网页版及App，考生可根据自己的实际情况，在不同的环境下选择不同的练习方式，充分利用自己的时间。

更多增值服务请使用微信扫描下方图中二维码获取。

四、联系我们

尽管编写组成员本着精益求精的态度编写本套教材，但由于时间所限，书中难免有不足之处，恳请广大读者批评指正。联系邮箱：weilaijiaoyucaijing@foxmail.com。

预祝所有考生顺利通过考试！

银行业专业人员职业资格考试应试指导教材编写组

目 录

开 篇 考情分析

第一章 宏观经济金融环境

- 应试分析 ·········· 3
- 思维导图 ·········· 3
- 知识精讲 ·········· 4

第一节 宏观经济环境 ·········· 4
第二节 财政政策 ·········· 5
第三节 货币政策 ·········· 6
第四节 监管政策 ·········· 10
第五节 金融体系 ·········· 11

- 章节练习 ·········· 14
- 答案详解 ·········· 15

第二章 监管概述

- 应试分析 ·········· 16
- 思维导图 ·········· 16
- 知识精讲 ·········· 17

第一节 金融监管的历史沿革 ·········· 17
第二节 监管理念和指标 ·········· 19
第三节 银行业法律体系 ·········· 25
第四节 行业自律组织 ·········· 29

- 章节练习 ·········· 31
- 答案详解 ·········· 32

第三章 市场准入、非现场监管和现场检查

- 应试分析 ·········· 33
- 思维导图 ·········· 33
- 知识精讲 ·········· 34

第一节 市场准入 ·········· 34
第二节 非现场监管 ·········· 37
第三节 现场检查 ·········· 40

- 章节练习 ·········· 42
- 答案详解 ·········· 43

第四章 监管强制措施、行政处罚与行政救济

- 应试分析 ·········· 44
- 思维导图 ·········· 44
- 知识精讲 ·········· 45

第一节 监管强制措施 ·········· 45
第二节 行政处罚 ·········· 46
第三节 行政救济 ·········· 48
第四节 金融犯罪 ·········· 50

- 章节练习 ·········· 51
- 答案详解 ·········· 52

第五章 负债业务

- 应试分析 ·········· 53
- 思维导图 ·········· 53
- 知识精讲 ·········· 54

第一节 负债业务概述 …………… 54
第二节 存款业务 ……………… 54
第三节 其他负债业务 …………… 62
· 章节练习 ……………………… 67
· 答案详解 ……………………… 68

第六章 资产业务

· 应试分析 ……………………… 69
· 思维导图 ……………………… 69
· 知识精讲 ……………………… 70
第一节 贷款业务 ……………… 70
第二节 债券投资业务 …………… 80
· 章节练习 ……………………… 82
· 答案详解 ……………………… 83

第七章 其他业务

· 应试分析 ……………………… 84
· 思维导图 ……………………… 84
· 知识精讲 ……………………… 85
第一节 其他业务概述 …………… 85
第二节 支付结算业务 …………… 86
第三节 信用卡业务 ……………… 92
第四节 担保类业务 ……………… 96
第五节 贷款承诺业务 …………… 99
第六节 理财业务 ……………… 100
第七节 同业业务 ……………… 103
第八节 委托贷款 ……………… 108
第九节 衍生品业务 …………… 110

第十节 外汇业务 ……………… 112
第十一节 代理业务 …………… 113
· 章节练习 ……………………… 115
· 答案详解 ……………………… 115

第八章 全面风险管理

· 应试分析 ……………………… 117
· 思维导图 ……………………… 117
· 知识精讲 ……………………… 118
第一节 全面风险管理概述 …… 118
第二节 信用风险管理 ………… 121
第三节 操作风险管理 ………… 131
第四节 其他风险 ……………… 141
第五节 突发事件与应急管理 … 144
· 章节练习 ……………………… 147
· 答案详解 ……………………… 148

第九章 内部控制、合规管理与审计

· 应试分析 ……………………… 149
· 思维导图 ……………………… 149
· 知识精讲 ……………………… 150
第一节 内部控制 ……………… 150
第二节 合规管理 ……………… 159
第三节 反洗钱 ………………… 165
第四节 内外部审计 …………… 170
第五节 银行从业人员管理 …… 179
· 章节练习 ……………………… 182
· 答案详解 ……………………… 183

第十章　经营绩效管理

- 应试分析 …………………………… 184
- 思维导图 …………………………… 184
- 知识精讲 …………………………… 185

第一节　市场营销 ………………… 185
第二节　绩效管理 ………………… 189
第三节　薪酬管理 ………………… 192
第四节　财务管理 ………………… 194
第五节　盈利管理 ………………… 196

- 章节练习 …………………………… 200
- 答案详解 …………………………… 200

第十一章　开发性金融机构和政策性银行业务与监管

- 应试分析 …………………………… 201
- 思维导图 …………………………… 201
- 知识精讲 …………………………… 202

第一节　开发性金融机构和政策性银行的改革
　　　　历程及职能定位 ……………… 202
第二节　开发性金融机构和政策性银行的业务
　　　　经营与管理要求 ……………… 202
第三节　开发性金融机构和政策性银行监管
　　　　要求 …………………………… 206

- 章节练习 …………………………… 207
- 答案详解 …………………………… 208

第十二章　金融资产管理公司和金融资产投资公司业务与监管

- 应试分析 …………………………… 209

- 思维导图 …………………………… 209
- 知识精讲 …………………………… 210

第一节　金融资产管理公司的业务
　　　　与监管 ………………………… 210
第二节　金融资产投资公司的业务
　　　　与监管 ………………………… 218

- 章节练习 …………………………… 221
- 答案详解 …………………………… 222

第十三章　信托公司业务与监管

- 应试分析 …………………………… 223
- 思维导图 …………………………… 223
- 知识精讲 …………………………… 224

第一节　信托概述 ………………… 224
第二节　信托公司的主要业务与管理 …… 225
第三节　信托公司的监管要求 ………… 229

- 章节练习 …………………………… 231
- 答案详解 …………………………… 232

第十四章　企业集团财务公司业务与监管

- 应试分析 …………………………… 233
- 思维导图 …………………………… 233
- 知识精讲 …………………………… 234

第一节　企业集团财务公司经营
　　　　与管理 ………………………… 234
第二节　企业集团财务公司监管 ……… 237

- 章节练习 …………………………… 239
- 答案详解 …………………………… 240

第十五章 金融租赁公司业务与监管

- 应试分析 …………………………… 241
- 思维导图 …………………………… 241
- 知识精讲 …………………………… 242

第一节 金融租赁公司的概况 …………… 242

第二节 金融租赁公司的经营与管理 …… 242

第三节 金融租赁公司的监管要求 ……… 244

- 章节练习 …………………………… 246
- 答案详解 …………………………… 247

第十六章 汽车金融公司、消费金融公司、货币经纪公司业务与监管

- 应试分析 …………………………… 248
- 思维导图 …………………………… 248
- 知识精讲 …………………………… 249

第一节 汽车金融公司业务与监管 ……… 249

第二节 消费金融公司业务与监管 ……… 252

第三节 货币经纪公司业务与监管 ……… 254

- 章节练习 …………………………… 256
- 答案详解 …………………………… 256

第十七章 银行业消费者权益保护

- 应试分析 …………………………… 258
- 思维导图 …………………………… 258
- 知识精讲 …………………………… 259

第一节 银行业消费者权益保护概述 …… 259

第二节 主要银行业务的消费者权益保护 …………………………… 260

第三节 银行业消费者投诉处理 ………… 265

第四节 银行业金融机构社会责任 ……… 266

- 章节练习 …………………………… 269
- 答案详解 …………………………… 270

开 篇 考情分析

一、章节分值分布

为了更好地把握科目特点，熟悉考试重点，本书分析了近几次考试真题分值的分布情况。在考试真题数据分析基础上，编者整理了每一章在考试中涉及的大概分值。

考试真题分值的分布情况

所属章节	分值
第一章　宏观经济金融环境	5
第二章　监管概述	6
第三章　市场准入、非现场监管和现场检查	4
第四章　监管强制措施、行政处罚与行政救济	6
第五章　负债业务	5
第六章　资产业务	9
第七章　其他业务	13
第八章　全面风险管理	10
第九章　内部控制、合规管理与审计	7
第十章　经营绩效管理	5
第十一章　开发性金融机构和政策性银行业务与监管	3
第十二章　金融资产管理公司和金融资产投资公司业务与监管	4
第十三章　信托公司业务与监管	6
第十四章　企业集团财务公司业务与监管	4
第十五章　金融租赁公司业务与监管	3
第十六章　汽车金融公司、消费金融公司、货币经纪公司业务与监管	4
第十七章　银行业消费者权益保护	6

银行业专业人员职业资格考试对知识点的考查角度多样，考查形式多变。因此，本数据仅供考生参考。

二、考试题型解读

"银行管理"科目考试共120道题目，题型包括单选题、多选题和判断题。

（一）单选题

单选题有80道，每道0.5分，共40分。此类题型难度较小，即在给出的四个选项中选出符合题目要求的唯一答案，通常是针对某个知识点进行考查，较为简单。

【例题·单选题】治理通货膨胀的措施中，属于紧缩性财政政策的是(　　)。
A. 减少赋税
B. 减少基础货币投放
C. 提高利率
D. 减少财政支出
【答案】D　【解析】紧缩性财政政策的手段包括减少财政支出和增加税收。

(二) 多选题

多选题有20道，每道1.5分，共30分。此类题型在所给出的五个选项中，有两项或两项以上符合题目的要求，多选、少选、错选均不得分。多选题的难度不一，有的较为简单，如考查一些知识点的内容。有的难度较大，一般为综合类考查，要求考生对知识点之间的联系有较好的把控，所以考生在复习时要注意前后知识点的关联。

【例题·多选题】下列关于金融市场的说法中，正确的有(　　)。
A. 金融市场是以金融工具为交易对象而形成的资金供求关系的总和
B. 根据金融产品成交与定价方式的不同，可以将金融市场分为货币市场和资本市场
C. 一级市场是金融市场的基础环节，主要发挥融资功能
D. 现货交易是交易协议达成后，立即办理交割的交易
E. 公开市场一般是有组织的交易场所，如证券交易所、期货交易所等
【答案】ACDE　【解析】根据金融产品成交与定价方式的不同，可以将金融市场分为公开市场和协议市场，选项B说法错误。

(三) 判断题

判断题有20道，每道1.5分，共30分。此类题型较为简单，即对题干描述做出判断。正确的为A，错误的为B。

【例题·判断题】商业银行"三性"中，安全性劣于效益性、流动性，效益性优先于流动性。(　　)
A. 正确
B. 错误
【答案】B　【解析】商业银行"三性"中，效益性劣于安全性、流动性，安全性优先于流动性。

注：因银行从业考试题量不固定，试卷题量仅供参考，具体题量以当次考试为准。

三、命题规律分析

(一) 直接考查

在考试中，60%~70%的题目是对知识点的直接考查，考查形式包括对教材原文的考查、对题干所述内容进行判断等。此类题目比较简单，要求考生在把握重点的基础上精读教材，同时做习题巩固所学知识点。

(二) 考查对知识点的理解运用

在考试中，部分题目通过所学知识点无法直接得出答案，主要考查考生对知识点的灵活运用能力。考生可以通过典型真题了解各知识点的考查形式，对于此类题目所涉及的知识点进行深入理解，做到举一反三。

(三) 通过案例结合实际考查知识点

此类题目在本科目考试中难度略大，考生应仔细审题，联系相关知识点，并结合实际准确答题。

第一章 宏观经济金融环境

应试分析

本章主要介绍了银行业运行的宏观经济金融环境，包括宏观经济环境、财政政策、货币政策、监管政策及金融体系五个方面的内容。本章内容在考试中所占分值约为5分，考试重点为财政政策、货币政策以及金融体系。本章内容较为简单，属于基础知识，考试中出题难度不大，考生应注意把握，避免失分。

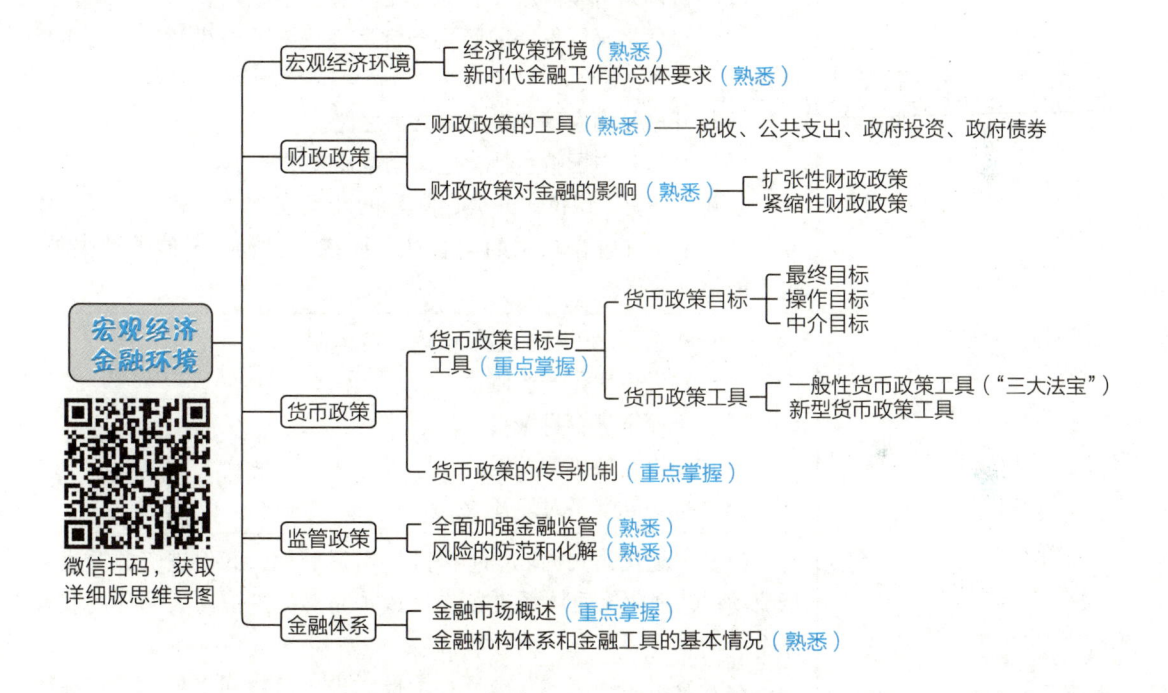

思维导图

- 宏观经济金融环境
  - 宏观经济环境
    - 经济政策环境（熟悉）
    - 新时代金融工作的总体要求（熟悉）
  - 财政政策
    - 财政政策的工具（熟悉）——税收、公共支出、政府投资、政府债券
    - 财政政策对金融的影响（熟悉）
      - 扩张性财政政策
      - 紧缩性财政政策
  - 货币政策
    - 货币政策目标与工具（重点掌握）
      - 货币政策目标
        - 最终目标
        - 操作目标
        - 中介目标
      - 货币政策工具
        - 一般性货币政策工具（"三大法宝"）
        - 新型货币政策工具
    - 货币政策的传导机制（重点掌握）
  - 监管政策
    - 全面加强金融监管（熟悉）
    - 风险的防范和化解（熟悉）
  - 金融体系
    - 金融市场概述（重点掌握）
    - 金融机构体系和金融工具的基本情况（熟悉）

知识精讲

第一节 宏观经济环境

一、经济政策环境（熟悉）

真考解读 考查相对较少，熟悉内容即可。

项目	内容
树立新发展理念	新发展理念包括创新、协调、绿色、开放、共享。 （1）创新是引领发展的第一动力。 （2）协调是持续健康发展的内在要求。 （3）绿色是永续发展的必要条件和人民对美好生活追求的重要体现。 （4）开放是国家繁荣发展的必由之路。 （5）共享是中国特色社会主义的本质要求。 创新、协调、绿色、开放、共享的新发展理念，相互贯通、相互促进，是具有内在联系的集合体，要统一贯彻，不能顾此失彼，也不能相互替代。
推动高质量发展	（1）构建高水平社会主义市场经济体制。 （2）建设现代化产业体系。 （3）全面推进乡村振兴。 （4）促进区域协调发展。 （5）推进高水平对外开放。
构建新发展格局	（1）畅通国内大循环：①提升供给适配性；②促进资源要素顺畅流动；③强化流通体系支撑作用；④完善促进国内大循环的政策体系。 （2）促进国内国际双循环：①推动进出口协同发展；②提高国际双向投资水平。

二、新时代金融工作的总体要求（熟悉）

真考解读 考查相对较少，熟悉内容即可。

项目	内容
走中国特色金融发展之路	奋力开拓中国特色金融发展之路，强调必须坚持党中央对金融工作的集中统一领导，坚持以人民为中心的价值取向，坚持把金融服务实体经济作为根本宗旨，坚持把防控风险作为金融工作的永恒主题，坚持在市场化法治化轨道上推进金融创新发展，坚持深化金融供给侧结构性改革，坚持统筹金融开放和安全，坚持稳中求进工作总基调。

续表

项目	内容
金融工作的主要任务	（1）着力营造良好的货币金融环境：①要把好总闸门；②要强化调结构；③要注重提效率。 （2）做好科技金融、绿色金融、普惠金融、养老金融、数字金融五篇大文章。 （3）优化融资结构。 （4）稳步扩大金融领域制度型开放。

第二节　财政政策

一、财政政策的工具（熟悉）

真考解读 考查相对较少，熟悉即可。

项目	内容
税收	（1）特征：强制性、无偿性和固定性。**解读1** （2）作用：通过宏观税率和具体税率的确定、税种选择、税负分配（包括税负转嫁）以及税收优惠和税收惩罚等起到调节税收的作用。
公共支出	（1）含义：指政府满足纯公共需要的一般性支出。 （2）分类：包括购买性支出和转移性支出。 ①购买性支出，包括商品和劳务的购买，是一种政府的直接消费支出。 ②转移性支出，通过"财政收入—国库—财政支付"过程将货币收入从一方转移到另一方。**解读2**
政府投资	（1）含义：指财政用于资本项目的建设支出，最终将形成各种类型的固定资产。 （2）作用：对经济结构的调整起到关键性作用。
政府债券	（1）含义：指政府财政部门或者其他代理机构为筹集资金，以政府名义发行的承诺在一定期限还本和付息的债务凭证。 （2）分类：中央政府发行的债券被称为中央政府债券或者国债，地方政府发行的债券被称为地方政府债券，二者有时统称为公债。

解读1 考生需熟悉税收的3项特征。

解读2 考生需熟悉转移性支出的传导机制，分辨哪些支出属于转移性支出。

二、财政政策对金融的影响（熟悉）

真考解读 考查相对较少，熟悉即可。

项目	内容
扩张性财政政策	（1）含义：扩张性财政政策是指通过财政收支规模的变动来增加和刺激社会的总需求。 （2）作用：在总需求不足时，通过扩张性财政政策使总需求与总供给的差额缩小以至平衡。 （3）主要手段：增加财政支出和减少税收。 ①增加财政支出会直接增加总需求。 ②减少税收可以增加民间的可支配收入，财政支出规模不变时，社会的总需求扩大。
紧缩性财政政策	（1）含义：紧缩性财政政策是指通过财政收支规模的变动来减少和抑制社会的总需求。 （2）作用：在总需求过旺时，通过紧缩性财政政策可以消除通货膨胀，达到供求平衡。 （3）主要手段：减少财政支出和增加税收。 ①减少财政支出可以降低政府的消费需求和投资需求。 ②增加税收可以减少民间的可支配收入，降低民间消费需求和投资需求。解读3

解读3 考生需熟悉扩张性财政政策和紧缩性财政政策的作用和主要手段。

典型真题

【单选题】治理通货膨胀的措施中，属于紧缩性财政政策的是（　　）。
A．减少赋税　　　　　　　　B．减少基础货币投放
C．提高利率　　　　　　　　D．减少财政支出
【答案】D【解析】紧缩性财政政策的手段包括减少财政支出和增加税收。

第三节　货币政策

真考解读 属于必考点，一般会考1道题。

一、货币政策目标与工具（重点掌握）

（一）货币政策目标

分类	内容
最终目标	（1）四大目标：经济增长、充分就业、物价稳定和国际收支平衡。 （2）关系：四大目标统一性和矛盾性并存。在不同的经济环境中，货币政策的最终目标应该有所侧重。 （3）《中华人民共和国中国人民银行法》（以下简称《中国人民银行法》）明确规定，我国的货币政策目标是"保持货币币值稳定，并以此促进经济增长"。

第一章 宏观经济金融环境

续表

分类	内容
操作目标	（1）操作目标：基础货币（高能货币）。 （2）基础货币的构成：①金融机构存入中国人民银行的存款准备金；②流通中的现金；③金融机构的库存现金。
中介目标	货币政策的中介目标是货币供应量，货币供应量的多少与社会最终总需求有正相关的关系，最终可以影响到社会总的经济目标。 （1）概念：货币供应量是指某个时点上全社会承担流通和支付手段的货币存量，是一国经济中可用于各种交易的货币总量。 （2）分类：按流动性^{解读1}不同将货币供应量划分为 M_0、M_1、M_2 三个层次。 ① M_0 = 流通中现金。 ② $M_1 = M_0$ + 银行的单位活期存款。 ③ $M_2 = M_1$ + 准货币 = M_1 + 单位定期存款 + 个人存款 + 证券公司保证金存款 + 其他存款。 M_1 为狭义货币，是现实购买力；M_2 为广义货币^{解读2}；（$M_2 - M_1$）为准货币，是潜在购买力。

解读1 转换成现金的时间越短、成本越低，流动性就越强。

解读2 M_2 的流动性比 M_1 和 M_0 都要低，可用于观察和调控中长期金融市场。

典型真题

【单选题】我国的货币政策目标是（　　）。
A. 保持进出口稳定，并以此促进经济增长
B. 保持人民币持续升值，并以此促进经济增长
C. 保持货币币值稳定，并以此促进经济增长
D. 保持汇率稳定，并以此促进经济增长

【答案】C【解析】《中国人民银行法》明确规定，我国的货币政策目标是"保持货币币值稳定，并以此促进经济增长"。

（二）货币政策工具

1. 一般性货币政策工具（"三大法宝"）^{解读3}

项目	内容
存款准备金	（1）含义：存款准备金是指金融机构为保证客户提取存款和资金清算需要而准备的、缴存在中央银行的存款。存款准备金率是中央银行要求的存款准备金占其存款总额的比例。法定存款准备金率是金融机构按规定向中央银行缴纳的存款准备金占其存款的总额的比率。 （2）原理：降低存款准备金率→商业银行放款及创造信用的能力提高→货币乘数上升→商业银行创造信用、扩大信用规模能力提高→货币供应量增加→利率降低。反之，则利率提高。

解读3 一般性货币政策工具主要以单选题形式考查，考生需重点掌握。

续 表

项目	内容
再贷款与再贴现	（1）再贷款也称中央银行贷款，是指中央银行对金融机构的贷款，是中央银行调控基础货币的渠道之一。 （2）再贴现是指中央银行对金融机构持有的未到期已贴现商业汇票予以贴现的行为。
公开市场业务	（1）含义：公开市场业务是指中央银行在金融市场上卖出或买进有价证券，吞吐基础货币，以改变商业银行等存款类金融机构的可用资金，进而影响货币供应量和利率，实现货币政策目标的一种政策措施。 （2）原理：中央银行判断社会上资金过少→买入证券→商业银行超额准备金增加→货币供应量增加→利率下降。反之，则利率提高。

2. 新型货币政策工具 解读4

> 解读4 新型货币政策工具一般以单选题和多选题形式考查，考生需重点记忆5种工具的名称及其缩写。

工具	内容
短期流动性调节工具（SLO）	（1）创设时间：2013年1月。 （2）作用：有利于中央银行调节市场短期资金供给，熨平突发性、临时性因素导致的市场资金供求大幅波动，促进金融市场平稳运行；有助于稳定市场预期和有效防范金融风险的发生。
常备借贷便利（SLF）	（1）创设时间：2013年年初。 （2）对象：主要是政策性银行和全国性商业银行。 （3）期限：1~3个月。 （4）作用：主要满足金融机构期限较长的大额流动性需求。 （5）特点：①由金融机构主动发起；②中央银行与金融机构"一对一"交易，针对性强；③交易对手覆盖面广，通常覆盖存款类金融机构。
中期借贷便利（MLF）	（1）创设时间：2014年9月。 （2）地位：中央银行提供中期基础货币的货币政策工具。 （3）对象：符合宏观审慎管理要求的商业银行、政策性银行。 （4）开展方式：招标方式。 （5）发放方式与合格抵押品：采取质押方式发放。金融机构提供国债、央行票据、政策性金融债、高等级信用债等优质债券作为合格质押品。
抵押补充贷款（PSL）	（1）创设时间：2014年4月。 （2）目的：支持国家开发银行加大对棚户区改造重点项目的信贷支持力度，为开发性金融支持棚改提供长期稳定、成本适当的资金来源。

续表

工具	内容
抵押补充贷款（PSL）	（3）发放方式与合格抵押品：采取质押方式发放，其合格抵押品包括高等级债券资产和优质信贷资产。 （4）主要功能：是支持国民经济重点领域、薄弱环节和社会事业发展而对金融机构提供的期限较长的大额融资。
定向中期借贷便利（TMLF）	（1）创设时间：2018年12月。 （2）扶持对象：主要是实体经济，特别是小微企业、民营企业。 （3）操作期限：1年，到期可根据金融机构需求续做两次，实际使用期限可达到3年。

典型真题

【单选题】下列选项中，不属于新型货币政策工具的是（　　）。
A．再贷款　　　　　　　　　B．常备借贷便利
C．中期借贷便利　　　　　　D．抵押补充贷款
【答案】A　【解析】选项A，再贷款属于一般性货币政策工具。选项B、选项C、选项D均属于新型货币政策工具。

二、货币政策的传导机制（重点掌握）

（一）存款准备金率的传导机制

项目	内容
相关概念	存款准备金包括法定存款准备金和超额存款准备金。 （1）法定存款准备金是指商业银行按其存款的一定比例向中央银行缴存的存款。这个比例通常是由中央银行决定的，被称为法定存款准备金率。 （2）超额存款准备金是指商业银行存放在中央银行、超出法定存款准备金的部分，主要用于支付清算、头寸调拨或作为资产运用的备用资金。^{解读5}
传导机制	（1）中央银行提高法定存款准备金率→商业银行需要上缴中央银行的法定存款准备金增加，可直接运用的超额准备金减少，商业银行的可用资金减少→在其他情况不变的条件下，商业银行贷款或投资下降，从而收紧信用→存款的数量收缩，货币供应量减少。 （2）中央银行降低法定存款准备金率→准备金释放（为商业银行提供新增的可用于偿还借入款或进行放款的超额准备）→扩大信用规模，货币供应量增加。^{解读6}

真考解读 属于必考点，一般会考1道题，考生需重点掌握。

解读5 超额存款准备金的定义和用途考查较多，考生需多加注意。

解读6 注意区分中央银行提高和降低法定存款准备金率引起的一系列变化。

（二）基准利率的传导机制 解读7

项目	内容
相关概念	中央银行基准利率主要包括以下四种。 （1）再贷款利率：指中央银行向金融机构发放再贷款所采用的利率。 （2）再贴现利率：指金融机构将所持有的已贴现票据向中央银行办理再贴现所采用的利率。 （3）存款准备金利率：指中央银行对金融机构缴存的法定存款准备金所支付的利率。 （4）超额存款准备金利率：指中央银行对金融机构缴存的准备金中超过法定存款准备金水平的部分所支付的利率。
传导机制	中央银行提高 解读8 再贷款或再贴现利率→提高商业银行向中央银行融资的成本→降低商业银行向中央银行的借款意愿→降低向中央银行的借款或贴现。若准备金不足→商业银行对客户的贷款和投资规模收缩→货币供应量缩减→市场利率上升→社会对货币的需求减少→整个社会的投资支出减少→经济增速放慢→最终实现货币政策目标。

解读7 基准利率的传导机制比较重要，考生需理解中央银行调整各项基准利率后引起的一系列变动。

解读8 中央银行降低再贷款或再贴现利率的作用过程与之相反。

典型真题

【单选题】商业银行存放在中央银行用于支付清算的备用资金是（　　）。
A. 存款准备金　　　　　　B. 法定存款准备金
C. 超额存款准备金　　　　D. 再贴现准备金
【答案】C【解析】超额存款准备金是指商业银行存放在中央银行、超出法定存款准备金的部分，主要用于支付清算、头寸调拨或作为资产运用的备用资金。

【单选题】下列选项中，不属于中央银行基准利率的是（　　）。
A. 贷款基础利率　　　　　B. 再贷款利率
C. 再贴现利率　　　　　　D. 存款准备金利率
【答案】A【解析】中央银行基准利率主要包括再贷款利率、再贴现利率、存款准备金利率和超额存款准备金利率。选项A不属于中央银行基准利率。

第四节　监管政策

一、全面加强金融监管（熟悉）

(1) 中央金融工作会议强调，要全面加强金融监管，有效防范化解金融风险。
(2) 切实提高金融监管有效性，依法将所有金融活动全部纳入监管，全面强

真考解读 考查相对较少，熟悉内容即可。

化机构监管、行为监管、功能监管、穿透式监管、持续监管,消除监管空白和盲区,严格执法,敢于亮剑,严厉打击非法金融活动。

二、风险的防范和化解（熟悉）

（一）持续防范化解重点金融风险

（1）中小金融机构风险：完善中小金融机构风险监测评估和预警，着力强化早期纠正硬约束。推动高风险中小金融机构兼并重组，该出清的稳妥出清。

（2）地方债务风险：建立防范化解地方债务风险长效机制，建立同高质量发展相适应的政府债务管理机制，优化中央和地方政府债务结构。

（3）房地产金融风险：促进金融与房地产良性循环，健全房地产企业主体监管制度和资金监管，完善房地产金融宏观审慎管理，一视同仁满足不同所有制房地产企业合理融资需求，因城施策用好政策工具箱，更好支持刚性和改善性住房需求，加快保障性住房等"三大工程"建设，构建房地产发展新模式。

真考解读 考查相对较少，熟悉内容即可。

（二）把握好防范化解金融风险的"三对关系"

（1）把握好权力和责任的关系。"有权必有责，有责须担当"，持续健全权责一致、激励约束相容的风险处置责任机制，推动各方责任落地、落细，尤其是机构风险处置的主体责任、地方政府的属地责任，推动实现政策协同、监管协同、央地协同，坚决守住风险底线。

（2）把握好效率和稳定的关系。抓住当前有利时机，坚持市场化法治化原则，坚决打破刚性兑付，加大高风险机构处置力度。把握好时度效，从稳定大局的角度出发，充分考虑机构和市场的承受能力，有计划、分步骤开展风险处置，切实防范处置风险的风险。

（3）把握好预防和处置的关系。加强上下贯通、横向协同，推进信息共享，紧盯政府融资平台等重点业务领域风险及合规情况，做好定期风险监测分析、行业通报等工作，对风险"早识别、早预警、早暴露、早处置"。执行兜底监管机制，坚决做到"长牙带刺"，严格执法，敢于亮剑，严厉惩治违法犯罪和腐败行为，严防道德风险。

第五节　金融体系

视频讲解 微信扫描

一、金融市场概述（重点掌握）

（一）金融市场的含义和功能

金融市场是货币和资本的交易活动、交易技术、交易制度、交易产品和交易场所的集合，是以金融工具为交易对象而形成的资金供求关系的总和。金融市场的功能包括以下内容。^{解读1}

（1）货币资金融通功能（最主要、最基本的功能）。

真考解读 属于必考点，一般会考1~3道题。

解读1 金融市场的功能考查较多，考生需重点记忆。

(2) 优化资源配置功能。
(3) 风险分散与风险管理功能。
(4) 经济调节功能。
(5) 交易及定价功能。
(6) 反映经济运行功能。^{解读2}

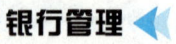

> **解读2** 金融市场是经济景气情况的重要信号系统，是反映经济情况的"晴雨表"。

（二）金融市场的分类

项目	内容
按期限不同	分为货币市场和资本市场。 （1）货币市场。货币市场又称短期资金市场，指融资期限在1年及1年以内的资金交易市场。货币市场包括同业拆借市场、回购市场和票据市场等。货币市场的特点：低风险、低收益；期限短、流动性强；交易量大、交易频繁。^{解读3} （2）资本市场。资本市场是指以长期金融工具为媒介进行的、期限在1年以上的长期资金融通市场。资本市场包括中长期债券市场、股票市场、基金市场等。资本市场的特点：融通的资金期限长；流动性相对较差；风险较大而收益相对较高。
按金融交易合约性质不同	分为现货市场、期货市场和期权市场。 （1）现货市场是指现货交易活动及其场所的总和。^{解读4} （2）期货市场是指期货交易及其场所的总和。 （3）期权市场是期货市场的发展和延伸。
按市场功能不同	分为一级市场和二级市场。 （1）一级市场也称初级市场或发行市场，是金融市场的基础环节，主要发挥融资功能。 （2）二级市场是次级市场或流通市场，是已经发行证券的交易市场，主要功能是为证券投资者提供将投资转换为现金的渠道。
按金融产品成交与定价方式不同	分为公开市场和协议市场。 （1）公开市场是指金融资产的交易价格通过众多买主和卖主公开竞价而形成的市场。一般是有组织的交易场所，如证券交易所、期货交易所等。 （2）协议市场一般是指金融资产的定价与成交通过私下协商或面对面讨价还价的方式完成的市场。
按交易的标的物不同	分为货币市场、资本市场、外汇市场和黄金市场。

> **解读3** 货币市场的类型和特点考查较多，考生需重点记忆。

> **解读4** 现货交易是交易协议达成后，立即办理交割的交易。

典型真题

【多选题】下列关于金融市场的说法中，正确的有（　　）。
A. 金融市场是以金融工具为交易对象而形成的资金供求关系的总和

B. 根据金融产品成交与定价方式的不同，可以将金融市场分为货币市场和资本市场

C. 一级市场是金融市场的基础环节，主要发挥融资功能

D. 现货交易是交易协议达成后，立即办理交割的交易

E. 公开市场一般是有组织的交易场所，如证券交易所、期货交易所等

【答案】ACDE【解析】根据金融产品成交与定价方式的不同，可以将金融市场分为公开市场和协议市场，选项B说法错误。

二、金融机构体系和金融工具的基本情况（熟悉）

真考解读 考查相对较少，熟悉即可。

（一）金融机构体系

项目	内容
含义	金融机构是指从事各种金融活动的组织。
我国的金融机构体系	由货币当局、金融监管机构、银行金融机构和非银行金融机构组成。
银行金融机构	（1）开发性金融机构与政策性银行。 ①国家开发银行。开发性金融机构，主要服务于国家重大战略，支持重点领域和薄弱环节的融资需求。 ②中国进出口银行，主要强化政策性职能定位，坚持以政策性业务为主体。 ③中国农业发展银行，主要职责是按照国家的方针政策，以国家信用为基础筹集资金，承担农业政策性金融业务。 （2）商业银行。 商业银行主要包括大型商业银行、股份制商业银行、城市商业银行、农村金融机构和外资银行。 ①农村金融机构，主要包括农村信用社、农村商业银行、村镇银行、农村资金互助社和贷款公司。 ②外资银行是指依照中华人民共和国有关法律法规，经批准在中华人民共和国境内设立的下列机构：一家外国银行单独出资或者一家外国银行与其他金融机构共同出资设立的外商独资银行；外国金融机构与中国的公司、企业共同出资设立的中外合资银行；外国银行分行；外国银行代表处。
非银行金融机构	（1）证券类机构，主要包括证券交易所、证券公司、证券服务机构、期货公司和基金管理公司。 （2）保险类机构，主要包括保险公司和保险中介机构。 （3）其他非银行金融机构，主要包括金融资产管理公司、信托公司、企业集团财务公司、金融租赁公司、消费金融公司、汽车金融公司和货币经纪公司等。

典型真题

【单选题】下列选项中，不属于非银行金融机构的是( )。
A. 货币经纪公司　　　　　　B. 金融租赁公司
C. 信托公司　　　　　　　　D. 村镇银行
【答案】D【解析】选项D，村镇银行属于商业银行。

（二）金融工具

项目	内容
分类	(1) 按期限长短不同，分为短期金融工具和长期金融工具。 (2) 按融资方式不同，分为直接融资工具和间接融资工具。 (3) 按投资者所拥有的权利不同，分为债权工具（代表债券）、股权工具（代表股票）和混合工具（代表可转换公司债券和证券投资基金）。
特征	(1) 流动性。一般来说，流动性与偿还期限成反比，与债务人的信用能力成正比。 (2) 收益性。收益的大小通过收益率来反映。 (3) 风险性。风险性通常包括信用风险和市场风险两类。

章节练习

一、单选题（以下各小题所给出的四个选项中，只有一项符合题目的要求，请选择相应选项，不选、错选均不得分）

1. 下列选项属于财政政策工具的是( )。
   A. 存款准备金率　　B. 政府债券　　C. 正回购　　D. 基准利率

2. 下列不属于税收的特征的是( )。
   A. 社会性　　B. 固定性　　C. 强制性　　D. 无偿性

3. 在货币政策工具中被称为"三大法宝"的是( )。
   A. 存款准备金、利率政策、汇率政策
   B. 公开市场业务、存款准备金、利率政策
   C. 存款准备金、公开市场业务、再贷款与再贴现
   D. 存款准备金、再贷款与再贴现、利率政策

4. 张某想要进行低风险、低收益、期限短的投资，他应选择( )。
   A. 股票市场　　B. 货币市场　　C. 基金市场　　D. 债券市场

二、多选题（以下各小题所给出的五个选项中，有两项或两项以上符合题目的要求，请选择相应选项，多选、少选、错选均不得分）

1. 货币市场包括( )。
   A. 中长期债券市场　　B. 票据市场　　C. 回购市场
   D. 股票市场　　　　　E. 同业拆借市场

2. 经批准在中华人民共和国境内设立的外资银行包括(　　)。
   A. 一家外国银行单独出资或者一家外国银行与其他金融机构共同出资设立的外商独资银行
   B. 外国金融机构与中国的公司、企业共同出资设立的中外合资银行
   C. 外国银行分行
   D. 外国银行代表处
   E. 中国银行海外分行

三、判断题（请对以下各项描述做出判断，正确的为 A，错误的为 B）
1. 最初存款准备金制度的目的是中央银行对货币供给的调控，即使之成为货币政策工具。(　　)
   A. 正确　　　　　　　　　　　　B. 错误
2. 在资本市场上，发行主体筹集的资金主要用于扩大再生产的投资，融通的资金期限长、流动性相对较差、风险较大而收益相对较高。(　　)
   A. 正确　　　　　　　　　　　　B. 错误

答案详解

一、单选题

1. B【解析】财政政策工具，是指财政政策主体所选择的用以达到政策目标的各种财政手段，主要包括税收、公共支出、政府投资和政府债券等。
2. A【解析】税收的特征包括强制性、无偿性和固定性。
3. C【解析】一般性货币政策工具主要包括存款准备金、再贷款与再贴现和公开市场业务，也被称为货币政策的"三大法宝"。
4. B【解析】货币市场的主要特点：低风险、低收益；期限短、流动性强；交易量大、交易频繁。

二、多选题

1. BCE【解析】货币市场包括同业拆借市场、回购市场和票据市场等。
2. ABCD【解析】外资银行是指依照中华人民共和国有关法律法规，经批准在中华人民共和国境内设立的下列机构：一家外国银行单独出资或者一家外国银行与其他金融机构共同出资设立的外商独资银行；外国金融机构与中国的公司、企业共同出资设立的中外合资银行；外国银行分行；外国银行代表处。

三、判断题

1. B【解析】存款准备金制度的初始作用是保证存款的支付和清算，之后才逐渐演变成为货币政策工具。
2. A【解析】题干表述正确。

第二章 监管概述

应试分析

本章主要介绍了银行业的监管概述，包括金融监管的历史沿革、监管理念和指标、银行业法律体系，以及行业自律组织四个方面的内容。本章在考试中所占分值约为6分，考试难度不大，有少量的计算公式，考生应在理解的基础上多做题，巩固记忆。

思维导图

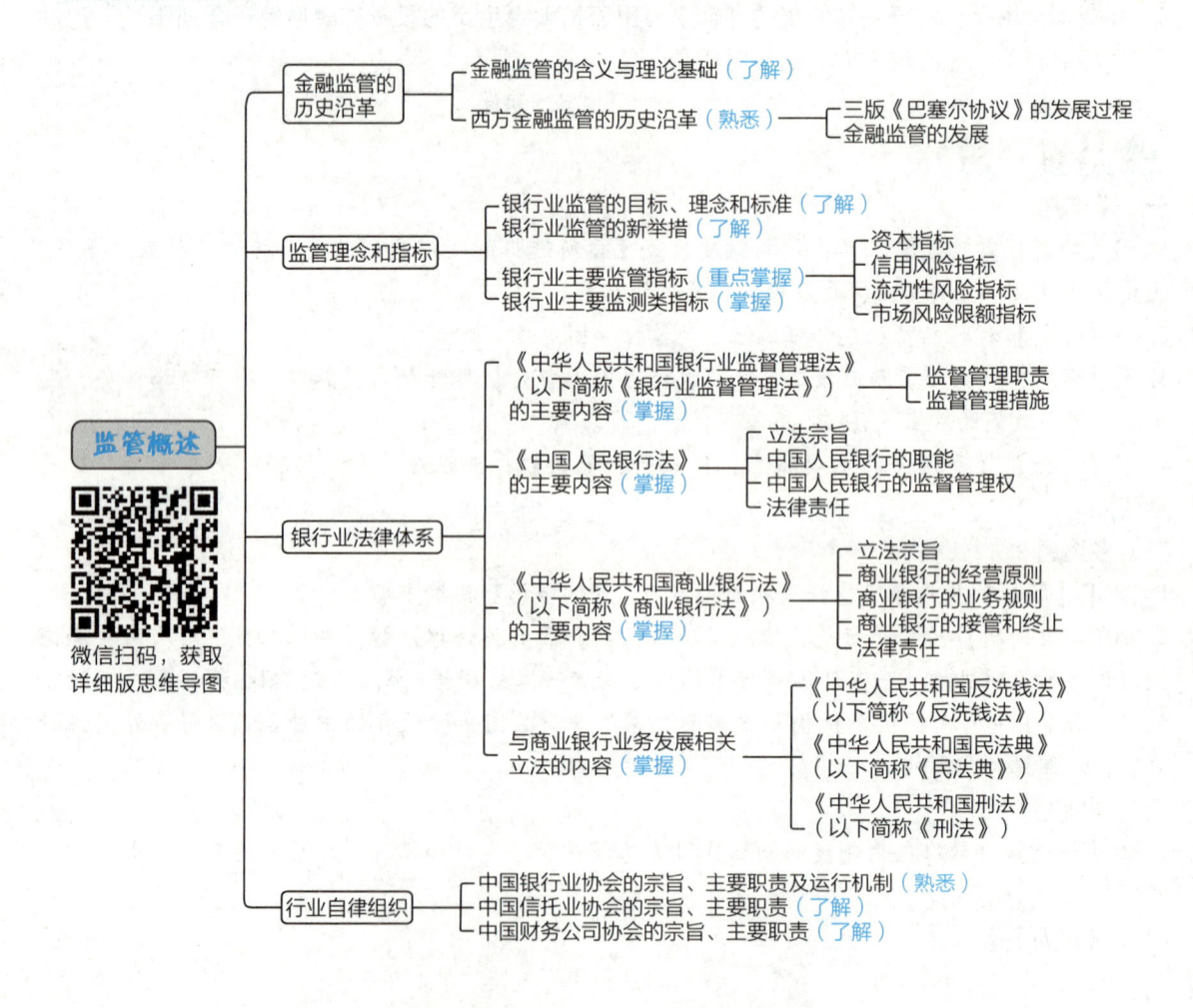

- 监管概述
  - 金融监管的历史沿革
    - 金融监管的含义与理论基础（了解）
    - 西方金融监管的历史沿革（熟悉）
      - 三版《巴塞尔协议》的发展过程
      - 金融监管的发展
  - 监管理念和指标
    - 银行业监管的目标、理念和标准（了解）
    - 银行业监管的新举措（了解）
    - 银行业主要监管指标（重点掌握）
      - 资本指标
      - 信用风险指标
      - 流动性风险指标
      - 市场风险限额指标
    - 银行业主要监测类指标（掌握）
  - 银行业法律体系
    - 《中华人民共和国银行业监督管理法》（以下简称《银行业监督管理法》）的主要内容（掌握）
      - 监督管理职责
      - 监督管理措施
    - 《中国人民银行法》的主要内容（掌握）
      - 立法宗旨
      - 中国人民银行的职能
      - 中国人民银行的监督管理权
      - 法律责任
    - 《中华人民共和国商业银行法》（以下简称《商业银行法》）的主要内容（掌握）
      - 立法宗旨
      - 商业银行的经营原则
      - 商业银行的业务规则
      - 商业银行的接管和终止
      - 法律责任
    - 与商业银行业务发展相关立法的内容（掌握）
      - 《中华人民共和国反洗钱法》（以下简称《反洗钱法》）
      - 《中华人民共和国民法典》（以下简称《民法典》）
      - 《中华人民共和国刑法》（以下简称《刑法》）
  - 行业自律组织
    - 中国银行业协会的宗旨、主要职责及运行机制（熟悉）
    - 中国信托业协会的宗旨、主要职责（了解）
    - 中国财务公司协会的宗旨、主要职责（了解）

第二章 监管概述

知识精讲

第一节 金融监管的历史沿革

一、金融监管的含义与理论基础（了解）

项目	内容
含义	金融监管是指金融监督管理当局依据国家法律法规的授权对金融业实施监督管理，是对金融机构及其经营活动实施的领导、组织、协调和控制等一系列活动。
理论基础	（1）金融市场存在信息不充分、不对称、委托—代理及有关利益冲突问题、搭便车等导致的市场失灵。 （2）道德风险的存在。 （3）银行业市场失灵的外部性具有特殊性，可能导致系统性风险。 （4）金融监管是维护广大金融消费者权益的重要保证。

真考解读 考查较少，了解即可。

二、西方金融监管的历史沿革（熟悉）

真考解读 考查相对较少，熟悉内容即可。

（一）三版《巴塞尔协议》的发展过程

（1）巴塞尔委员会于1988年通过了《巴塞尔协议Ⅰ》，2004年出台了《巴塞尔协议Ⅱ》，构建了资本监管的"三大支柱"^{解读1}——最低资本要求、监管当局的监督检查和市场约束，并将信用风险、市场风险、操作风险都纳入资本监管要求。

解读1 "三大支柱"考查较多，单选题和多选题均可考查，考生需重点记忆。

（2）2008年，国际金融危机爆发后，巴塞尔委员会基于此次金融危机的教训，对现行资本监管制度进行了重大改革，于2010年9月宣布通过《巴塞尔协议Ⅲ》，并于2017年12月发布《巴塞尔协议Ⅲ：后危机改革的最终方案》。

（3）巴塞尔委员会于2012年9月正式发布第三版《有效银行监管核心原则》，以提升金融监管水平。

（二）金融监管的发展

1.《巴塞尔协议Ⅲ》的改革内容

（1）扩大资本覆盖面，增强风险捕捉能力。

（2）修改资本定义，强化监管资本基础。

（3）建立杠杆率监管标准，弥补资本充足率缺陷。^{解读2}

解读2 为了控制商业银行资产规模的过度扩张，《巴塞尔协议Ⅲ》引入了杠杆率指标。

（4）建立宏观审慎资本要求，反映系统性风险。在横向维度上，对具有系统重要性商业银行提出附加资本要求，降低"太大而不能倒"带来的道德风险；在时间维度上，在资本要求中嵌入反周期的因子，降低银行体系和实体经济之间的正反馈循环，缓解经济周期效应。

（5）建立量化流动性监管标准。《巴塞尔协议Ⅲ》首次提出了流动性覆盖率和净稳定资金比例两个流动性监管量化标准。

典型真题

【多选题】《巴塞尔协议Ⅲ》改革的主要内容包括（　　）。
A. 建立宏观审慎资本要求，反映系统性风险
B. 修改资本定义，强化监管资本基础
C. 建立量化流动性监管标准
D. 扩大资本覆盖面，增强风险捕捉能力
E. 建立杠杆率监管标准，弥补资本充足率缺陷
【答案】ABCDE 【解析】选项 A、选项 B、选项 C、选项 D、选项 E 均为《巴塞尔协议Ⅲ》改革的主要内容。

2. 第三版《有效银行监管核心原则》的变化
（1）加强对系统重要性银行的监管，即监管力度和监管投入与银行风险状况和系统重要性程度相匹配。
（2）引入宏观审慎视角，即监管机构对银行进行风险评估时，应充分考虑系统性因素影响。^{解读3}

> 解读3 系统性因素包括宏观经济情景、银行业经营模式转变、银行体系风险积累等。

（3）重视危机管理、恢复和处置，即监管机构有必要开展有效的危机管理，并制订有序的处置方案。
（4）完善公司治理和信息披露。完善公司治理，提高信息披露的透明度可以提高市场对银行的信心。

3. 第四版《银行公司治理的原则》的变化
2015 年 7 月发布的第四版《银行公司治理的原则》在以下方面进行了重点修改。
（1）重新定义谨慎义务、忠诚义务、风险偏好、风险偏好框架以及风险文化等概念。
（2）引进合规原则，银行董事会应对银行经理层的合规风险负起监督职责。
（3）扩大董事会在风险管理与控制方面的监管职责。
（4）强调董事会整体及其成员的任职资格要求。
（5）建立有利于强化公司治理和风险管理的薪酬体系。
（6）重新定位公司治理中监管者职责，强调监管者需针对银行运作情况、董事会成员选择提供指引。

4. 金融稳定理事会的成立和改革进展

项目	内容
成立	2009 年 4 月 2 日，原金融稳定论坛正式更名为金融稳定理事会，同时扩大成员和职能。
目的	增强金融稳定理事会的机构代表性，以应对金融体系的脆弱性、制定和实施稳健的监管政策，促进金融体系的稳定。

续 表

项目	内容
改革进展	金融稳定理事会成立后，取得的重大进展包括以下内容：(1) 督促修改国际会计标准；(2) 加强宏观审慎监管；(3) 扩大监管范围；(4) 推进执行国际监管标准；(5) 加强金融监管国际合作；(6) 加强薪酬和激励机制的监管。2009 年 4 月发布的《稳健薪酬实践的原则》，强调建立有效的薪酬和激励机制，加大对大股东参与薪酬机制的监管力度。

第二节　监管理念和指标

一、银行业监管的目标、理念和标准（了解）

项目	内容
目标	《银行业监督管理法》第三条规定，银行业监督管理的目标是促进银行业的合法、稳健运行，维护公众对银行业的信心。
理念	我国银行业监管的四项新理念，即"管法人、管风险、管内控、提高透明度"。
标准	国务院银行业监督管理机构提出了良好监管的六条标准： （1）促进金融稳定和金融创新共同发展。 （2）努力提升我国银行业在国际金融服务中的竞争力。 （3）对各类监管设限科学合理，有所为，有所不为，减少一切不必要的限制。 （4）鼓励公平竞争，反对无序竞争。 （5）对监管者和被监管者都要实施严格、明确的问责制。 （6）高效、节约地使用一切监管资源。

二、银行业监管的新举措（了解）

（1）推动银行业回归本源、专注主业。
（2）深化"放管服"改革：①持续推进简政放权；②不断加强事中事后监管；③持续改进优化政府服务。
（3）深化整治金融市场乱象。
（4）加强银行业消费者权益保护。
（5）新时代新征程下的金融监管。要深化金融体制改革，建设现代中央银行制度，加强和完善现代金融监管，强化金融稳定保障体系，依法将各类金融活动全部纳入监管，守住不发生系统性风险底线。

三、银行业主要监管指标（重点掌握）

（一）资本指标

真考解读 属于必考点，一般会考2道题以上，考生需重点掌握。

解读1 各项资本的组成部分容易出题考查，考生需要重点记忆。

指标	内容
资本充足率	（1）计算公式。 ①资本充足率 = $\dfrac{总资本 - 对应资本扣除项}{风险加权资产} \times 100\%$。 ②一级资本充足率 = $\dfrac{一级资本 - 对应资本扣除项}{风险加权资产} \times 100\%$。 ③核心一级资本充足率 = $\dfrac{核心一级资本 - 对应资本扣除项}{风险加权资产} \times 100\%$。 （2）资本组成的内容。解读1 ①核心一级资本包括实收资本或普通股、资本公积、盈余公积、一般风险准备、未分配利润、累计其他综合收益和少数股东资本可计入部分。 ②其他一级资本包括其他一级资本工具及其溢价和少数股东资本可计入部分。 ③二级资本包括二级资本工具及其溢价、超额损失准备和少数股东资本可计入部分。 对于超额损失准备：商业银行采用权重法计量信用风险加权资产的，超额损失准备可计入二级资本，但不得超过信用风险加权资产的1.25%；商业银行采用内部评级法计量信用风险加权资产的，超额损失准备可计入二级资本，但不得超过信用风险加权资产的0.6%。 核心一级资本应当全额扣除以下项目：商誉；其他无形资产（土地使用权除外）；由经营亏损引起的净递延税资产；损失准备缺口；资产证券化销售利得；确定受益类的养老金资产净额；直接或间接持有本银行的股票；对资产负债表中未按公允价值计量的项目进行套期形成的现金流储备；商业银行自身信用风险变化导致其负债公允价值变化带来的未实现损益；审慎估值调整。 其他应当扣除的项目包括商业银行之间通过协议相互持有的各级资本工具，或监管部门认定为虚增资本的各级资本投资，应从相应监管资本中对应扣除。商业银行对未并表金融机构的小额少数资本投资，合计超出本银行核心一级资本净额10%的部分，应从各级监管资本中对应扣除。商业银行对未并表金融机构的大额少数资本投资中，核心一级资本投资合计超出本银行核心一级资本净额10%的部分应从本银行核心一级资本中扣除；其他一级资本投资和二级资本投资应从相应层级资本中全额扣除。

续 表

指标	内容
资本充足率	（3）资本充足率要求。 商业银行各级资本充足率不得低于如下最低要求：**核心一级资本充足率不得低于5%；一级资本充足率不得低于6%；资本充足率不得低于8%**。解读2 商业银行应当在最低资本要求的基础上计提储备资本。储备资本要求为风险加权资产的2.5%，由核心一级资本来满足。特定情况下，商业银行应当在最低资本要求和储备资本要求之上计提逆周期资本。逆周期资本的计提与运用规则由中国人民银行会同国家金融监督管理总局另行规定。 除最低资本要求、储备资本和逆周期资本要求，系统重要性银行还应计提附加资本。 国内系统重要性银行的认定标准及其附加资本要求由中国人民银行会同国家金融监督管理总局另行规定。 若商业银行同时被认定为国内系统重要性银行和全球系统重要性银行，附加资本要求不叠加，采用二者孰高原则确定。
杠杆率	（1）计算公式。 $$杠杆率 = \frac{一级资本 - 一级资本扣除项}{调整后表内外资产余额} \times 100\%$$ 其中，调整后表内外资产余额 = 调整后表内资产余额 + 衍生工具资产余额 + 证券融资交易资产余额 + 调整后表外项目余额 - 一级资本扣除项。解读3 （2）监管要求。 《商业银行资本管理办法》规定，除资本充足率监管要求外，**商业银行的杠杆率不得低于4%**。

> **解读2** 商业银行各级资本充足率的最低要求考查较多，考生需重点记忆。
>
> **解读3** 调整后表内资产余额不包括表内衍生工具和证券融资交易。

典型真题

【多选题】资本组成中，属于核心一级资本的有（　　）。

A. 实收资本或普通股
B. 未分配利润与少数股东资本可计入部分
C. 资本公积和盈余公积
D. 超额损失准备
E. 其他一级资本工具及其溢价

【答案】ABC　【解析】核心一级资本包括实收资本或普通股、资本公积、盈余公积、一般风险准备、未分配利润、累计其他综合收益和少数股东资本可计入部分。二级资本包括二级资本工具及其溢价、超额损失准备和少数股东资本可计入部分。

解读4 信用风险指标属于必考点，内容很重要，考生需重点记忆。

解读5 次级类贷款、可疑类贷款、损失类贷款被统称为不良贷款。

（二）信用风险指标 解读4

指标	内容
不良贷款率和不良资产率	《商业银行风险监管核心指标（试行）》规定： （1）不良贷款率为不良贷款余额与贷款总额之比，不得高于5%。 解读5 （2）不良资产率为不良资产与资产总额之比，不得高于4%。
贷款拨备率和拨备覆盖率	《商业银行贷款损失准备管理办法》对贷款拨备率和拨备覆盖率进行了规定： （1）贷款拨备率＝贷款损失准备/各项贷款余额×100%，基本标准为1.5%～2.5%。 （2）拨备覆盖率＝贷款损失准备/不良贷款余额×100%，基本标准为120%～150%。 拨备覆盖率＝（一般准备＋专项准备＋特种准备）/（次级类贷款＋可疑类贷款＋损失类贷款）×100%。 （3）两项指标用于考核商业银行贷款损失准备的充足性，两项标准中的较高者为商业银行贷款损失准备的监管标准。
大额风险暴露	原中国银保监会于2018年4月发布的《商业银行大额风险暴露管理办法》规定（节选）： （1）商业银行对非同业单一客户的贷款余额不得超过资本净额的10%。 （2）商业银行对非同业单一客户的风险暴露不得超过一级资本净额的15%。 （3）商业银行对一组非同业关联客户的风险暴露不得超过一级资本净额的20%。 （4）商业银行对同业单一客户或集团客户的风险暴露不得超过一级资本净额的25%。 （5）全球系统重要性银行对另一家全球系统重要性银行的风险暴露不得超过一级资本净额的15%。 （6）商业银行对单一合格中央交易对手清算风险暴露不受本办法规定的大额风险暴露监管要求约束，非清算风险暴露不得超过一级资本净额的25%。 （7）商业银行对单一不合格中央交易对手清算风险暴露、非清算风险暴露均不得超过一级资本净额的25%。
全部关联度	《商业银行法》规定： （1）商业银行不得向关系人发放信用贷款；向关系人发放担保贷款的条件不得优于其他借款人同类贷款的条件。解读6

解读6 关系人包括商业银行的董事、监事、管理人员、信贷业务人员及其近亲属，以及上述所列人员投资或者担任高级管理职务的公司、企业和其他经济组织。

续表

指标	内容
全部关联度	（2）商业银行对一个关联方的授信余额不得超过商业银行资本净额的10%。 （3）商业银行对一个关联法人或其他组织所在集团客户的授信余额总数不得超过商业银行资本净额的15%。 （4）商业银行对全部关联方的授信余额不得超过商业银行资本净额的50%。

典型真题

【单选题】A银行的贷款风险分类情况：正常类贷款60亿元，关注类贷款20亿元，次级类贷款5亿元，可疑类贷款6亿元，损失类贷款1亿元，那么该行不良贷款率为（　　）。

A. 20%　　　　B. 13%　　　　C. 40%　　　　D. 6%

【答案】B【解析】不良贷款率为不良贷款余额与贷款总额之比，即不良贷款率=（次级类贷款+可疑类贷款+损失类贷款）/贷款总额×100%=（5+6+1）÷（60+20+5+6+1）×100%≈13%。

（三）流动性风险指标 解读7

指标	内容
流动性覆盖率	（1）含义：《商业银行流动性风险管理办法》规定，流动性覆盖率监管指标旨在确保商业银行具有充足的合格优质流动性资产，能够在规定的流动性压力情景下，通过变现这些资产满足未来至少30天的流动性需求。 （2）公式：流动性覆盖率=合格优质流动性资产/未来30天现金净流出量×100%。 （3）要求：流动性覆盖率的最低监管标准为不低于100%。可计入的预期现金流入总量不得超过预期现金流出总量的75%。
净稳定资金比例	（1）含义：旨在确保商业银行具有充足的稳定资金来源，以满足各类资产和表外风险敞口对稳定资金的需求。 （2）公式：净稳定资金比例=可用的稳定资金/所需的稳定资金×100%。 （3）要求：净稳定资金比例的最低监管标准为不低于100%。
流动性比例	（1）公式：流动性比例=流动性资产余额/流动性负债余额×100%。 （2）要求：流动性比例的最低监管标准为不低于25%。

解读7 流动性风险指标中流动性覆盖率、净稳定资金比例、流动性比例考查较多，考试时也可能会出题让考生选择选项中属于流动性风险的指标。

续表

指标	内容
流动性匹配率	（1）含义：流动性匹配率监管指标衡量商业银行主要资产与负债的期限配置结构，旨在引导商业银行合理配置长期稳定负债、高流动性或短期资产，避免过度依赖短期资金支持长期业务发展，提高流动性风险抵御能力。 （2）公式：流动性匹配率=加权资金来源/加权资金运用×100%。 （3）要求：流动性匹配率的最低监管标准为不低于100%。
优质流动性资产充足率	（1）含义：优质流动性资产充足率监管指标旨在确保商业银行保持充足的、无变现障碍的优质流动性资产，在压力情况下，银行可通过变现这些资产来满足未来30天内的流动性需求。 （2）公式：优质流动性资产充足率=优质流动性资产/短期现金净流出×100%。 （3）要求：优质流动性资产充足率的最低监管标准为不低于100%。

典型真题

【单选题】甲银行5月末流动性资产余额为30亿元，流动性负债余额为100亿元，合格优质流动性资产为25亿元，未来一周现金净流出量为10亿元，未来30天现金净流出量为20亿元，未来60天现金流出量为25亿元。由此可得，甲银行5月末的流动性覆盖率和流动性比例分别为（　　）。

A. 100%；30%　　　　　　　　B. 150%；25%
C. 125%；30%　　　　　　　　D. 250%；25%

【答案】C【解析】流动性覆盖率=合格优质流动性资产/未来30天现金净流出量×100%=25÷20×100%=125%，流动性比例=流动性资产余额/流动性负债余额×100%=30÷100×100%=30%。

（四）市场风险限额指标 ^{解读8}

《商业银行风险监管核心指标（试行）》规定，市场风险指标衡量商业银行因汇率和利率变化而面临的风险，包括累计外汇敞口头寸比例和利率风险敏感度。

(1) 累计外汇敞口头寸比例为累计外汇敞口头寸与资本净额之比，不应高于20%。具备条件的商业银行可同时采用其他方法（如在险价值法和基本点现值法）计量外汇风险。

(2) 利率风险敏感度为利率上升200个基点对银行净值的影响与资本净额之比，指标值将在相关政策出台后根据风险监管实际需要另行制定。

> 解读8 市场风险限额指标考查不多，考生需记住累计外汇敞口头寸比例的最高比例。

四、银行业主要监测类指标（掌握）

项目	内容
信用风险监测指标	信用风险监测指标包括最大十家集团客户授信集中度、贷款迁徙率、不良贷款偏离度、表外业务垫款比例、不良贷款期末重组率、逾期90天以上贷款与不良贷款比率、新发放贷款不良率、当年新形成不良贷款率、贷款损失准备充足率、资产损失准备充足率、不良贷款处置回收率、单一国别风险集中度等。
流动性风险监测指标	流动性风险监测指标包括流动性缺口、流动性缺口率、核心负债比例、同业融入比例、最大十户存款比例、最大十家同业融入比例、超额备付金率、重要币种的流动性覆盖率、存贷比。
市场风险监测指标	市场风险监测指标包括利率风险敏感度、净利息收入下降比率、美元敞口头寸比例、返回检验突破次数。
操作风险监测指标	操作风险监测指标包括一类案件风险率、二类案件风险率。
盈利性监测指标	盈利性监测指标包括资本利润率、资产利润率、成本收入比、净息差、净利差、利息收入比、中间业务收入比。

真考解读 属于常考点，一般会考1道题。

第三节　银行业法律体系

一、《银行业监督管理法》的主要内容（掌握）

（一）监督管理职责 解读1

项目	内容
制定并发布监管规章、规则	（1）国务院银行业监督管理机构依照法律、行政法规制定并发布对银行业金融机构及其业务活动监督管理的规章、规则。 （2）银行业金融机构的审慎经营规则，由法律、行政法规规定，也可以由国务院银行业监督管理机构依照法律、行政法规制定。审慎经营规则包括风险管理、内部控制、资本充足率、资产质量、损失准备金、风险集中、关联交易、资产流动性等内容。银行业金融机构应当严格遵守审慎经营规则。
实施行政许可	（1）机构准入许可。 （2）业务准入许可。 （3）人员准入许可。 （4）股东变更审查。

真考解读 属于常考点，一般会考1道题。

解读1 监督管理职责的内容考查较多，考生需重点记忆。

续表

项目	内容
非现场监管	银行业监督管理机构应当对银行业金融机构的业务活动及其风险状况进行非现场监管，建立银行业金融机构监督管理信息系统，分析、评价银行业金融机构的风险状况。
现场检查	银行业监督管理机构根据审慎监管的要求，可以采取下列措施进行现场检查： （1）进入银行业金融机构进行检查； （2）询问银行业金融机构的工作人员，要求其对有关检查事项作出说明； （3）查阅、复制银行业金融机构与检查事项有关的文件、资料，对可能被转移、隐匿或者毁损的文件、资料予以封存； （4）检查银行业金融机构运用电子计算机管理业务数据的系统。
报告和处置突发事件	（1）银行业监督管理机构发现可能引发系统性银行业风险、严重影响社会稳定的突发事件的，应当立即向国务院银行业监督管理机构负责人报告。 （2）国务院银行业监督管理机构负责人认为需要向国务院报告的，应当立即向国务院报告，并告知中国人民银行、国务院财政部门等有关部门。
对银行业自律组织的指导、监督	（1）国务院银行业监督管理机构对银行业自律组织的活动进行指导和监督。 （2）银行业自律组织的章程应当报国务院银行业监督管理机构备案。

典型真题

【多选题】实施行政许可的具体内容有(　　)。
A．机构准入许可　　B．业务准入许可　　C．人员准入许可
D．高级管理人员退出许可　　E．股东变更审查
【答案】ABCE【解析】实施行政许可是国务院银行业监督管理机构及其派出机构的职责之一。实施行政许可包括以下内容：①机构准入许可；②业务准入许可；③人员准入许可；④股东变更审查。

（二）监督管理措施

分类	措施
违反审慎经营规则的监管措施	（1）责令暂停部分业务、停止批准开办新业务。 （2）限制分配红利和其他收入。 （3）限制资产转让。 （4）责令控股股东转让股权或者限制有关股东的权利。 （5）责令调整董事、高级管理人员或者限制其权利。 （6）停止批准增设分支机构。

续 表

分类	措施
对问题银行业金融机构的监管措施	根据《银行业监督管理法》，对问题银行业金融机构进行处置的方式主要有接管、促成机构重组和撤销。 【提示】《商业银行法》规定，商业银行不能支付到期债务，经国务院银行业监督管理机构同意，由人民法院依法宣告其破产。
其他监管措施	（1）延伸调查。 （2）审慎性监督管理谈话。 （3）强制披露。 （4）查询涉嫌金融违法账户和申请冻结涉嫌违法资金。

典型真题

【单选题】根据《银行业监督管理法》，银行业监督管理机构对银行业金融机构可以区别情形，采取的监管措施是（　　）。
A．要求报送财务报表
B．限制分配红利和其他收入
C．处以50万元罚款
D．查阅、复制有关文件资料
【答案】B【解析】银行业金融机构违反审慎经营规则可以采取限制分配红利和其他收入的监管措施。

二、《中国人民银行法》的主要内容（掌握）

项目	内容
立法宗旨	《中国人民银行法》以国家立法形式确立了中国人民银行作为中央银行的地位，明确了中国人民银行的职责。
中国人民银行的职能	在国务院领导下，<u>制定和执行货币政策，防范和化解金融风险，维护金融稳定</u>。
中国人民银行的监督管理权	（1）检查监督权。 （2）建议检查监督权。 （3）特定情况下的检查监督权。
法律责任	《中国人民银行法》设专章规定了违法行为相应的法律责任。

真考解读 属于常考点，考生需掌握知识点。

真考解读 属于常考点，考生需掌握知识点。

三、《商业银行法》的主要内容（掌握）

项目	内容
立法宗旨	保护商业银行、存款人和其他客户的合法权益，规范商业银行的行为，提高信贷资产质量，加强监督管理，保障商业银行的稳健运行，维护金融秩序，促进社会主义市场经济的发展。
商业银行的经营原则	商业银行以安全性、流动性、效益性为经营原则，实行自主经营、自担风险、自负盈亏、自我约束。解读2
商业银行的业务规则	（1）存款业务规则。商业银行办理个人储蓄存款业务，应当遵循存款自愿、取款自由、存款有息、为存款人保密的原则。 （2）贷款业务规则。商业银行应当按照中国人民银行规定的贷款利率的上下限，确定贷款利率。商业银行贷款，应当遵守一定资产负债比例管理的规定（详见《商业银行法》第三十九条）。
商业银行的接管和终止	（1）接管由国务院银行业监督管理机构决定，并组织实施，接管自接管决定实施之日起开始。 （2）接管期限届满，国务院银行业监督管理机构可以决定延期，但接管期限最长不得超过2年。 （3）无论是因解散、被撤销还是被宣布破产而终止，商业银行在注销之前都必须经过清算。
法律责任	《商业银行法》设专章规定商业银行、商业银行的工作人员、借款人、其他单位或者个人违法所应承担的民事责任、行政责任和刑事责任。

解读2 经营原则简称"三性四自"。商业银行"三性"中，效益性劣于安全性、流动性，安全性优先于流动性。

真考解读 属于常考点，《反洗钱法》《民法典》《刑法》考查较多。

四、与商业银行业务发展相关立法的内容（掌握）

项目	内容
《反洗钱法》	（1）地位：《反洗钱法》是我国反洗钱领域的基本法律，确立了我国反洗钱监管的整体框架，明确了监管机构的监管方式，要求金融机构和特定非金融机构履行反洗钱义务，并规定了金融机构的法律责任。 （2）《反洗钱法》的重要意义。 ①明确了金融机构和特定非金融机构都应当履行反洗钱义务。金融机构和特定非金融机构应当按照法律规定，建立健全客户身份识别制度、客户身份资料和交易记录保存制度、大额交易和可疑交易报告制度。 ②规定了反洗钱工作的监督管理机制。中国人民银行作为反洗钱行政主管部门负责全国的反洗钱监督管理工作。

续表

项目	内容
《反洗钱法》	③规定了对金融机构履行反洗钱义务的法律保护。金融机构及其他主体对依法履行反洗钱职责或者义务获得的客户身份资料和交易信息，应当予以保密；非依法律规定，不得向任何单位和个人提供。履行反洗钱义务的机构及其工作人员依法提交大额交易和可疑交易报告，受法律保护。
《民法典》	（1）《民法典》是中华人民共和国成立以来第一部以法典命名的法律，在法律体系中居于基础性地位，也是市场经济的基本法。 （2）《民法典》调整规范自然人、法人等民事主体之间的人身关系和财产关系。 （3）《民法典》共7编以及附则，各编依次为总则、物权、合同、人格权、婚姻家庭、继承、侵权责任。
《刑法》	（1）含义：金融犯罪是一种图利犯罪，是指行为人违反国家金融管理法规，破坏国家金融管理秩序，使公私财产权利遭受严重损失，按照《刑法》规定应予处罚的行为。 （2）主体：可以是自然人，也可以是单位。在主观方面只能是故意，有的还要求具有非法占有目的，如破坏金融管理秩序罪、金融诈骗罪。 （3）客体：金融管理秩序。在客观方面表现为违反金融管理法规。

第四节　行业自律组织

一、中国银行业协会的宗旨、主要职责及运行机制（熟悉）

项目	内容
性质	中国银行业协会成立于2000年5月，是经中国人民银行和民政部批准成立，并在民政部登记注册的全国性非营利社会团体，是中国银行业的自律组织。
宗旨	以促进会员单位实现共同利益为宗旨，依据相关法律法规，履行自律、维权、协调、服务职能，维护银行业合法权益，维护银行业市场秩序，提高银行业从业人员素质，提高为会员服务的水平，促进银行业的健康发展。
主要职责	包括自律职责、维权职责、协调职责和服务职责。

真考解读　考查相对较少，熟悉内容即可。

续表

项目	内容
运行机制	（1）中国银行业协会发布实施的《中国银行业自律公约》和《中国银行业自律公约实施细则（试行）》中明确规定，中国银行业协会的最高权力机构为会员大会，负责行业自律工作重大事项的审议，各会员单位通过会员大会参与行业自律管理。会员大会的执行机构为理事会，对会员大会负责。 （2）理事会在会员大会闭会期间负责领导协会开展日常工作。理事会闭会期间，常务理事会行使理事会职责。 （3）常务理事会由会长1名、专职副会长1名、副会长若干名、秘书长1名组成。协会设监事会，由监事长1名、监事若干名组成。
行业自律公约	行业自律的基本原则是依法合规、诚实守信、公平公正、团结协作、自我约束、自我管理、促进发展。

典型真题

【单选题】中国银行业协会发布实施的《中国银行业自律公约》和《中国银行业自律公约实施细则（试行）》中明确规定，（　　）是行业自律管理的最高权力机构。

A. 会长　　　　　　　　　　B. 会员大会理事会
C. 董事会　　　　　　　　　D. 会员大会

【答案】D　【解析】会员大会是行业自律管理的最高权力机构，负责行业自律工作重大事项的审议，各会员单位通过会员大会参与行业自律管理。

真考解读 考查较少，了解即可。

二、中国信托业协会的宗旨、主要职责（了解）

项目	内容
性质	中国信托业协会成立于2005年5月，是全国性信托业自律组织，是经原中国银行业监督管理委员会同意并在民政部登记注册的非营利性社会团体法人。
宗旨	以促进会员单位实现共同利益为宗旨，遵守宪法、法律法规和国家政策，依据相关法律法规，履行自律、维权、协调、服务职能，发挥相关管理部门与信托业间的桥梁和纽带作用，维护信托业合法权益，维护信托业市场秩序，提高信托业从业人员素质，提高为会员服务的水平，促进信托业的健康发展。
主要职责	（1）组织会员签订自律公约及其实施细则。 （2）组织制定行业标准和业务规范，推动实施并监督会员执行。 （3）组织会员制定维权公约，制止各种侵权行为。 （4）协调会员之间的关系，建立和完善行业内部争议调解处理机制。

续 表

项目	内容
主要职责	（5）协调会员与社会公众的关系，加强会员与社会公众的沟通，维护会员与客户的合法权益。 （6）建立会员间信息沟通机制，组织开展会员间的业务、技术、信息等方面的交流与合作等。

三、中国财务公司协会的宗旨、主要职责（了解）

真考解读 考查较少，了解即可。

项目	内容
性质	中国财务公司协会成立于1994年，是企业集团财务公司的行业自律性组织，是全国性、非营利性的社会团体法人。
宗旨	遵守国家宪法、法律法规和国家政策，遵守社会道德风尚，认真履行"自律、维权、协调、服务"的职责，促进会员单位实现共同利益，推动财务公司行业规范、稳健发展。
主要职责	（1）组织会员签订自律公约及其细则。 （2）建立与有关部门的沟通机制，争取有利于财务公司发展的外部环境。 （3）接受会员委托，协调与政府有关部门、金融机构、企业集团及其成员单位之间、会员之间的关系。

章节练习

一、单选题（以下各小题所给出的四个选项中，只有一项符合题目的要求，请选择相应选项，不选、错选均不得分）

1. 下列选项中，核心一级资本不包括(　　)。
   A. 实收资本　　　　　　　　B. 资本公积
   C. 未分配利润　　　　　　　D. 超额损失准备

2. 下列不属于银行业监督管理机构监督管理职责的是(　　)。
   A. 保护银行业合法权益　　　B. 非现场监管
   C. 实施行政许可　　　　　　D. 现场检查

二、多选题（以下各小题所给出的五个选项中，有两项或两项以上符合题目的要求，请选择相应选项，多选、少选、错选均不得分）

1. 根据《商业银行贷款损失准备管理办法》的规定，银行业监管机构设置(　　)指标考核商业银行贷款损失准备的充足性。

A. 拨备覆盖率　　　　　　　　B. 不良贷款率
C. 不良资产率　　　　　　　　D. 贷款拨备率
E. 资本充足率

2. 以下监管指标中，属于商业银行信用风险指标的有（　　）。

A. 不良贷款率　　　　　　　　B. 全部关联度
C. 拨备覆盖率　　　　　　　　D. 净稳定资金比例
E. 大额风险暴露

三、判断题（请对以下各项描述做出判断，正确的为 A，错误的为 B）

1. 商业银行"三性"中，安全性劣于效益性、流动性，效益性优先于流动性。（　　）

A. 正确　　　　　　　　　　　B. 错误

2. 银行业金融机构严重违反审慎性经营规则，银行业金融监管机构可以区别不同情形，对直接负责的董事、高级管理人员和其他直接责任人员给予通报批评，并处 5 万元以上 50 万元以下罚款。（　　）

A. 正确　　　　　　　　　　　B. 错误

答案详解

一、单选题

1. D【解析】核心一级资本包括实收资本或普通股、资本公积、盈余公积、一般风险准备、未分配利润、累计其他综合收益和少数股东资本可计入部分。

2. A【解析】银行业监督管理机构的监督管理职责：①制定并发布监管规章、规则；②实施行政许可；③非现场监管；④现场检查；⑤报告和处置突发事件；⑥对银行业自律组织的指导、监督。

二、多选题

1. AD【解析】银行业监管机构设立了拨备覆盖率和贷款拨备率两个指标来考核商业银行贷款损失准备的充足性。

2. ABCE【解析】商业银行信用风险指标：①不良贷款率和不良资产率；②贷款拨备率和拨备覆盖率；③大额风险暴露；④全部关联度。选项 D 是流动性风险指标。

三、判断题

1. B【解析】商业银行"三性"中，效益性劣于安全性、流动性，安全性优先于流动性。

2. B【解析】违反审慎经营规则的监管措施：责令暂停部分业务、停止批准开办新业务；限制分配红利和其他收入；限制资产转让；责令控股股东转让股权或者限制有关股东的权利；责令调整董事、高级管理人员或者限制其权利；停止批准增设分支机构。

第三章　市场准入、非现场监管和现场检查

🔍 应试分析

本章主要介绍了市场准入、非现场监管和现场检查三个方面的内容。本章在考试中所占分值约为4分，考试难度不大，重要性程度较低。

🏠 思维导图

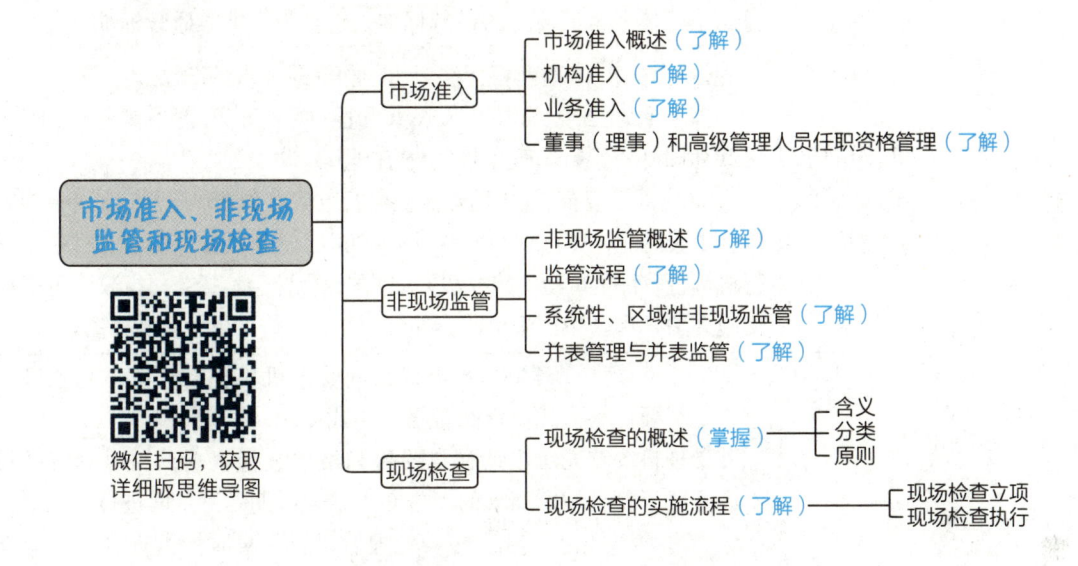

市场准入、非现场监管和现场检查
- 市场准入
  - 市场准入概述（了解）
  - 机构准入（了解）
  - 业务准入（了解）
  - 董事（理事）和高级管理人员任职资格管理（了解）
- 非现场监管
  - 非现场监管概述（了解）
  - 监管流程（了解）
  - 系统性、区域性非现场监管（了解）
  - 并表管理与并表监管（了解）
- 现场检查
  - 现场检查的概述（掌握）
    - 含义
    - 分类
    - 原则
  - 现场检查的实施流程（了解）
    - 现场检查立项
    - 现场检查执行

微信扫码，获取详细版思维导图

微信扫码关注 畅享在线做题

微信扫码关注 获取免费直播课

知识精讲

第一节　市场准入

一、市场准入概述（了解）

真考解读 考查较少，了解即可。

项目	内容
国际监管规则	巴塞尔委员会颁布的《有效银行监管核心原则》，提出了良好银行与银行体系审慎监管的最低标准，包括市场准入监管标准。
我国市场准入法律体系	（1）法律：《商业银行法》和《银行业监督管理法》。 （2）行政法规：《中华人民共和国外资银行管理条例》《中华人民共和国外资银行管理条例实施细则》。 （3）部门规章：《中国银保监会行政许可实施程序规定》《中国银保监会中资商业银行行政许可事项实施办法》《中国银保监会农村中小银行机构行政许可事项实施办法》《中国银保监会信托公司行政许可事项实施办法》和《中国银保监会外资银行行政许可事项实施办法》等。
行政许可实施程序	（1）申请与受理环节。申请人向受理机关提交材料→受理机关审查材料要件和形式→审查合格，正式受理。 受理机关首先对申请材料要件和格式进行审查，发现申请材料不齐全或不符合规定要求的，告知申请人限期3个月内进行补正。 （2）审查环节。申请材料受理后，进入实质性审查阶段。受理机关或决定机关认为需要申请人对申请材料作出书面说明解释的，可以将问题一次汇总成书面意见，并要求申请人作出书面说明解释。申请人应在书面意见发出之日起2个月内提交书面说明解释。未能按时提交书面说明解释的，视为申请人自动放弃书面说明解释。受理机关或决定机关认为有必要的，还可以通过会谈、实地核查、组织专家评审等方式进行审查。 （3）决定与送达环节。决定机关应在规定期限内完成审查，作出准予或者不予行政许可的书面决定。决定机关作出不予行政许可决定的，应当说明理由，并告知申请人依法享有在法定时间内申请行政复议或者提起行政诉讼的权利。

二、机构准入（了解）

真考解读 考查较少，了解即可。

（1）法人机构设立。《商业银行法》和《银行业监督管理法》规定了设立商业银行的基本条件。

（2）分支机构设立。银行业金融机构设立分支机构必须经国务院银行业监督管理机构审查批准。

(3) 投资设立、参股、收购。主要条件：具有良好的公司治理结构，风险管理和内部控制健全有效，具有良好的并表管理能力，监管评级良好，并对申请人权益性投资占净资产的比例、连续盈利年限、信息科技系统和信息安全体系、最近2年无严重违法违规行为和因内部管理问题导致的重大案件等方面提出要求。

(4) 机构变更。商业银行变更名称、变更注册资本、变更总行或者分支行所在地、调整业务范围、变更持有资本总额或者占股份总额5%以上的股东、修改章程，以及国务院银行业监督管理机构规定的其他变更事项，应当经国务院银行业监督管理机构批准。更换董事、高级管理人员时，应当报经国务院银行业监督管理机构审查其任职资格。

(5) 机构终止。机构终止分为解散、被撤销和破产三种情形。银行业金融机构解散、被撤销和破产的，应当依法成立清算组，进行清算。

典型真题

【多选题】机构终止分为的情形有(   )。
A. 解散　　　　B. 合并　　　　C. 被撤销
D. 破产　　　　E. 变更
【答案】ACD【解析】机构终止分为解散、被撤销和破产三种情形。

三、业务准入（了解）

真考解读 考查较少，了解即可。

项目	内容
募集发行债务、资本补充工具	银行业金融机构募集次级定期债务、发行二级资本债券、混合资本债、金融债、无固定期限资本债券（即永续债）及依法须经银行业监督管理机构许可的其他债务、资本补充工具，对申请人公司治理结构、主要审慎监管指标、贷款风险分类准确性和拨备充足性等方面提出要求。
信用卡业务	信用卡业务分为发卡业务和收单业务。
衍生产品交易业务	银行业金融机构开办衍生产品交易业务的资格分为以下两类。 (1) 基础类资格：只能从事套期保值类衍生产品交易。 (2) 普通类资格：除基础类资格可以从事的衍生产品交易之外，还可以从事非套期保值类衍生产品交易。
离岸银行业务	(1) 离岸银行业务是指银行吸收非居民的资金，服务于非居民的金融活动。 (2) 商业银行申请开办离岸银行业务或增加业务品种，应当符合以下条件：①主要审慎监管指标符合监管要求；②风险管理和内控制度健全有效；③达到规定的外汇资产规模，且外汇业务经营业绩良好；④有符合开展离岸银行业务要求的外汇从业人员、场所和设施等。

续表

项目	内容
信贷资产证券化业务	信贷资产证券化是指把缺乏流动性但具有未来现金流的信贷资产经过重组形成资产池，并以此为基础发行证券。
信贷资产收益权转让	信贷资产收益权转让是借鉴资产证券化模式，通过收益权转让和现金流分层结构设计，提前变现部分信贷资产的可回收价值。
信贷资产流转	银行业金融机构开展信贷资产流转业务，是将所持有的信贷资产及对应的受益权进行转让，实施集中登记，以促进信贷资产流转规范化、透明化，实现对信贷资产流向的跟踪监测。由银行业信贷资产登记流转中心承担信贷资产集中登记职能。
理财直接融资工具	理财直接融资工具是指由商业银行作为发起管理人设立、以单一企业的债权融资为资金投向、在指定的登记托管结算机构统一登记托管、在合格投资者之间公开交易、在指定渠道进行公开信息披露的标准化投资载体。

真考解读 考查较少，了解即可。

四、董事（理事）和高级管理人员任职资格管理（了解）

项目	内容
资格核准	（1）任职资格条件：银行业金融机构董事（理事）和高级管理人员的任职资格基本条件，总体上要求遵纪守法，诚信勤勉，品行良好，有良好的从业记录，具有与拟任职务相适应的专业知识、工作经验和管理能力等。 （2）任职资格申请和核准：银行业金融机构董事（理事）和高级管理人员应当在任职前获得任职资格核准，在获得任职资格核准前不得履职。银行业金融机构任命董事（理事）和高级管理人员或授权相关人员履职前，应当确认其符合任职资格条件，并按照规定向银行业监督管理机构提出任职资格申请。
任职资格管理	（1）银行业金融机构应当制定董事（理事）和高级管理人员任职管理制度，并及时向监管机构报告。 （2）银行业金融机构委派或聘任董事（理事）和高级管理人员前，应当对拟任人是否符合任职资格条件进行调查。 （3）银行业金融机构确认本机构董事（理事）和高级管理人员不符合任职资格条件时，应当停止其任职并书面报告监管机构。 （4）银行业监督管理机构对金融机构制定的董事（理事）和高级管理人员管理制度进行评估和指导，并检查上述制度是否得到有效执行。

续 表

项目	内容
任职资格终止	任职资格终止包括撤销、失效和取消等情形。 （1）不符合任职资格条件的人员取得任职资格后，应撤销其任职资格。 （2）由于客观原因的出现，导致董事（理事）和高级管理人员没有履职或难以履行职务，造成任职资格的失效。 （3）如果商业银行违反法律、行政法规以及国家有关银行业监督管理规定的，银行业监督管理机构可以取消直接负责的董事（理事）、高级管理人员一年以上直至终身的任职资格。

解读 取消任职资格是一种行政处罚方法。

真考解读 考查较少，了解即可。

第二节　非现场监管

一、非现场监管概述（了解）

项目	内容
概念	非现场监管是指通过收集银行业金融机构以及行业整体的业务活动和风险状况的报表数据、经营管理情况以及其他内外部资料等信息，对银行业金融机构以及行业整体风险状况和服务实体经济情况进行分析，做出评价，并采取相应措施的持续性监管过程。
目的	及时、持续监测银行业金融机构的经营和风险状况，对其存在的问题和风险进行早期识别，并能为现场检查提供依据和指导，使现场检查更有针对性。
作用	（1）基础性作用：非现场监管能够持续收集、整理、积累监管数据，为监管者提供决策依据，是不可或缺的重要监管手段。 （2）风险识别和预警作用。 （3）指导现场检查。 （4）信息传递作用。 （5）持续监管作用。
特点	（1）非直接性。 （2）注重单体法人和系统整体的统一。 （3）注重静态与动态的统一。
监管体系	（1）基础信息体系。 （2）风险监视计量指标体系。 （3）风险评估判断体系。 （4）风险预警体系。

续 表

项目	内容
监管要求	（1）银行业金融机构应严格按照相关法律法规要求，及时、全面、准确提供给各级监管机构自身业务活动和风险状况的报表数据、经营管理情况及其他内外部资料。 （2）《银行业监督管理法》第四十七条规定，银行业金融机构不按照规定提供报表、报告等文件、资料的，由银行业监督管理机构责令改正，逾期不改正的，处10万元以上30万元以下罚款。

典型真题

【单选题】 下列不属于非现场监管的是(　　)。
A. 收集银行业金融机构报表数据
B. 采取相应措施的持续性监管过程
C. 对银行业金融机构及行业整体风险状况和服务实体经济情况进行分析
D. 向其他银行业金融机构了解情况
【答案】D 【解析】选项D向其他银行业金融机构了解情况属于现场检查的方式。

真考解读 考查较少，了解即可。

二、监管流程（了解）

（1）制订监管计划。
（2）日常监测分析。
（3）风险评估。风险评估是一个动态过程，每个监管周期至少要对银行业金融机构法人进行一次整体风险评估。
（4）现场检查联动。
（5）监管评级。
①评级要素：商业银行监管评级要素共9项，资本充足、资产质量、公司治理与管理质量、盈利状况、流动性风险、市场风险、数据治理、信息科技风险和机构差异化要素，商业银行监管评级要素由定量和定性两类评级指标组成。
②遵循原则：全面性原则、及时性原则、系统性原则、审慎性原则。
（6）监管总结。监管报告应当包括但不限于：报告期内被监管机构经营情况的变化和重大事项；对被监管机构的风险状况评价；被监管机构存在的主要问题；各级监管机构提出的监管措施和要求；各级监管机构拟开展的主要工作。

真考解读 考查较少，了解即可。

三、系统性、区域性非现场监管（了解）

《中国银监会非现场监管暂行办法》规定，系统性、区域性风险非现场监管应重点监测：
（1）国际主要经济体和国内宏观经济运行情况，评估特定行业、特定领域和经济周期波动对金融体系的冲击。

(2) 金融体系运行情况，关注金融风险的跨部门传递。
(3) 银行业风险情况，特别是系统重要性机构风险情况。
(4) 法律政策调整情况，包括境内外法律制度、货币政策、财政政策、产业政策等对系统性区域性风险的影响。
(5) 区域性风险情况，关注特定地域内的经济、金融市场以及地方性金融机构的风险状况。

四、并表管理与并表监管（了解）

项目	内容
并表管理	（1）概念：并表管理是指商业银行对银行集团及其附属机构的公司治理、资本和财务等进行全面持续的管控，并有效识别、计量、监测和控制银行集团总体风险状况。 （2）要素：并表管理要素包括并表管理范围、业务协同、公司治理、全面风险管理、资本管理、集中度管理、内部交易管理和风险隔离等。
并表监管的重点	（1）银行业监督管理机构的并表监管应当重点关注银行集团的整体资本、财务和风险情况，并特别关注银行集团的跨境跨业经营以及内部交易可能带来的风险。 （2）银行业监督管理机构还应当特别关注商业银行单一法人数据与银行集团并表数据的差异，识别内部交易的来源、规模及风险程度。
并表监管的方法	并表监管包括定量和定性方法。 （1）定量监管主要是针对银行集团的资本充足状况，以及信用风险、流动性风险、操作风险和市场风险等进行识别、计量、监测和分析，进而在并表基础上对银行集团的风险状况进行量化评价。 （2）定性监管主要是针对银行集团的公司治理、内部控制、防火墙建设和风险管理等因素进行审查和评价。
并表监管要求	商业银行应当按照相关监管规定的要求，制订并定期更新完善银行集团层面的恢复计划，并将其纳入公司治理和风险管理整体框架之中。银行业监督管理机构应当对恢复计划的制订和实施进行全程监督，并持续审查恢复计划的有效性和合理性。
跨业监管合作	各银行业监督管理机构应当根据监管协调机制和监管合作协议，与保险、证券等其他监管机构保持良好沟通，共同推进信息共享，就重大问题进行磋商，及时了解银行集团跨业经营形成的各类风险状况以及相关监管机构对此的判断，加强监管协调与合作，避免监管重复和监管漏洞，防范金融风险跨业传染。

真考解读 考查较少，了解即可。

解读 并表监管包括资本并表、会计并表和风险并表。

续表

项目	内容
跨境监管合作	银行业监督管理机构可以与境外相关银行业监督管理机构以签订双边监管备忘录或其他形式开展监管合作，加强跨境监管协调及信息共享，实施必要的跨境监管措施，确保商业银行的境外机构得到有效监管

第三节 现场检查

一、现场检查的概述（掌握）

> **真考解读** 现场检查的内容考查得较多，考生需重点记忆。

项目	内容
含义	现场检查是指国务院银行业监督管理机构及其派出机构派出检查人员在银行业金融机构的经营管理场所以及其他相关场所，采取查阅、复制文件资料、采集数据信息、查看实物、外部调查、访谈、询问、评估及测试等方式，对其公司治理、风险管理、内部控制、业务活动和风险状况等情况进行监督检查的行为。
分类	（1）按照检查范围划分，现场检查分为常规检查、临时检查和稽核调查等。 ①常规检查是纳入年度现场检查计划的检查。按检查范围可以分为风险管理及内控有效性等综合性检查，对某些业务领域或区域进行的专项检查，对被查机构以往现场检查中发现的重大问题整改落实情况进行的后续检查。 ②临时检查是在年度现场检查计划之外，根据重大工作部署或针对银行业金融机构的重大突发事件等临时工作任务开展的检查。 ③稽核调查是适用简化现场检查流程对特定事项进行专门调查的活动。 （2）按照现场检查的人员组织方式划分，分为集成检查、属地检查和交叉检查。 ①集成检查是指上一级监管部门集中抽调一家或多家下级部门人员，组成检查组并指定承担检查任务的方式。 ②属地检查是指由属地监管部门工作人员，对属于本部门监管范围内的银行业金融机构实施的检查。 ③交叉检查，是对属于不同辖区的机构进行检查时，经过适当程序后，由不属于被查机构所在地监管部门的工作人员实施的检查。

> **解读** 集成检查可以集中开展总行的检查，也可以派遣赴全国各地或辖内各地实施检查。

续表

项目	内容
原则	（1）合法性原则。（2）廉洁性原则。（3）严查严处原则。

二、现场检查的实施流程（了解）

真考解读 考查较少，了解即可。

项目	内容
现场检查立项	（1）未经立项审批程序，不得开展现场检查。 （2）按年度制订现场检查计划，现场检查计划一经确定原则上不作更改。列入年度计划的个别项目确需调整的，应当说明调整意见及理由，每年中期集中调整一次。 （3）经监管机构现场检查部门或其授权的派出机构主要负责人批准，监管机构现场检查部门或派出机构可以立项开展临时检查。各派出机构应当在临时立项后10个工作日内，将立项情况向监管机构现场检查部门报告。监管机构现场检查部门针对重大风险隐患或重大突发事件，原则上应当按照职责分工和分级立项要求，安排按照现场检查流程开展的检查。稽核调查可以纳入年度现场检查计划，也可以适用临时检查立项程序。
现场检查执行	现场检查工作分为检查准备、检查实施、检查报告、检查处理和检查档案整理五个阶段。 （1）检查准备：①组成检查组，根据检查任务，结合检查人员业务专长，合理配备检查人员。②检查组根据检查项目需要，开展查前调查，收集被查机构检查领域的有关信息，进行检查分析和模型分析，制定检查方案，做好查前培训。 （2）检查实施：①检查组应当提前或进场时向被查机构发出书面检查通知，组织召开进点会谈。②检查人员应当按要求做好工作记录、检查取证、事实确认和问题定性。③检查过程中，应当加强质量控制，做到检查事实清楚、问题定性准确、责任认定明晰、定性依据充分、取证合法合规。 （3）检查报告：①检查组通过事实确认书、检查事实与评价等方式，就检查过程中发现的问题与被查机构充分交换意见，被查机构应当及时认真反馈意见。②检查结束后，检查组应当制作现场检查工作报告，并向被查机构出具现场检查意见书。 （4）检查处理。 ①对于检查中发现的一般违规问题，监管部门应在检查意见书中提出整改意见，责令被查机构限期改正。

续 表

项目	内容
现场检查执行	②对于检查中发现被查机构存在违反审慎经营规则情形的，应依法采取《银行业监督管理法》第三十七条规定的以下措施： ◆责令暂停部分业务、停止批准开办新业务。 ◆限制分配红利和其他收入。 ◆限制资产转让。 ◆责令控股股东转让股权或限制有关股东的权利。 ◆责令调整董事、高级管理人员或限制其权利。 ◆停止批准增设分支机构。 ③对于检查中发现银行业金融机构及其工作人员、客户以及其他相关组织、个人涉嫌犯罪的，应当根据有关案件管理的监管规定，依法向公安机关、人民检察院等部门移送。 （5）检查档案整理：检查人员应当按照相关规定认真收集、整理检查资料，将记录检查过程、反映检查结果、证实检查结论的各类文件、数据、资料等纳入检查档案范围。

章节练习

一、**单选题**（以下各小题所给出的四个选项中，只有一项符合题目的要求，请选择相应选项，不选、错选均不得分）

1. 根据《中国银保监会行政许可实施程序规定》的要求，受理机关对申请材料要件和形式进行审查后，发现申请材料不齐全或不符合规定要求的，告知申请人限期（　　）内进行补正。
   A. 1个月　　　　　　　　　　　B. 3个月
   C. 2个月　　　　　　　　　　　D. 15个工作日

2. （　　）是适用简化现场检查流程对特定事项进行专门调查的活动。
   A. 全面检查　　　　　　　　　　B. 专项检查
   C. 稽核调查　　　　　　　　　　D. 临时检查

3. 非现场监管的基本程序不包括（　　）。
   A. 风险评估　　　　　　　　　　B. 现场检查联动
   C. 专项检查　　　　　　　　　　D. 制订监管计划

4. 现场检查的原则不包括（　　）。
   A. 合法性原则　　　　　　　　　B. 廉洁性原则
   C. 严查严处原则　　　　　　　　D. 独立性原则

二、**多选题**（以下各小题所给出的五个选项中，有两项或两项以上符合题目的要求，请选择相应选项，多选、少选、错选均不得分）

1. 任职资格终止的情形有(　　)。
   A. 撤销　　　　　B. 失效　　　　　C. 取消
   D. 解散　　　　　E. 被撤销
2. 行政许可实施程序包括(　　)
   A. 申请与受理　　B. 审查　　　　　C. 决定与送达
   D. 面谈　　　　　E. 复议

答案详解

一、单选题

1. B【解析】受理机关首先对申请材料要件和格式进行审查，发现申请材料不齐全或不符合规定要求的，告知申请人限期3个月内进行补正。
2. C【解析】稽核调查是适用简化现场检查流程对特定事项进行专门调查的活动。
3. C【解析】非现场监管的基本程序：①制订监管计划；②日常监测分析；③风险评估；④现场检查联动；⑤监管评级；⑥监管总结。选项C属于现场检查。
4. D【解析】现场检查的原则：合法性原则、廉洁性原则、严查严处原则。

二、多选题

1. ABC【解析】任职资格终止包括撤销、失效和取消等情形；机构终止分为解散、被撤销和破产三种情形。
2. ABC【解析】行政许可实施程序包括申请与受理、审查、决定与送达。

第四章　监管强制措施、行政处罚与行政救济

🔍 应试分析

本章主要介绍了监管强制措施、行政处罚、行政救济、金融犯罪四个方面的内容。本章内容在考试中出题难度不大，在考试中所占分值约为6分，知识点多以记忆性学习为主。

🏠 思维导图

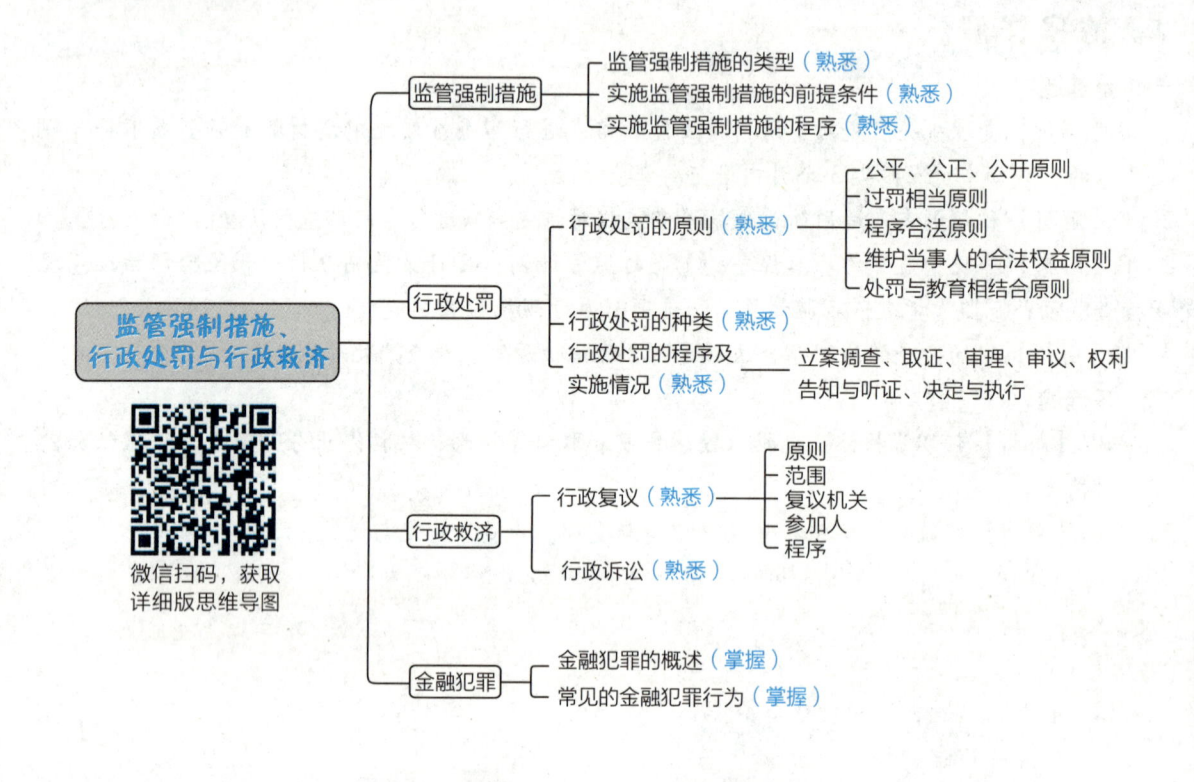

监管强制措施、行政处罚与行政救济
- 监管强制措施
  - 监管强制措施的类型（熟悉）
  - 实施监管强制措施的前提条件（熟悉）
  - 实施监管强制措施的程序（熟悉）
- 行政处罚
  - 行政处罚的原则（熟悉）
    - 公平、公正、公开原则
    - 过罚相当原则
    - 程序合法原则
    - 维护当事人的合法权益原则
    - 处罚与教育相结合原则
  - 行政处罚的种类（熟悉）
  - 行政处罚的程序及实施情况（熟悉）
    - 立案调查、取证、审理、审议、权利告知与听证、决定与执行
- 行政救济
  - 行政复议（熟悉）
    - 原则
    - 范围
    - 复议机关
    - 参加人
    - 程序
  - 行政诉讼（熟悉）
- 金融犯罪
  - 金融犯罪的概述（掌握）
  - 常见的金融犯罪行为（掌握）

微信扫码，获取详细版思维导图

微信扫码关注　畅享在线做题

微信扫码关注　获取免费直播课

第四章 监管强制措施、行政处罚与行政救济

知识精讲

第一节 监管强制措施

一、监管强制措施的类型（熟悉）

项目	内容
对银行业金融机构的措施	（1）责令暂停部分业务、停止批准开办新业务、停止增设分支机构申请的审查批准。 （2）限制资产转让。 （3）限制分配红利和其他收入。
对银行业金融机构股东的措施	对于银行业金融机构股东，监管部门可以责令控股方转让股权或者限制部分股东的权利。
对银行业金融机构董事、高级管理人员的措施	针对银行从业人员，监管部门有权责令银行业金融机构撤换董事、高级管理人员或者限制其权利。

真考解读 考查相对较少，熟悉内容即可。

二、实施监管强制措施的前提条件（熟悉）

《银行业监督管理法》第三十七条规定了实施各项监管强制措施的前提条件，主要分为以下两种情况：

（1）银行业金融机构的行为违反法律、行政法规和国务院银行业监督管理机构规定的审慎经营规则，经银行业监督管理机构责令限期改正后逾期未改正；

（2）银行业金融机构的行为违反法律、行政法规和国务院银行业监督管理机构规定的审慎经营规则，严重危及其稳健运行、损害存款人或其他客户合法权益。

真考解读 考查相对较少，熟悉内容即可。

三、实施监管强制措施的程序（熟悉）

（1）根据检查确认的事实，经监管检查人员报请国务院银行业监督管理机构或者其省一级派出机构负责人批准，由国务院银行业监督管理机构或者其省一级派出机构发布通知执行。

（2）银行业金融机构完成整改，经验收符合有关审慎经营规则时，监管部门应当自验收完毕之日起3日内解除有关措施，防止监管机构滥用监管权力。

银行业监督管理机构有权实施的行政强制措施还包括依法对银行业金融机构实行接管或者促成机构重组、撤销银行业金融机构等。

真考解读 考查相对较少，熟悉内容即可。

第二节 行政处罚

一、行政处罚的原则（熟悉）

（1）公平、公正、公开原则。（2）过罚相当原则。（3）程序合法原则。（4）维护当事人的合法权益原则。（5）处罚与教育相结合原则。

> 真考解读 考查相对较少，熟悉内容即可。

典型真题

【单选题】"设定和实施行政处罚必须以事实为依据，与违法行为的事实、性质、情节以及社会危害程度相当"体现了行政处罚的(   )。
A. 过罚相当原则　　　　　　　B. 公平原则
C. 程序合法原则　　　　　　　D. 维护当事人的合法权益原则
【答案】A 【解析】"设定和实施行政处罚必须以事实为依据，与违法行为的事实、性质、情节以及社会危害程度相当"体现了行政处罚的过罚相当原则。

二、行政处罚的种类（熟悉）

《中国银保监会行政处罚办法》（以下简称《行政处罚办法》）第三条规定，本办法所指的行政处罚包括：

（1）警告；
（2）罚款；
（3）没收违法所得；^{解读}
（4）责令停业整顿；
（5）吊销金融、业务许可证；
（6）取消、撤销任职资格；
（7）限制保险业机构业务范围；
（8）责令保险业机构停止接受新业务；
（9）撤销外国银行代表处、撤销外国保险机构驻华代表机构；
（10）要求撤换外国银行首席代表、责令撤换外国保险机构驻华代表机构的首席代表；
（11）禁止从事银行业工作或者禁止进入保险业；
（12）法律、行政法规规定的其他行政处罚。

> 真考解读 考查相对较少，熟悉内容即可。

> 解读 (1) (2) (3)项既可适用于对机构的处罚，也可适用于对个人的处罚。

> 真考解读 考查相对较少，熟悉内容即可。

三、行政处罚的程序及实施情况（熟悉）

（1）立案调查。银行业监督管理机构发现当事人涉嫌违反法律、行政法规和银行保险监管规定,依法应当给予行政处罚且有管辖权的,应当予以立案。立案调查部门应当在立案之日起 90 日内完成调查工作。有特殊情况的,可以适当延长。

(2)取证。行政处罚证据包括以下内容:书证,物证,视听资料,电子数据,证人证言,当事人陈述,鉴定意见,勘验笔录、现场笔录,法律、行政法规规定的其他证据。调查人员可以询问当事人或有关人员,询问应当分别进行,询问前应当告知其有如实陈述事实、提供证据的义务。

(3)审理。行政处罚委员会办公室收到立案调查部门移交的案件材料后,应当在 3 个工作日内进行审查并作出是否接收的决定,并自正式接收案件之日起 90 日内完成案件审理,形成审理报告提交行政处罚委员会审议。有特殊情况的,可以适当延长。

(4)审议。

①行政处罚委员会审议会议由主任委员主持,每次参加审议会议的委员不得少于全体委员的 2/3。

②参会委员应当以事实为依据,以法律为准绳,坚持专业判断,发表独立、客观、公正的审议意见。

③行政处罚委员会审议会议采取记名投票方式,各委员对审理意见进行投票表决,全体委员超过半数同意的,按照审理意见作出决议,会议主持人当场宣布投票结果。参会委员应当积极履行职责,不得投弃权票。

(5)权利告知与听证。

①当事人申请听证的,应当自收到行政处罚事先告知书之日起 5 个工作日以内,向银行业监督管理机构提交经本人签字或盖章的听证申请书。

②当事人需要陈述和申辩的,应当自收到行政处罚事先告知书之日起 10 个工作日以内将陈述和申辩的书面材料提交拟作出处罚的银行业监督管理机构。当事人逾期未行使陈述权、申辩权的,视为放弃权利。

③银行业监督管理机构收到听证申请后,应依法进行审查,符合听证条件的,应当组织举行听证,并在举行听证 7 个工作日前,书面通知当事人举行听证的时间、地点。

(6)决定与执行。

①银行业监督管理机构应当根据案件审理审议情况和当事人陈述、申辩情况及听证情况拟定行政处罚决定书。

②银行业监督管理机构送达行政处罚决定书等行政处罚法律文书时,应当附送达回证,由受送达人在送达回证上记明收到日期,并签名或者盖章。

③当事人逾期不履行行政处罚决定的,作出行政处罚决定的机关可以采取下列措施:到期不缴纳罚款的,每日按照罚款数额的 3% 加处罚款;经依法催告后当事人仍未履行义务的,申请人民法院强制执行;法律、行政法规规定的其他措施。加处罚款的数额不得超出罚款数额。

第三节　行政救济

一、行政复议（熟悉）

真考解读 考查相对较少，熟悉内容即可。

项目	内容
原则	《中国银行业监督管理委员会行政复议办法》（以下简称《行政复议办法》）第四条规定，行政复议机关履行行政复议职责，应当遵循合法、公正、公开、及时、便民的原则，坚持有错必纠，保障法律、法规和规章的正确实施。
范围	行政复议的范围是指行政相对人认为行政机关作出的行政行为侵犯其合法权益，依法可以向行政复议机关请求重新审查的范围。
复议机关	行政复议机关是依照法律规定，有权受理行政复议的申请，依法对被申请的行政行为进行合法性、适当性审查并作出裁决的行政机关。
参加人	行政复议的参加人包括申请人、被申请人、第三人及代理人等。
程序	（1）申请。 （2）受理。复议机关对复议申请进行审查后，应当在收到申请书后的一定期限内，对复议申请分别作以下处理：①复议申请符合法定条件的，应予受理；②复议申请符合其他法定条件，但不属于本行政机关受理的，应告知申请人向有关行政机关提出；③复议申请不符合法定条件的，决定不予受理，并告知理由和相应的处理方式，而不能简单的一退了之。 （3）审理。书面审理是复议机关审理复议案件的基本形式。 （4）决定。复议决定类型：①维持的决定；②履行法定职责的决定；③撤销、变更、确认违法和重新作出行政行为的决定；④驳回申请的决定。复议机关作出行政复议决定，可以依法同时决定行政赔偿问题。行政复议机关作出复议决定后，应当依法送达当事人。申请人如果不服行政复议决定，可依法提起行政诉讼。

典型真题

【多选题】根据《行政复议办法》的规定，复议决定有（　　）。
A. 维持的决定　　　　　　　　B. 履行法定职责的决定
C. 撤销、变更违法的决定　　　D. 确认违法的决定
E. 驳回申请的决定
【答案】ABCDE【解析】根据《行政复议办法》的规定，复议决定有四种：①维持的决定；②履行法定职责的决定；③撤销、变更、确认违法和重新作出行政行为的决定；④驳回申请的决定。

二、行政诉讼（熟悉）

真考解读 考查相对较少，熟悉内容即可。

项目	内容
相关概念	（1）行政诉讼受案范围是指人民法院受理行政诉讼案件的范围。 （2）行政诉讼管辖是指人民法院之间受理第一审行政案件的职权分工。 （3）行政诉讼的诉讼参加人是指依法参加行政诉讼活动，享有诉讼权利，承担诉讼义务，并且与诉讼争议或诉讼结果有利害关系的人，具体包括当事人、共同诉讼人、诉讼中的第三人和诉讼代理人。 （4）行政诉讼的证据是指在行政诉讼中用以证明案件真实情况的一切材料或手段。根据证据的不同形式，行政诉讼的证据可以分为书证、物证、视听资料、证人证言、当事人的陈述、鉴定结论、勘验笔录和现场笔录。
诉讼程序	（1）起诉。 （2）受理。对于符合起诉条件的，受诉人民法院应当在收到起诉状之日起规定期限内立案，即正式受理；不符合起诉条件的，受诉人民法院应当在收到起诉状之日起规定期限内作出不予受理的裁定。当事人对不予受理的裁定不服的，可以在接到裁定书之日起的规定期限内向上一级人民法院提出上诉，上一级人民法院的裁定为终局裁定。 （3）审理。 ①行政诉讼的一审程序是指一审法院对行政案件进行审理应适用的程序，包括审理前的准备开庭审理、合议庭评议和判决等阶段。经过一审，法院对被诉行政行为是否合法作出认定。 ②行政诉讼的二审程序又称上诉审程序，是指一审法院作出裁决后，诉讼当事人不服，在法定期限内提请一审法院的上一级法院重新审理并作出裁判的程序。二审法院经过对案件的审理，应根据行政行为的不同情况作出裁定撤销一审判决或裁定、依法改判、维持原判的裁判。 （4）判决。一审人民法院经过审理，根据不同情况可以作出如下判决，即驳回诉讼请求判决、撤销判决、限期履行判决、变更判决、确认判决、行政附带民事诉讼判决。第二审人民法院运用第二审程序对上诉案件进行审理后，可以作出两种类型的判决，即维持原判或依法改判。
行政诉讼的执行	行政诉讼的执行，必须在具备法律规定的一定条件后才能发生，没有这些条件，执行程序也就不能启动。具体包括以下条件。

续 表

项目	内容
行政诉讼的执行	（1）须有执行根据，就是强制执行据以执行的法律文书，即生效的判决书、裁定书和赔偿调解书。 （2）须有可供执行的内容，一般是指赔偿，实施特定行为的义务。 （3）被执行人有能力履行而不履行义务。 （4）申请人在法定期限内提出了执行申请。

【典型真题】

【多选题】行政诉讼的具体程序包括(　　)。
A. 起诉　　　　B. 受理　　　　C. 审理
D. 判决　　　　E. 决定
【答案】ABCD【解析】行政诉讼的具体程序分为起诉、受理、审理、判决四个环节。

第四节　金融犯罪

真考解读 考点内容较重要，考生需要掌握知识点内容。

一、金融犯罪的概述（掌握）

项目	内容
概念	金融犯罪是指发生在金融业务活动领域中的，违反金融管理法律法规，危害国家有关货币、银行、信贷、票据、外汇、保险、证券期货等金融管理制度，破坏金融管理秩序，情节严重，依照《刑法》应受刑事处罚的行为。
特点	金融犯罪活动隐蔽性强、危害性大，同时专业性、技术性较为复杂。 （1）跨省、跨地区金融犯罪日益增多。 （2）涉众型金融犯罪不断增长。 （3）犯罪形式日趋职业化、组织化和智能化。 （4）内外勾结作案特征逐渐凸显。
危害	（1）巨额的资金损失会加剧金融机构的信用风险，造成其资产质量下降，形成大量坏账，一旦遭遇特殊情况，就可能出现支付困难，产生流动性风险。 （2）由于金融风险具有传递性，一家大型金融机构发生危机，很可能会波及其他金融机构。 （3）当风险积累到一定程度时极易引发金融风波，进而扩大为金融全局的风险，直接威胁我国经济秩序和社会秩序的稳定。

第四章 监管强制措施、行政处罚与行政救济

二、常见的金融犯罪行为（掌握）

项目	内容
涉及的具体罪名	金融犯罪共涉及的具体罪名：伪造货币罪，出售、购买、运输假币罪，金融工作人员购买假币、以假币换取货币罪，持有、使用假币罪，变造货币罪，擅自设立金融机构罪，伪造、变造、转让金融机构经营许可证、批准文件罪，高利转贷罪，骗取贷款、票据承兑、金融票证罪，非法吸收公众存款罪，伪造、变造金融票证罪，妨害信用卡管理罪，窃取、收买、非法提供信用卡信息罪，伪造、变造国家有价证券罪，伪造、变造股票、公司、企业债券罪，擅自发行股票、公司、企业债券罪，内幕交易、泄露内幕信息罪，利用未公开信息交易罪，编造并传播证券、期货交易虚假信息罪，诱骗投资者买卖证券、期货合约罪，操纵证券、期货市场罪，职务侵占罪，贪污罪，公司、企业人员受贿罪，挪用资金罪，挪用公款罪，背信运用受托财产罪，违法运用资金罪，违法发放贷款罪，吸收客户资金不入账罪，违规出具金融票证罪，对违法票据承兑、付款、保证罪，逃汇罪，洗钱罪，集资诈骗罪，贷款诈骗罪，票据诈骗罪，金融凭证诈骗罪，信用证诈骗罪，信用卡诈骗罪，盗窃罪，有价证券诈骗罪，保险诈骗罪等。
分类	（1）按照犯罪手段的不同，金融犯罪可分为欺诈型、伪造变造型、渎职型和其他方式型四大类。 （2）按照犯罪主体是否为金融机构及金融机构工作人员，可把金融犯罪分为特殊主体金融犯罪和一般主体金融犯罪。 （3）按照金融犯罪的罪过形式，可把金融犯罪分为金融故意犯罪和金融过失犯罪。

真考解读 考点内容较重要，考生需要掌握知识点内容。

章节练习

一、单选题（以下各小题所给出的四个选项中，只有一项符合题目的要求，请选择相应选项，不选、错选均不得分）

1. 行政处罚委员会办公室根据相关部门的审议决定制作行政处罚意见告知书，经（　　）批准后送达当事人。
   A. 行政处罚委员会主任委员　　B. 监督检查部门
   C. 行政处罚委员会　　　　　　D. 监督检查部门主任

2. 下列关于行政复议受理的说法，错误的是（　　）。
   A. 复议申请符合其他法定条件，但不属于本行政机关受理的，应告知申请人向有关行政机关提出
   B. 复议申请符合法定条件的，应予受理
   C. 申请人提出复议申请后，复议机关对复议申请进行审查
   D. 复议申请不符合法定条件的，决定不予受理，可以直接退回去

二、**多选题**（以下各小题所给出的五个选项中，有两项或两项以上符合题目的要求，请选择相应选项，多选、少选、错选均不得分）

1. 依据《行政复议办法》的规定，行政复议参加人具体包括( )。
   A. 申请人　　　　　B. 被申请人　　　　C. 第三人
   D. 代理人　　　　　E. 申请人的近亲属

2. 行政处罚的原则包括( )。
   A. 公平、公正、公开原则　　　　　　B. 过罚相当原则
   C. 程序合法原则　　　　　　　　　　D. 维护当事人的合法权益原则
   E. 处罚与教育相结合原则

三、**判断题**（请对以下各项描述做出判断，正确的为 A，错误的为 B）

1. 实施各项监管强制措施的前提条件是银行业金融机构的行为违反法律、行政法规和国务院银行业监督管理机构规定的审慎经营规则，严重危及其稳健运行、损害存款人或其他客户合法权益。( )
   A. 正确　　　　　　　　　　　　　　B. 错误

2. 没收违法所得既可适用于对机构的处罚，也可适用于对个人的处罚。( )
   A. 正确　　　　　　　　　　　　　　B. 错误

答案详解

一、单选题

1. A【解析】行政处罚委员会办公室根据行政处罚委员会的审议决定制作行政处罚意见告知书，经行政处罚委员会主任委员批准后送达当事人。

2. D【解析】申请人提出复议申请后，行政复议机关对复议申请进行审查。复议机关对复议申请进行审查后，应当在收到申请书后的一定期限内，对复议申请分别作以下处理：①复议申请符合法定条件的，应予受理；②复议申请符合其他法定条件，但不属于本行政机关受理的，应告知申请人向有关行政机关提出；③复议申请不符合法定条件的，决定不予受理，并告知理由和相应的处理方式，而不能简单的一退了之。

二、多选题

1. ABCD【解析】行政复议的参加人是指行政复议活动的主体，是与申请人行政复议的行政行为有利害关系的当事人，其范围包括申请人、被申请人、第三人及代理人等。

2. ABCDE【解析】行政处罚的原则：①公平、公正、公开原则；②过罚相当原则；③程序合法原则；④维护当事人的合法权益原则；⑤处罚与教育相结合原则。

三、判断题

1. B【解析】《银行业监督管理法》第三十七条规定了实施各项监管强制措施的前提条件，主要分为以下两种情况：一是银行业金融机构的行为违反法律、行政法规和国务院银行业监督管理机构规定的审慎经营规则，经银行业监督管理机构责令限期改正后逾期未改正；二是银行业金融机构的行为违反法律、行政法规和国务院银行业监督管理机构规定的审慎经营规则，严重危及其稳健运行、损害存款人或其他客户合法权益。

2. A【解析】没收违法所得既可适用于对机构的处罚，也可适用于对个人的处罚。

第五章　负债业务

🔍 应试分析

本章主要介绍了银行的负债业务，包括负债业务概述、存款业务和其他负债业务三个方面的内容。本章属于重要章节，在考试中所占分值约为 5 分，考生应多加关注。本章内容在考试中出题难度不大，知识点多以记忆性学习为主。

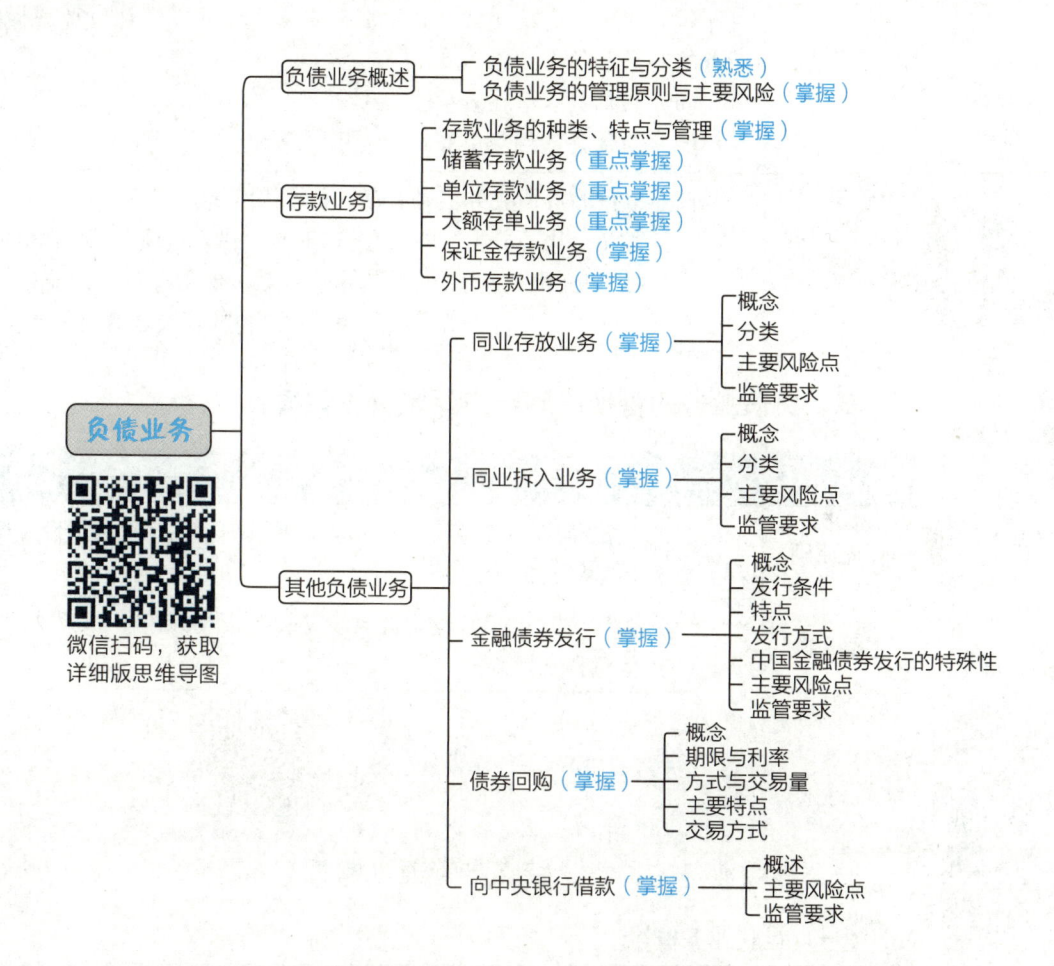

🏠 思维导图

- 负债业务
  - 负债业务概述
    - 负债业务的特征与分类（熟悉）
    - 负债业务的管理原则与主要风险（掌握）
  - 存款业务
    - 存款业务的种类、特点与管理（掌握）
    - 储蓄存款业务（重点掌握）
    - 单位存款业务（重点掌握）
    - 大额存单业务（重点掌握）
    - 保证金存款业务（掌握）
    - 外币存款业务（掌握）
  - 其他负债业务
    - 同业存放业务（掌握）
      - 概念
      - 分类
      - 主要风险点
      - 监管要求
    - 同业拆入业务（掌握）
      - 概念
      - 分类
      - 主要风险点
      - 监管要求
    - 金融债券发行（掌握）
      - 概念
      - 发行条件
      - 特点
      - 发行方式
      - 中国金融债券发行的特殊性
      - 主要风险点
      - 监管要求
    - 债券回购（掌握）
      - 概念
      - 期限与利率
      - 方式与交易量
      - 主要特点
      - 交易方式
    - 向中央银行借款（掌握）
      - 概述
      - 主要风险点
      - 监管要求

知识精讲

第一节 负债业务概述

一、负债业务的特征与分类（熟悉）

真考解读 考查相对较少，熟悉内容即可。

项目	内容
特征	（1）负债是以往交易或事项形成的当前债务。 （2）负债具有偿还性，必须在未来某个时间以转让资产或提供劳务的方式来偿还。 （3）负债具有潜在效益性。 （4）负债是能用货币准确计量和估价的。
分类	商业银行的负债业务主要由存款和借款构成。 （1）按资金来源分类，可分为存款负债、借入负债和结算性负债。 （2）按业务品种分类，可分为单位存款、储蓄存款、同业存放、同业拆入、向中央银行借款、债券融资、应付款项及或有负债等。

二、负债业务的管理原则与主要风险（掌握）

真考解读 考点较重要，考生需掌握知识点。

项目	内容
管理原则	（1）依法筹资原则。（2）成本控制原则。（3）量力而行原则。（4）加强质量管理原则。
主要风险	（1）操作风险。（2）流动性风险。（3）市场风险。（4）法律风险。（5）信息科技风险。

第二节 存款业务

一、存款业务的种类、特点与管理（掌握）

真考解读 考点较重要，考生需掌握知识点。

（一）存款业务概述

项目	内容
概念	存款是存款人基于对银行的信任而将资金存入银行，并可以随时或按约定时间支取款项的一种信用行为。
分类	按照存款所有权的不同，主要有储蓄存款、单位存款和保证金存款。
重要性	存款是银行对存款人的负债，是商业银行最主要的资金来源。

（二）存款管理

项目	内容
存款管理的原则	（1）维护存款人权益的原则：①存款自愿、取款自由、存款有息、为储户保密；②谁的钱入谁的账、归谁支配；③真实性原则。 （2）业务经营安全性原则：要求商业银行以安全性、流动性、效益性为经营原则，实行自主经营，自担风险，自负盈亏，自我约束。 （3）合规经营原则。
存款的定价	（1）含义：银行的存款定价是指确定存款的利率、附加收费和相关条款。 （2）存款定价原则：存款定价时，要与市场价格保持均衡，区别确定差别价格。 （3）存款价格调整：①根据利率走势调整存款价格；②根据经营需要调整存款价格；③根据资金头寸调整价格。

二、储蓄存款业务（重点掌握）

项目	内容
含义	《储蓄管理条例》规定，储蓄是指个人将属于其所有的人民币或者外币存入储蓄机构，储蓄机构开具存折或者存单作为凭证，个人凭存折或者存单可以支取存款本金和利息，储蓄机构依照规定支付存款本金和利息的活动。
种类	（1）活期存款。解读1 ①含义：活期存款是指不规定存款期限，储户可以随时存取的存款。 ②计息方式：积数计息法和逐笔计息法。 目前，各家银行多使用积数计息法计算活期存款利息，使用逐笔计息法计算整存整取定期存款利息。存款具体采用何种计息方式由各银行决定，储户只能选择银行，不能选择计息方式。 （2）定期存款（利率视期限长短而定）。 ①整存整取（最为常见）。整存整取起存金额为50元，整笔存入，到期一次支取本息，存取期为3个月、6个月、1年、2年、3年、5年。 ②零存整取。零存整取起存金额为5元，每月存入固定金额，利率低于整存整取定期存款，高于活期存款，到期一次支取本息，存取期分为1年、3年、5年。 ③整存零取。整存零取起存金额为1 000元，整笔存入，固定期限，分期支取，存期分为1年、3年、5年，支取期分为1个月、3

真考解读 属于必考点，一般会考1道题。

解读1 我国对活期存款实行按季度结息，每季度末月的20日为结息日，次日付息。

续 表

项目	内容
种类	个月、6 个月一次。本金可全部提前支取，不可部分提前支取，利息于期满结清时支取，利率高于活期存款。 ④存本取息。存本取息起存金额为 5 000 元，整笔存入，约定取息期，到期一次性支取本金、分期支取利息。存期分为 1 年、3 年、5 年，可以 1 个月或几个月取息一次。本金可全部提前支取，不可部分提前支取。取息日未到不得提前支取利息，取息日未取息，以后可随时取息，但不计付复利。 （3）其他种类的储蓄存款。 ①定活两便储蓄存款。存期灵活，开户时不约定存期，一次存入本金，随时可以支取，银行根据客户存款的实际存期按约定计息，利率优惠，利息高于活期储蓄。 ②个人通知存款。起存金额 50 000 元，开户时不约定存期，预先确定品种，支取时只要提前一定时间通知银行，约定支取日期及金额。 ③教育储蓄存款。起存金额 50 元（本金合计最高限额为 2 万元），父母为了子女接受非义务教育而存钱，分次存入，到期一次支取本金和利息。教育储蓄存款具有如下特点。 ◆利息免税。免征储蓄存款利息所得税。 ◆利率优惠。1 年期、3 年期教育储蓄按开户日同期同档次整存整取定期储蓄存款利率计息；6 年期按开户日 5 年期整存整取定期储蓄存款利率计息。 ◆储户特定。在校小学四年级（含四年级）以上学生。 ◆存期灵活。教育储蓄属于零存整取定期储蓄存款。存期分为 1 年、3 年和 6 年。提前支取时必须全额支取。
主要风险点	（1）内控不完善。（2）业务不合规。（3）核算不真实。（4）其他风险。
监管要求	（1）建立、健全覆盖储蓄存款业务的内部控制制度，包括业务操作流程、业务管理办法、财务核算办法、储蓄存款业务授权制度和岗位责任制。 （2）办理储蓄存款业务中严格遵循"存款自愿、取款自由、存款有息、为储户保密"的原则。经营网点设立合法，并按公告的时间营业。 （3）储蓄存款账户开立、使用、销户手续规范，大额现金支取风险防范措施严密。

三、单位存款业务（重点掌握）

项目	内容
概念	单位存款又称机构存款、对公存款，是机关、团体、部队、企业、事业单位和其他组织以及个体工商户将货币资金存入银行，并可以随时或按约定时间支取款项的一种信用行为，是商业银行对存款单位的负债。
种类（按支取方式不同）解读2	(1) 单位活期存款（单位活期存款账户又称单位结算账户）。 ①分类：单位活期存款账户包括基本存款账户、一般存款账户、专用存款账户和临时存款账户。 ②特点：不规定存期、可随时转账和存取。 ③计息方式：按结息日中国人民银行规定的活期存款利率计算，存款利息自动转入相应的活期存款账户。 (2) 单位定期存款。 ①存期：分3个月、6个月、1年、2年、3年及5年，共6个档。 ②特点：约定期限、整笔存入和到期一次性支取本息。 ③计息方式：按存入日中国人民银行挂牌公布的同档次存款利率计息。 (3) 单位通知存款。 ①分类：一天通知存款和七天通知存款。 ②特点：存入款项时不约定存期，支取时需提前通知商业银行，并约定支取存款日期和金额方能支取。 ③计息方式：存款计息以本金为基数，按支取日中国人民银行挂牌公布的相应存款利率和实际存款计息，利随本清。 (4) 单位协定存款。 ①分类：结算户（A户）和协定户（B户）。 ②特点：与商业银行签订合同的形式约定合同期限、确定结算账户需要保留的基本存款额度。 ③计息方式：协定存款账户中基本存款额度以内（A户）的存款按结息日或者支取日人民币单位活期存款利率计息，超过基本存款额度的存款（B户）按结息日或支取日中国人民银行公布的协定存款利率计息。 (5) 协议存款。协议存款是指利率市场化前，根据中国人民银行有关规定，商业银行可与保险公司、全国社会保障基金理事会等特定客户签署协议，自主确定存款期限、金额、利率、结息方式的存款，各类协议存款有最低起存期限和金额要求。

真考解读 属于必考点，一般会考1道题。

解读2 单位存款业务的种类考查较多，考生需重点掌握单位存款的种类以及各种类的具体分类。

续表

项目	内容
主要风险点	（1）内控不完善。（2）业务不合规。（3）核算不真实。（4）其他风险。利率风险及信息科技风险等新型风险；内部审计部门对单位存款业务审计的范围、频率、力度有缺陷。
监管要求	（1）经营管理要求。 ①办理单位存款的经营网点设立合法。 ②单位存款账户开立、使用、撤销手续规范，对休眠账户有单独管理办法。 ③存款结息、付息符合国家利率规定，存款应付利息计提准确。 ④单位存款业务发展的中、长期发展规划符合当地经济发展状况及商业银行自身发展的实际，促进存款业务发展的措施和激励机制科学完善。 ⑤单位存款科目设置合理，科目使用规范，科目余额与报表反映一致。 ⑥建立银行与客户、银行与银行以及银行内部业务台账与会计账之间的适时对账制度，对于对账频率、对账对象、可参与对账人员等作出明确规定。 ⑦加强对可能发生的账外经营的监控。 （2）规范要求。 ①明确规定吸收公款存款的具体形式、费用标准和管理流程，加强相关费用支出的财务管理，完善薪酬管理制度，改进绩效考评体系，并强化吸收公款存款行为的审计监督。 ②督促员工遵守行业行为规范，恪守职业道德操守，廉洁从业，不得向公款存放主体相关负责人员赠送现金、有价证券与实物等，不得通过安排公款存放主体相关负责人员的配偶、子女及其配偶和其他直接利益相关人员就业、升职，或向上述人员发放奖酬等方式进行利益输送。 ③充分尊重公款存放主体的意愿和服务需求，按照公平、公正、公开原则与公款存放主体开展业务合作，通过质量优、效益好、安全性高的服务，盘活相关银行账户存量资金，增加资金存放综合效益。 ④要求银行业协会督促会员单位强化自律意识，培育合规文化，倡导公平竞争，抵制不当交易。 ⑤监管部门加强监督检查，对于银行业金融机构吸收公款存款业务中的违法违规行为，应依法予以提示和纠正，并采取相应的监管措施和行政处罚。发现银行业金融机构通过吸收公款存款进行利益输送的，通报同级财政部门和相关纪检监察机关。

典型真题

【多选题】以下属于单位存款的有（　　）。
A．定活两便存款　　　　　　B．通知存款
C．协定存款　　　　　　　　D．活期存款
E．定期存款
【答案】BCDE【解析】单位存款的种类：①单位活期存款；②单位定期存款；③单位通知存款；④单位协定存款；⑤协议存款。选项A定活两便存款属于个人存款。

四、大额存单业务（重点掌握）

真考解读 属于必考点，一般会考1道题。

项目	内容
概念	大额存单是由银行业存款类金融机构面向非金融机构投资人发行的、以人民币计价的记账式大额存款凭证，是银行存款类金融产品，属一般性存款。
发行主体	银行业存款类金融机构，包括商业银行、政策性银行、农村合作金融机构以及中国人民银行认可的其他金融机构等。
产品形式	（1）大额存单采用标准期限的产品形式，包括1个月、3个月、6个月、9个月、1年、18个月、2年、3年和5年，共9个品种。 （2）大额存单自认购之日起计息，付息方式分为到期一次还本付息和定期付息、到期还本。
投资条件	（1）大额存单的投资人包括个人、非金融企业、机关团体等非金融机构投资人。 （2）保险公司、社保基金在商业银行的存款具有一般存款属性，且需缴纳准备金，这两类机构也可以投资大额存单。 （3）《大额存单管理暂行办法》规定，个人投资人认购的大额存单起点金额不低于20万元，机构投资人则不低于1 000万元。
发行渠道与定价	（1）采用电子化的方式，既可以在发行人的营业网点、电子银行发行，也可以在第三方平台以及经中国人民银行认可的其他渠道发行。 （2）大额存单以市场化方式确定发行利率。
流通转让与存款保险	（1）大额存单可以转让、提前支取和赎回。大额存单转让可以通过第三方平台开展，转让范围限于非金融机构投资人及中国人民银行认可的其他机构；对于自有渠道发行的大额存单，可以根据发行条款通过自有渠道办理提前支取和赎回。 （2）大额存单可以用于办理质押。大额存单作为一般性存款，纳入存款保险的保障范围。

续表

项目	内容
规范管理规定	（1）发行人通过第三方平台发行大额存单前后，应当在本机构官方网站和中国人民银行指定的信息披露平台进行信息披露。 （2）存单存续期间发生影响发行人履行债务的重大时间也应予以披露，信息披露应当遵循诚实信用原则。

典型真题

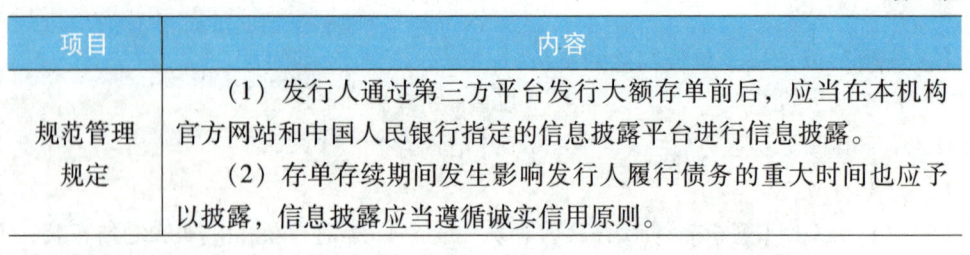

【多选题】根据《大额存单管理暂行办法》，下列关于大额存单业务的说法中，正确的有(　　)。

A．大额存单自认购之日起计息，付息方式分为到期一次还本付息和定期付息、到期还本

B．保险公司、社保基金可以投资大额存单

C．个人投资人认购的大额存单起点金额不低于50万元，机构投资人则不低于500万元

D．大额存单可以转让、提前支取和赎回

E．大额存单是由银行业存款类金融机构面向非金融机构投资人发行的、以人民币计价的凭证式大额存款凭证，是银行存款类金融产品，属一般性存款

【答案】ABD　【解析】个人投资人认购的大额存单起点金额不低于20万元，机构投资人则不低于1 000万元，选项C说法错误；大额存单是由银行业存款类金融机构面向非金融机构投资人发行的、以人民币计价的记账式大额存款凭证，是银行存款类金融产品，属一般性存款，选项E说法错误。

> **真考解读** 考点较重要，考生需掌握知识点。

五、保证金存款业务（掌握）

项目	内容
概念	保证金存款是商业银行为客户出具具有结算功能的信用工具或提供资金融通后按约履行相关义务，而与其约定将一定数量的资金存入特定账户所形成的存款类别。在客户违约后商业银行有权直接扣划该账户中的存款，以最大限度地减少银行损失。
种类	按照保证金担保的对象不同，保证金存款可分为： （1）银行承兑汇票保证金。银行为防范由其承兑的汇票到期后、承兑申请人账户无足够款项支付汇票款，在汇票签发前与申请人约定将其一定比例的资金存入专门开立的账户，具有现金担保的性质。银行承兑汇票保证金一般不低于承兑汇票金额的20%。 （2）信用证保证金。银行为防范由其开立的信用证到期后、开证申请人账户无足够款项对外付款赎单，在信用证签发前与申请人约定将其一定比例的资金存入专门开立的账户，具有以现金担保的

续 表

项目	内容
种类	性质。对于商业银行的非授信客户，一般要缴存100%的保证金，优质授信客户可在签订减免保证金开证合同后减缴或免缴保证金。 （3）**黄金交易保证金**。黄金交易保证金是客户委托商业银行办理黄金交易时，为保证交易资金划拨正常进行而缴存的特定存款。 （4）**个人购汇保证金**。由于我国境内居民个人自费出国（境）留学需预交一定比例外汇保证金才能取得前往国家入境签证，外汇管理局允许商业银行向居民个人收存一定比例人民币，即个人购汇保证金，作为居民购汇取得外汇保证金的前提。 （5）**远期结售汇保证金**。远期结售汇保证金是商业银行与客户约定在未来某一特定日期或时期，依约定的外汇币种、金额、汇率进行结售汇交割，为保证客户履约而要求其预先存入的特定款项。
主要风险点	（1）业务不合规。主要包括向客户收取的保证金超过其所担保的业务金额，未发生实际业务而存入保证金，客户按约定履行义务后不及时将保证金存款交存款人支配，对保证金存款不按规定计息。 （2）内部控制薄弱。主要包括未按存款人设置明细账，未将同一客户的保证金存款明细与其所担保的业务对象逐笔对应。 （3）操作风险。
监管要求	监管重点主要包括以下内容： （1）商业银行会计科目中设立的保证金存款类别是否都经过了监管部门的批准，收取保证金是否有依据。 （2）商业银行是否对保证金出台了针对性的管理制度，是否采取了集中管理等措施。 （3）商业银行在保证金存款账户的使用上是否存在弄虚作假行为。 （4）保证金存款账户设立的目的是为担保信用证开证、结售汇、承兑等业务服务的，监管部门在具体工作中必须将其与对信用证开证、结售汇、承兑等业务的监管结合起来。

六、外币存款业务（掌握）^{解读3}

项目	内容
外币存款业务与人民币存款业务的比较	（1）相同点：①都是存款人将资金存入银行的信用行为；②都可**按存款期限分为活期存款和定期存款**，按客户类型分为个人存款和单位存款等。 （2）不同点：①存款币种不同；②具体管理方式不同。

解读3 目前，我国银行开办的外币存款业务币种主要包括美元、欧元、日元、港元、英镑、澳大利亚元、加拿大元、瑞士法郎、新加坡元9种。

真考解读 考点较重要，考生需掌握知识点。

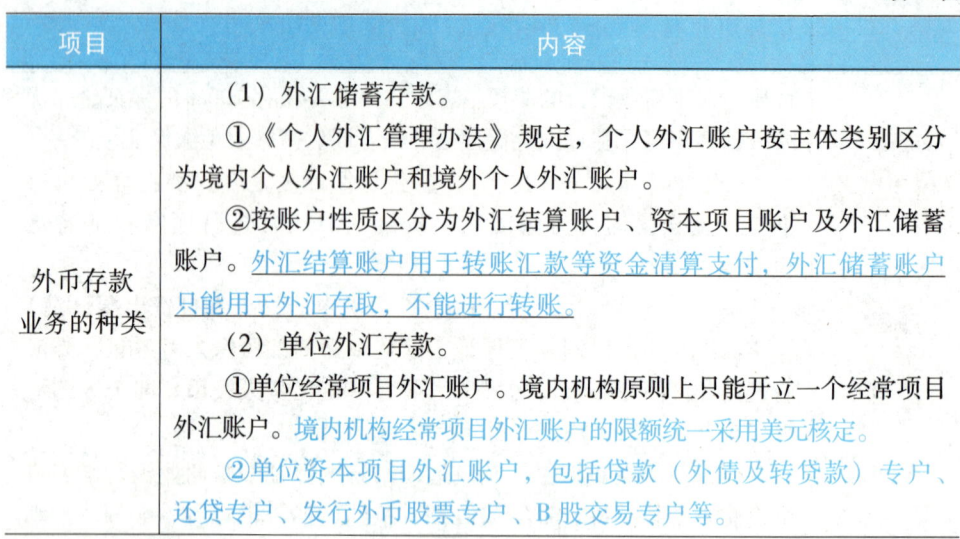

续表

项目	内容
外币存款业务的种类	（1）外汇储蓄存款。 ①《个人外汇管理办法》规定，个人外汇账户按主体类别区分为境内个人外汇账户和境外个人外汇账户。 ②按账户性质区分为外汇结算账户、资本项目账户及外汇储蓄账户。外汇结算账户用于转账汇款等资金清算支付，外汇储蓄账户只能用于外汇存取，不能进行转账。 （2）单位外汇存款。 ①单位经常项目外汇账户。境内机构原则上只能开立一个经常项目外汇账户。境内机构经常项目外汇账户的限额统一采用美元核定。 ②单位资本项目外汇账户，包括贷款（外债及转贷款）专户、还贷专户、发行外币股票专户、B股交易专户等。

典型真题

【多选题】单位资本项目外汇账户包括（　　）。
A．贷款（外债及转贷款）专户　　B．还贷专户
C．发行外币股票专户　　D．B股交易专户
E．一般存款账户
【答案】ABCD【解析】单位资本项目外汇账户包括贷款（外债及转贷款）专户、还贷专户、发行外币股票专户、B股交易专户等。

第三节　其他负债业务

一、同业存放业务（掌握）

项目	内容
概念	同业存放也称同业存款，是指因支付清算、提取及解缴现金款项等需要，由其他金融机构存放于商业银行款项的业务。
分类	（1）按存放单位不同，分为境外同业存放、国有商业银行存放、其他商业银行存放、农村信用社存放、政策性银行存放、金融性公司存放等业务。 （2）按存放目的不同，分为结算性存放和合作性存放。 ①结算性存放是指金融机构之间由于正常业务往来引起资金结算而发生的同业间存放业务。 ②合作性存放是指由于金融机构之间的业务合作原因发生的存放业务。

续表

项目	内容
主要风险点	（1）业务不合规。 （2）内部控制薄弱：①业务内控制度不健全；②业务内控制度不合规；③业务内控制度执行不力。 （3）风险管理欠缺。 （4）核算不真实。 （5）内部审计监督不到位。
监管要求	（1）在内部控制制度建设及执行方面，重点关注内控制度的健全性、合规性及贯彻落实等控制环节，对相应的风险点进行重点提示和检查。 （2）在经营合规性方面，重点关注账户资金往来、存放资金利率等控制环节，对相应的风险点进行重点提示和检查。 （3）在会计核算方面，重点关注有无人为调账情况、是否扩大核算范围等控制环节，对相应的风险点进行重点提示和检查。 （4）在监督检查方面，重点关注内部审计是否充分的控制环节，对相应的风险点进行重点提示和检查。

二、同业拆入业务（掌握）

真考解读 考点较重要，考生需掌握知识点。

项目	内容
概念	同业拆借是指金融机构之间相互融通的短期资金融通业务。同业拆入是其中的一种，拆入资金用于弥补因同城票据清算头寸不足和解决临时性周转资金不足的需要。
分类	（1）同业拆入业务种类按组织形式可分为从网上市场拆入和从网下市场拆入。 （2）按有无担保可分为有担保拆入和无担保拆入。 （3）按交易方式可分为通过中介交易拆入和不通过中介交易拆入。 （4）按期限可分为半日期、日期、指定日拆入。 （5）按拆借单位可分为国有商业银行拆入、其他商业银行拆入、城市信用社拆入、农村信用社拆入、政策性银行拆入、外资金融机构拆入、金融性公司拆入等。
主要风险点	（1）业务不合规。 （2）内部控制薄弱：①业务内控制度不健全；②业务内控制度不合规；③业务内控制度执行不力。 （3）风险管理欠缺。 （4）核算不真实：①科目使用不正确；②人为调账；③扩大核算范围。 （5）内部审计监督不到位。

续 表

项目	内容
监管要求	（1）在内部控制制度建设及执行方面，重点关注内控制度的健全性、合规性及贯彻落实等控制环节，对相应的风险点进行重点提示和检查。 （2）在经营合规性方面，重点关注是否经上级行授权、拆入资金来源是否合规、拆入资金用途是否合规、拆入资金期限是否合规、拆入资金规模是否合规、拆入资金利率是否合规及账外经营等控制环节，对相应的风险点进行重点提示和检查。 （3）在核算真实性方面，重点关注科目使用是否正确、有无人为调账情况、是否扩大核算范围等控制环节，对相应的风险点进行重点提示和检查。 （4）在手续的完善性方面，重点关注手续是否完备、合同是否合法有效、档案是否完整等控制环节，对相应的风险点进行重点提示和检查。 （5）在监督检查方面，重点关注内部审计是否充分的控制环节，对相应的风险点进行重点提示和检查。

三、金融债券发行（掌握）

真考解读 属于常考点，一般会考1道题，考点较重要，尤其是发行条件、特点和发行方式。

项目	内容
概念	金融债券是指依法在我国境内设立的金融机构法人在境内外债券市场发行的、按约定还本付息的有价证券。
发行条件	商业银行发行金融债券前需报经中国人民银行许可，需要具备如下条件：①具有良好的公司治理机制；②核心资本充足率不低于4%；③最近3年连续盈利；④贷款损失准备计提充足；⑤风险监管指标符合监管机构的有关规定；⑥最近3年没有重大违法、违规行为；⑦中国人民银行要求的其他条件等。根据商业银行的申请，中国人民银行可以豁免前述个别条件。
特点	（1）发行者有较大的主动权，筹资对象范围广泛，筹资效率较高。 （2）债券的盈利性、流动性较好，有较强的吸引力。 （3）债券到期还本付息，因而筹集的资金稳定，并且不必向中央银行账户缴纳法定存款准备金。 （4）筹资成本较高、债券的流通性受市场发达程度的制约、管理当局的限制较严。

续表

项目	内容
发行方式	（1）私募发行是指发行人向特定的投资者直接发行金融债券。 （2）公募发行是指发行人向社会公开发行金融债券。公募发行的投资者身份一般不受限制。 （3）直接发行是指发行人不通过承销商而直接发行金融债券。 （4）间接发行是指发行人委托承销商代为发行金融债券。
中国金融债券发行的特殊性	（1）发行的金融债券大多是筹集专项资金的债券，即发债资金的用途常常有限制。 （2）发行的金融债券数量大、时间集中、期次少。 （3）发行方式大多采取直接私募或间接私募，认购者以商业银行为主。 （4）金融债券的发行须经特别审批。
主要风险点	（1）业务不合规。（2）核算不真实。（3）内控不完善。（4）利率风险。（5）资产和负债期限错配风险。
监管要求	在银行间债券市场或境外市场发行金融债券，申请人可自行安排发行、承销工作，申请人也无须再提供发行金融债券的信用评级报告。

典型真题

【单选题】下列表述中，不属于金融债券特点的是（　　）。
A. 须向中央银行账户缴纳法定存款准备金
B. 债券到期还本付息
C. 发行者有较大的主动权，筹资对象范围广，筹资效率高
D. 债券的盈利性、流动性较好，有较强的吸引力
【答案】A【解析】金融债券不必向中央银行账户缴纳法定存款准备金。选项A不属于金融债券的特点。

四、债券回购（掌握）

真考解读 考点较重要，考生需掌握知识点。

项目	内容
概念	债券回购是指债券交易的双方在进行债券交易的同时，以契约方式约定在将来某一日期以约定价格（本金和按约定回购利率计算的利息），由债券的"卖方"（正回购方）向"买方"（逆回购方）再次购回该笔债券的交易行为。
期限与利率	债券回购的最长期限为1年，利率由双方协商确定。
方式与交易量	债券回购包括质押式回购与买断式回购。债券回购的交易量远大于同业拆借。

续 表

项目	内容
主要特点	(1) 回购交易是现货交易与远期交易的结合。 (2) 回购交易要发生 2 次券款交割。
交易方式	(1) 隔日回购，是指最初出售者在卖出债券次日即将该债券购回。 (2) 定期回购，是指最初出售者在卖出债券至少 2 天以后再将同一债券买回。^{解读} <u>(3) 在上海证券交易所，回购业务收取的手续费为成交金额的 0.1%。</u>上海证券交易所规定回购期限为 7 天、1 个月、3 个月和 6 个月四种。

解读 回购期限长短不同，其信用风险也不同，定期回购的信用风险大于隔日回购的信用风险。目前我国尚未采用隔日回购的方式。

典型真题

【单选题】上海证券交易所回购业务收取的手续费为成交金额的( )。
A. 0.1%　　　B. 0.2%　　　C. 0.3%　　　D. 0.4%
【答案】A 【解析】上海证券交易所回购业务收取的手续费为成交金额的 0.1%。

真考解读 考点较重要，考生需掌握知识点。

五、向中央银行借款（掌握）

项目	内容
概述	(1) 商业银行在需要时可以向中央银行申请借款。但是，商业银行一般只把向中央银行借款作为融资的最后选择，只有在通过其他方式难以借到足够的资金时，才会求助于中央银行，所以，<u>中央银行也被称为"最后贷款人"</u>。 (2) 向中央银行借款包括再贴现、再贷款、常备借贷便利、中期借贷便利、定向中期借贷便利等。
主要风险点	(1) 向中央银行借款业务的风险点：①内控不完善；②业务不合规；③还款不及时；④核算不真实；⑤内部审计不到位；⑥清算损失风险。 (2) 办理再贴现业务的风险点：①内控不完善；②业务不合规；③核算不真实；④风险管理薄弱；⑤内部审计不到位。
监管要求	(1) 对商业银行向中央银行借款业务的监管。 ①在内部控制制度建设及执行方面，重点把握向中央银行借款业务内控制度的健全性、合规性及贯彻落实等控制环节，对可能存在的风险点进行重点提示和检查。 ②在业务合规性方面，重点把握是否经上级行授权依法合规开展业务的控制环节，对可能存在的风险点进行重点提示和检查。

续 表

项目	内容
监管要求	③在还款及时性方面，重点把握及时还款及出现还款困难时的展期申请等控制环节，对可能存在的风险点进行重点提示和检查。 ④在会计核算方面，重点把握科目使用是否正确、有无人为调账情况、是否扩大核算范围等控制环节，对可能存在的风险点进行重点提示和检查。 ⑤在监督检查方面，重点把握内部审计是否充分，对可能存在的风险点进行重点提示和检查。 ⑥在防范清算损失风险方面，加强对商业银行经营管理的全面监管，督促其不断提高经营管理水平，切实防范因经营不善被关闭造成中央银行借款损失的风险。 （2）对商业银行再贴现业务的监管。 ①在内部控制制度建设及执行方面，重点把握再贴现业务内控制度的健全性、合规性及贯彻落实等控制环节，对可能存在的风险点进行重点提示和检查。 ②在业务合规性方面，重点把握是否符合有关金融法律法规的要求及中央银行的规定，用于申请再贴现的商业汇票是否真实、合法的商品交易基础，是否按规定办理票据的查复，是否落实国家金融宏观调控结构调整的要求及行业、企业和产品导向等控制环节，对可能存在的风险点进行重点提示和检查。 ③在核算真实性方面，重点把握科目使用是否正确、有无人为调账情况、是否扩大核算范围等控制环节，对可能存在的风险点进行重点提示和检查。 ④在风险防范方面，重点把用于申请再贴现的商业汇票的真实性、是否有真实、合法的商品交易基础及是否会由贴现向再贴现环节转移风险等控制环节，对可能存在的风险点进行重点提示和检查。 ⑤在监督检查方面，重点把握内部审计是否充分，对可能存在的风险点进行重点提示和检查。

章节练习

一、单选题（以下各小题所给出的四个选项中，只有一项符合题目的要求，请选择相应选项，不选、错选均不得分）

1. 目前，各家银行多使用积数计息法计算活期存款利息，使用（　　）计算整存整取定期存款利息。
   A. 复利计息法　　　　　　　　B. 单利计息法
   C. 逐笔计息法　　　　　　　　D. 积数计息法

2. 下列不属于单位结算账户是( )。
  A. 基本存款账户   B. 长期存款账户
  C. 临时存款账户   D. 一般存款账户

二、多选题（以下各小题所给出的五个选项中，有两项或两项以上符合题目的要求，请选择相应选项，多选、少选、错选均不得分）

1. 商业银行负债业务管理应遵循的基本原则有( )。
  A. 依法筹资原则   B. 成本控制原则
  C. 量力而行原则   D. 加强质量管理原则
  E. 收支平衡原则

2. 维护存款人权益的原则包括( )。
  A. 存款自愿   B. 取款自由
  C. 存款有息   D. 为储户保密
  E. 谁的钱入谁的账、归谁支配

三、判断题（请对以下各项描述做出判断，正确的为 A，错误的为 B）

1. 教育储蓄存款在提前支取时可以部分支取。( )
  A. 正确   B. 错误

2. 储户能自由选择银行与计息方式。( )
  A. 正确   B. 错误

答案详解

一、单选题

1. C【解析】目前，各家银行多使用积数计息法计算活期存款利息，使用逐笔计息法计算整存整取定期存款利息。

2. B【解析】单位活期存款账户又称单位结算账户，包括基本存款账户、一般存款账户、专用存款账户和临时存款账户。

二、多选题

1. ABCD【解析】商业银行负债业务管理应遵循的基本原则：依法筹资原则、成本控制原则、量力而行原则、加强质量管理原则。

2. ABCDE【解析】维护存款人权益的原则：①存款自愿、取款自由、存款有息、为储户保密；②谁的钱入谁的账、归谁支配；③真实性原则。

三、判断题

1. B【解析】教育储蓄存款在提前支取时必须全额支取。

2. B【解析】存款具体采用何种计息方式由各银行决定，储户只能选择银行，不能选择计息方式。

第六章　资产业务

🔍 应试分析

本章主要介绍了贷款业务和债券投资业务的相关内容。本章在考试中所占分值约为 9 分，本章属于重要章节，考查重点是各个贷款产品的相关内容。本章考点难度不大，需要注意区分各贷款产品的基础知识、主要风险点和监管要求。

🏠 思维导图

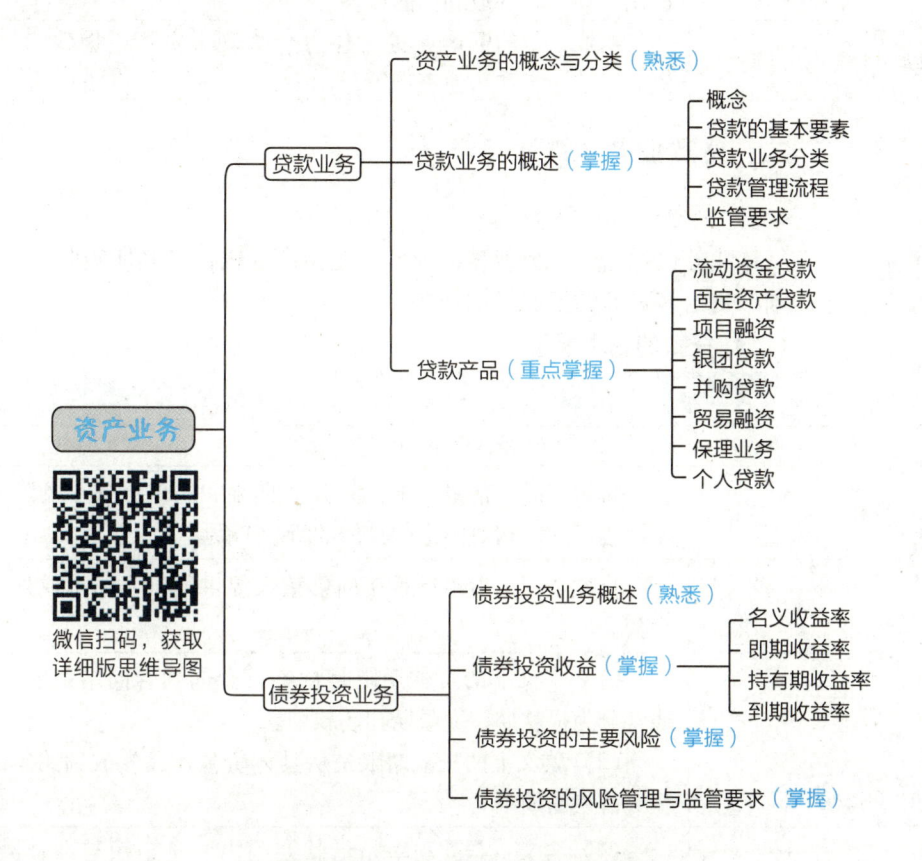

- 资产业务
  - 贷款业务
    - 资产业务的概念与分类（熟悉）
    - 贷款业务的概述（掌握）
      - 概念
      - 贷款的基本要素
      - 贷款业务分类
      - 贷款管理流程
      - 监管要求
    - 贷款产品（重点掌握）
      - 流动资金贷款
      - 固定资产贷款
      - 项目融资
      - 银团贷款
      - 并购贷款
      - 贸易融资
      - 保理业务
      - 个人贷款
  - 债券投资业务
    - 债券投资业务概述（熟悉）
    - 债券投资收益（掌握）
      - 名义收益率
      - 即期收益率
      - 持有期收益率
      - 到期收益率
    - 债券投资的主要风险（掌握）
    - 债券投资的风险管理与监管要求（掌握）

微信扫码，获取详细版思维导图

微信扫码关注　畅享在线做题

微信扫码关注　获取免费直播课

知识精讲

第一节 贷款业务

一、资产业务的概念与分类（熟悉）

项目	内容
概念	商业银行的资产业务是指商业银行运用其吸收的资金从事各种信用活动，以获取利润的业务。
分类	商业银行的资产业务大体可分为现金资产、贷款^{解读1}、证券投资、固定资产和其他资产等。

> **真考解读** 考查相对较少，熟悉内容即可。
>
> **解读1** 贷款是商业银行最主要的资产。
>
> **真考解读** 属于常考点，一般会考1道题。

二、贷款业务的概述（掌握）

（一）概念

贷款业务也称信贷业务或授信业务，是指商业银行将其所吸收的资金，按一定的利率贷给客户并约期归还的业务。

（二）贷款的基本要素

要素	内容
借款主体	（1）个人客户。（2）公司客户。
贷款产品	贷款产品是指银行根据用途、期限、担保方式、风险特征等要素组合形成的相对固定的具体的贷款产品。
贷款金额	贷款金额是指银行承诺向借款人提供的以人民币或外币计量的金额。
贷款期限	（1）广义上的贷款期限是从签订合同到合同结束的整个期间，通常分为提款期、宽限期和还款期。 （2）狭义上的贷款期限是从具体贷款产品发放到约定的最后还款或清偿的期限。
贷款利率	（1）含义：贷款利率是借款期限内利息金额与本金额的比率，即借款人使用贷款时支付的价格。 （2）利率反映资金供给者的资金收益水平和资金需求者的资金成本水平，是决定社会资金供求状况的重要变量。利率政策是货币政策的主要组成部分。
贷款费率	（1）含义：费率是指商业银行在贷款利率以外对提供信贷服务要求的收益报酬，一般以信贷产品金额为基数按一定比率计算。 （2）类型：<u>主要包括担保费、承诺费、承兑费、银团贷款安排费、开证费、代理费等</u>。

续表

要素	内容
还款方式	（1）一次性还款。 （2）分次还款。 ①分次还款包括定额还款和不定额还款。 ②定额还款包括等额还款和约定还款。 ③等额还款包括等额本金还款和等额本息还款等方式。
担保方式	抵押、质押和保证，少数采用留置的方式。
提款条件	提款条件包括合法授权、政府批准、资本金要求、监管条件落实等。

（三）贷款业务分类

项目	内容
按借款人性质分类	（1）个人贷款。个人贷款的借款人为自然人，个人贷款按照贷款用途和风险特征可细分为个人住房贷款、个人消费贷款、个人经营贷款等。 （2）公司贷款。公司贷款的借款人为公司企业，公司贷款按照贷款用途和风险特征可细分为流动资金贷款、固定资产贷款、项目融资、贸易融资、贴现、透支、保理等。
按贷款期限不同分类	（1）短期贷款，指贷款期限在1年及1年以内的贷款。 （2）中期贷款，指贷款期限在1年以上（不含1年）5年以下（含5年）的贷款。 （3）长期贷款，指贷款期限在5年（不含5年）以上的贷款。
按贷款方式不同分类	（1）信用贷款，指以借款人信誉发放的贷款。信用贷款不需要保证和抵押，借款人仅凭信用就可以取得贷款。 （2）担保贷款，指由借款人或第三方依法提供担保而发放的贷款，包括保证贷款、抵押贷款、质押贷款。 ①保证贷款，指保证人和银行约定，当借款人不履行到期债务或者发生当事人约定的情形时，保证人履行债务或者承担责任的贷款。保证的方式包括一般保证和连带责任保证。 ②抵押贷款，指为担保债务的履行，债务人或者第三人不转移财产的占有，将该财产抵押给银行的，借款人不履行到期债务或者发生当事人约定的实现抵押权的情形，银行有权就该财产优先受偿的贷款。 ③质押贷款，指以借款人或者第三人的动产、权利出质给银行，借款人不履行到期债务或者发生当事人约定的实现质权的情形，银行有权就该动产、权利优先受偿的贷款。

续　表

项目	内容
按是否在资产负债表上反映分类	（1）表内贷款，指在商业银行资产负债表上反映的贷款。 （2）表外业务^{解读2}，指商业银行从事的，按照现行的会计准则不计入资产负债表内，不影响资产负债总额，但能改变当期损益及营运资金，从而提高银行资产报酬率的经营活动。
按贷款资金来源和经营模式分类	（1）自营贷款，指商业银行以合法方式筹集的资金自主发放的贷款，其风险由商业银行承担，并由商业银行收回本金和利息。 （2）委托贷款，指委托人提供资金，由商业银行（受托人）根据委托人确定的借款人、用途、金额、币种、期限、利率等代为发放、协助监督使用、协助收回的贷款，不包括现金管理项下委托贷款和住房公积金项下委托贷款。 （3）特定贷款，指国务院批准并对贷款可能造成的损失采取相应补救措施后责成商业银行发放的贷款。^{解读3}
按贷款利率是否变化分类	（1）固定利率贷款，指贷款利率在贷款期限内保持不变，遇利率调整也不分段计息的贷款。 （2）浮动利率贷款，指贷款利率在贷款期限内随市场利率或官方利率波动按约定时间和方法自动进行调整的贷款。
按贷款币种分类	（1）人民币贷款。 （2）外汇贷款。
按偿还方式分类	（1）一次还清贷款，指借款人在贷款到期时一次性还清贷款本息，短期贷款通常采取一次还清贷款的还款方式。 （2）分期偿还贷款，指借款人与银行约定在贷款期限内分若干期偿还贷款本息，中长期贷款通常采取分期偿还贷款的还款方式。

解读2 表外业务构成了商业银行的或有资产和或有负债，在风险成为现实、银行进行垫款时，就转为表内业务。

解读3 在业务实践中，各商业银行很少发放特定贷款，特别是近年来几乎没有发放特定贷款。

解读4 商业银行应设立独立的责任部门或岗位，负责贷款发放审核。

（四）贷款管理流程

一般来说，一笔贷款的管理流程分如下环节：①受理与调查；②风险评价和审批；③合同签订；④贷款发放；^{解读4}⑤贷后管理；⑥不良贷款管理。

（五）监管要求

（1）加强统一授信管理。
（2）加强授信客户风险评估。
（3）规范授信审批流程。
（4）完善集中度风险的管理框架。
（5）加强国别风险管理。
（6）提高贷款风险分类的准确性。
（7）提升风险缓释的有效性。

三、贷款产品（重点掌握）

（一）流动资金贷款（最传统的信贷业务）

项目	内容
概述	（1）概念：流动资金贷款是指贷款人向法人或非法人组织（按照国家有关规定不得办理银行贷款的主体除外）发放的，用于借款人日常经营周转的本外币贷款。 （2）贷款用途：满足客户在生产经营过程中短期资金需求，保证生产经营活动正常进行。贷款人应与借款人约定明确、合法的贷款用途。流动资金贷款不得用于借款人股东分红，以及金融资产、固定资产、股权等投资；不得用于国家禁止生产、经营的领域和用途。 （3）特点：贷款期限短、手续便捷、周转性较强、融资成本低。 （4）流动资金贷款禁止挪用，贷款人应按照合同约定检查、监督流动资金贷款的使用情况。流动资金贷款期限原则上不超过3年。对于经营现金流回收周期较长的，可适当延长贷款期限，最长不超过5年。
主要风险点	（1）贷款挪用风险。 （2）过度放贷风险。
监管要求	（1）严格贷款用途。 （2）合理测算贷款额度。 （3）强化合同管理。 （4）加强支付管理。对于与借款人新建立信贷业务关系且借款人信用状况一般，或者支付对象明确且单笔支付金额超过1 000万元人民币的情形，原则上应采用受托支付方式支付贷款。 （5）贷后管理。为控制流动资金贷款风险，商业银行应要求借款人指定专门资金回笼账户并及时提供该账户资金进出情况。 （6）明确法律责任。

真考解读 属于必考点，一般会考1道题。

（二）固定资产贷款

项目	内容
概述	（1）固定资产贷款，是指商业银行向法人或非法人组织（按照国家有关规定不得办理银行贷款的主体除外）发放的，用于借款人固定资产投资的本外币贷款。 （2）固定资产投资，是指借款人在经营过程中对于固定资产的建设、购置、改造等行为。全社会固定资产投资总额可分为基本建设、更新改造、房地产开发投资和其他固定资产投资4个部分。

续 表

项目	内容
主要风险点	（1）政策性风险及合法性风险。 （2）过度融资和资金挪用风险。 （3）贷款期限错配风险。 （4）项目建设期间风险。 （5）项目建成后风险。
监管要求	（1）全流程管理。 （2）加强风险评价。 （3）强化合同管理。商业银行与借款人及其他相关当事人签订书面借款合同、担保合同等相关合同。 （4）加强贷款发放和支付审核。 （5）贷后管理。对在贷后管理中，如发现借款人出现可能影响贷款安全的不利情形时，商业银行应对贷款风险进行重新评价并采取针对性措施。 （6）强化法律责任。

（三）项目融资 解读5

> 解读5 项目融资属于特殊的固定资产贷款。

项目	内容
概述	（1）含义：项目融资是指项目的承办人为经营项目成立一家项目公司，以该项目公司作为借款人筹借贷款，并以项目公司本身的现金流量和全部收益作为还款来源，以项目公司的资产作为贷款担保物的融资方式。 （2）特征：①贷款用途通常是用于建造一个或一组大型生产装置、基础设施、房地产项目或其他项目，包括对在建或已建项目的再融资；②借款人通常是为建设、经营该项目或为该项目融资而专门组建的企事业法人，包括主要从事该项目建设、经营或融资的既有企事业法人；③还款资金来源主要依赖该项目产生的销售收入、补贴收入或其他收入，一般不具备其他还款来源。 （3）应用范围：一般应用于发电设施、高等级公路、桥梁、隧道、铁路、机场、城市供水以及污水处理厂等大型基础设施建设项目，以及其他投资规模大，且具有长期、稳定预期收入的建设项目。
主要风险点	根据项目建设期、经营期不同的风险特征，充分识别、评估和管理项目融资中存在的建设期风险和经营期风险，包括政策风险、筹资风险、完工风险、产品市场风险、超支风险、原材料风险、营运风险、汇率风险、环保风险、社会风险和其他相关风险。

项目	内容
监管要求	（1）具备风险识别和管理能力。（2）做好项目评估。（3）合理确定贷款要素。（4）落实担保措施。（5）加强贷款资金发放管理。（6）加强项目收入账户管理。（7）加强贷后管理。（8）强调银团贷款原则。

典型真题

【单选题】关于项目融资业务，下列表述中错误的是（　　）。
A．项目融资的借款人只能是企业法人，不能是事业法人
B．还款资金来源主要依赖该项目产生的销售收入、补贴收入或其他收入
C．项目融资的贷款用途通常是用于建造一个或一组大型生产装置、基础设施、房地产项目或其他项目
D．针对项目融资金额较大、期限较长、风险较大的特点，为防止盲目降低贷款条件、恶性竞争，有效分散风险，要求在多个商业银行为同一项目提供贷款的情况下，原则上应采取银团贷款方式

【答案】A【解析】项目融资的借款人通常是为建设、经营该项目或为该项目融资而专门组建的企事业法人。选项A表述错误。

（四）银团贷款（辛迪加贷款）

项目	内容
概述	（1）含义：指由两家或两家以上银行基于相同贷款条件，依据同一贷款合同，按约定时间和比例，通过代理行向借款人提供的本外币贷款或授信业务。 （2）特点：筹资金额大、贷款期限长，可减轻单个银行的资金压力，分散贷款风险，避免过度竞争。 （3）主要成员：参与银团贷款的银行均为银团成员。按照在银团贷款中的职能和分工，银团成员通常分为牵头行、代理行和参加行等角色，也可根据实际规模与需要在银团内部增设副牵头行、联合牵头行等。 （4）银团贷款发起：银团贷款由借款人或银行发起。 （5）银团贷款管理：银团贷款的日常管理工作主要由代理行负责。
主要风险点	（1）牵头行风险。 （2）代理行风险。 （3）参加行风险。实践中在与借款人的沟通方面，参加行处于弱势地位，参加行依据银团协议及时付款，贷前条件落实及贷后管理都较为被动。

续　表

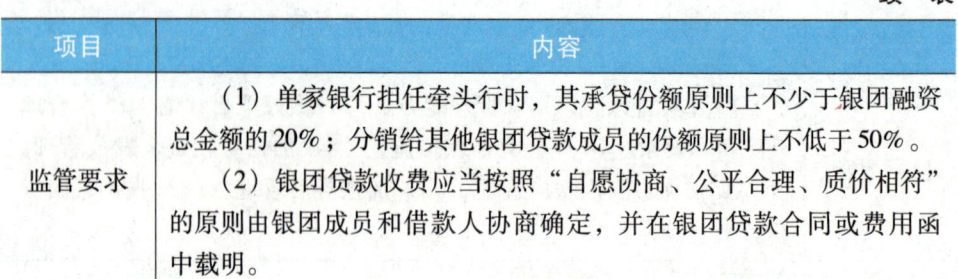

项目	内容
监管要求	（1）单家银行担任牵头行时，其承贷份额原则上不少于银团融资总金额的20%；分销给其他银团贷款成员的份额原则上不低于50%。 （2）银团贷款收费应当按照"自愿协商、公平合理、质价相符"的原则由银团成员和借款人协商确定，并在银团贷款合同或费用函中载明。

（五）并购贷款

项目	内容
概述	（1）含义：《商业银行并购贷款风险管理指引》规定，并购贷款是指商业银行向并购方或其子公司发放的，用于支付并购交易价款的贷款。 （2）特点：技术含量高、风险评估要求高、并购整合难度高以及高风险高收益等。
主要风险点	（1）战略风险。 （2）法律与合规风险。 （3）整合风险。 （4）经营及财务风险。 （5）涉及跨境并购的，还应分析国别风险、汇率风险和资金过境风险等。
监管要求	（1）有健全的风险管理和有效的内控机制。 （2）资本充足率不低于10%。 （3）商业银行全部并购贷款余额占同期本行一级资本净额的比例不应超过50%。 （4）商业银行对单一借款人的并购贷款余额占同期本行一级资本净额的比例不应超过5%。 （5）并购交易价款中并购贷款所占比例不应高于60%，对符合并购贷款条件、能产生整合效应的钢铁煤炭兼并重组项目并购交易价款中并购贷款所占比例上限可提高至70%。 （6）并购贷款期限一般不超过7年。 （7）商业银行应具有与本行并购贷款业务规模和复杂程度相适应的熟悉并购相关法律、财务、行业等知识的专业人员。

（六）贸易融资

项目	内容
概念	贸易融资是指银行对进口商或出口商提供的与进出口贸易结算相关的短期融资或信用便利，是企业在贸易过程中运用各种贸易手段和金融工具增加现金周转的融资方式。

续　表

项目	内容
产品	贸易融资产品包括国际贸易结算和国内贸易结算项下的部分融资产品。
分类	（1）根据贸易融资结算的环节不同，可分为进出口结算类、保理类、信保融资类、国内信用证、打包贷款类、保函类、保付加签类、代付类、福费廷类。 （2）按照业务模式不同，可分为收付通、进出口代理通、供应链融资（包括应收账款融资和订单融资）等。
方式	（1）保理。 （2）信用证。信用证是一种银行开立的有条件的承诺付款的书面文件。 （3）打包放款（信用证抵押贷款）。 （4）出口押汇。 （5）进口押汇。 （6）福费廷。福费廷是指包买商从出口商那里无追索地购买已经承兑的，并通常由进口商所在地银行担保的远期汇票或本票的业务。

（七）保理业务

项目	内容
概念	保理业务是指以债权人转让其应收账款为前提，集应收账款催收、管理、坏账担保及融资于一体的综合性金融服务。保理又称"托收保付"，核心是应收账款转让。
分类	（1）按照基础交易的性质和债权人、债务人所在地，分为国际保理和国内保理。 （2）按照商业银行在债务人破产、无理拖欠或无法偿付应收账款时，是否可以向债权人反转让应收账款、要求债权人回购应收账款或归还融资，分为有追索权保理和无追索权保理。 （3）按照参与保理服务的保理机构个数，分为单保理和双保理。
监管要求	（1）商业银行应将保理业务纳入统一授信管理，明确各类保险业务涉及的风险类别，对卖方融资风险、买方付款风险、保理机构风险分别进行专项管理。 （2）商业银行应当将保理业务的风险管理纳入全面风险管理体系，动态关注卖方、买方经营管理、财务及资金流向等信息，定期与卖方、买方对账，有效管控风险。 （3）商业银行根据自身内部控制水平和风险管理能力，制定适合叙做保理融资业务的应收账款标准，规范应收账款范围。

续　表

项目	内容
监管要求	（4）商业银行受理保理融资业务时，应当严格审核卖方和/或买方的资信、经营及财务状况，分析拟做保理融资的应收账款情况，包括是否出质、转让以及账龄结构等，合理判断买方的付款意愿、付款能力以及卖方的回购能力，审查买卖合同等资料的真实性与合法性。 （5）商业银行应当对客户和交易等相关情况进行有效的尽职调查，重点对交易对手、交易商品及贸易习惯等内容进行审核，并通过审核单据原件或银行认可的电子贸易信息等方式，确认相关交易行为真实合理存在，避免客户通过虚开发票或伪造贸易合同、物流、回款等手段恶意骗取融资。 （6）商业银行违反《商业银行保理业务管理暂行办法》规定经营保理业务的，银行业监督管理机构责令其限期改正。 （7）商业银行经营保理业务时存在下列情形之一的，银行业监督管理机构可根据《银行业监督管理法》第四十六条、第四十八条规定实施处罚：因保理业务经营管理不当发生信用风险重大损失、出现严重操作风险损失事件的；通过非公允关联交易或变相降低标准违规办理保理业务的；未真实准确对垫款等进行会计记录或以虚假会计处理掩盖保理业务风险实质的；其他严重情形。

（八）个人贷款

1. 概念和用途

项目	内容
概念	个人贷款是指贷款人向符合条件的自然人发放的用于个人消费、生产经营等用途的本外币贷款。
用途	应符合法律法规规定和国家有关政策，商业银行不得发放无指定用途的个人贷款。

2. 分类

项目	内容
个人住房贷款	（1）含义：商业银行向借款人发放的用于购买住房的贷款。 （2）分类：自营性个人住房贷款、公积金个人住房贷款和个人住房组合贷款。 （3）主要风险点：①虚假按揭风险；②虚假权证风险；③抵押担保不落实风险；④借款人信用风险；⑤个人一手房住房贷款应重视楼盘竣工风险及后续风险；⑥个人二手房住房贷款应重视中介机构风险。 （4）主要监管要求。 ①商业银行应结合各省级市场利率定价自律机制确定的最低首

续 表

项目	内容
个人住房贷款	付款比例要求以及本机构商业性个人住房贷款投放政策、风险防控等因素，并根据借款人的信用状况、还款能力等合理确定具体首付款比例和利率水平。 ②各省级市场利率定价自律机制根据房地产形势变化及地方政府调控要求，及时对辖区内商业性个人住房贷款最低首付款比例进行自律调整，促进商业银行住房金融业务稳健运行和当地房地产市场平稳健康发展。 ③商业银行应建立有效的个人贷款全流程管理机制，明确相应贷款对象和范围，实施差别风险管理，建立贷款各操作环节的考核和问责机制，并建立有效的甄别、防范、监测和处置假按揭的机制。
个人消费贷款	（1）含义：银行向个人发放的用于消费的贷款。 （2）分类：个人汽车贷款、个人教育贷款、个人耐用消费品贷款、个人消费额度贷款、个人旅游消费贷款和个人医疗贷款等。 （3）主要风险点：资金用途风险。
个人经营贷款	（1）含义：银行向从事合法生产经营的个人发放的贷款。 （2）目的：用于定向购买或租赁商用房、机械设备，以及用于满足个人控制的企业（包括个体工商户）生产经营流动资金需求和其他合理资金需求的贷款。 （3）主要风险点：①资金用途风险；②经营风险；③风险管控流于形式风险。

3. 监管要求

（1）个人贷款用途应符合法律法规规定和国家有关政策，商业银行不得发放无指定用途的个人贷款。

（2）商业银行应建立借款人合理的收入偿债比例控制机制，结合借款人收入、负债、支出、贷款用途、担保情况等因素，合理确定贷款金额和期限，控制借款人每期还款额不超过其还款能力。

（3）商业银行应建立健全贷款调查机制，明确对各类事项调查的途径和方式、方法，确保贷款调查的真实性和有效性。

（4）个人贷款资金应当采用商业银行受托支付方式向借款人交易对象支付，但有下列情形之一的个人贷款，经商业银行同意可以采取借款人自主支付方式：借款人无法事先确定具体交易对象且单次提款金额不超过 30 万元人民币的；借款人交易对象不具备条件有效使用非现金结算方式的；贷款资金用于生产经营且单次提款金额不超过 50 万元人民币的；法律法规规定的其他情形。

第二节 债券投资业务

一、债券投资业务概述（熟悉）

真考解读 考查相对较少，熟悉即可。

项目	内容
概念	债券投资业务实际上是买卖政府债券、金融债券以及其他监管规定的债券。
作用	商业银行通过其投资业务可以提高银行利润，提高银行抗风险能力，最大限度地发挥银行现有资金的使用能力和提高金融市场稳定的效用。
投资目标	平衡流动性和盈利性，并降低资产组合的风险，提高资本充足率。
投资对象	主要包括国债、地方政府债券、中央银行票据（央票）、金融债券、信贷资产支持证券、企业债券和公司债券、境外债券。

二、债券投资收益（掌握）

真考解读 属于重要知识点，考生需掌握知识点。

项目	内容
名义收益率	（1）概念：名义收益率又称票面收益率，是票面利息与面值的比率。 （2）公式：名义收益率＝票面利息/面值×100%。
即期收益率	（1）概念：即期收益率是债券票面利率与购买价格之间的比率。 （2）公式：即期收益率＝票面利息/购买价格×100%。
持有期收益率	（1）概念：持有期收益率是债券买卖价格差价加上利息收入后与购买价格之间的比率。 （2）公式：持有期收益率＝（出售价格－购买价格＋利息）/购买价格×100%。^{解读1}
到期收益率	（1）含义：到期收益率是投资购买债券的内部收益率，即可以使投资购买债券获得的未来现金流量的现值等于债券当前市场价格的贴现率。 （2）公式：到期收益率＝（出售价格－购买价格＋利息）/购买价格×100%。

解读1 考生需熟练运用持有期收益率的公式，考试时可能会考查。

典型真题

【单选题】某人投资某债券，买入价格为 100 元，一年后卖出价格为 110 元，持有期间获得利息收入 10 元，则该投资的持有期收益率为(　　)。
A．10%　　　　B．18.2%　　　　C．20%　　　　D．9.1%
【答案】C【解析】持有期收益率＝（出售价格－购买价格＋利息）/购买价格×100%＝（110－100＋10）÷100×100%＝20%。

三、债券投资的主要风险（掌握）解读2

项目	内容
信用风险	信用风险，又称违约风险，指发行债券的借款人不能按时支付债券利息或偿还本金，而给债券投资者带来损失的风险。在所有债券之中，财政部发行的国债由于有政府做担保，往往被市场认为是金边债券，没有违约风险。
利率风险	指利率的变动导致债券价格与收益率发生变动的风险。投资者购买的债券离到期日越长，则利率变动的可能性越大，其利率风险也相对越大。
购买力风险	购买力风险，也称通货膨胀风险。在通货膨胀的情况下，货币的购买力是持续下降的。
流动性风险	流动性风险，也称变现能力风险，是投资者在短期内无法以合理的价格卖掉债券的风险。

> **真考解读** 属于重要知识点，考生需掌握知识点。
>
> **解读2** 除表格所列，投资风险还包括价格风险、政治风险和操作风险。

四、债券投资的风险管理与监管要求（掌握）

（一）风险管理

项目	内容
基本原则	（1）统一授信的原则。 （2）防范风险的原则。 （3）期限匹配和结构管理相结合的原则。 （4）保持流动性和效益性的平衡。
风险管理	（1）债券投资的券种选择必须考虑久期、付息方式、发行规模、债券选择权安排、持有比例等因素，避免单一债券的流动性问题和收益稳定性问题对于整个投资组合流动性风险和收益稳定性风险的不利作用。 （2）商业银行必须定期对持有债券及整体组合进行市值分析，根据市场行情调整投资方案和具体的交易策略，有效控制投资的市场损失范围。 （3）商业银行要通过合理的金融市场业务监控制度控制资金管理人员的过失和主动错误行为；通过适当的风险计量研究工作、应急措施安排等提供资金管理工作的支持服务，降低外部事件对金融市场业务的冲击概率或损失程度。

> **真考解读** 属于重要知识点，考生需掌握知识点。

（二）监管要求

（1）商业银行应按照风险程度对债券投资组合进行分类管理，重点关注高风险债券。高风险债券包括但不限于：①信用评级在投资级别以下；②债券结构复杂或杠杆率较高；③发行人经营杠杆率过高；④有关发行人的经营状况和财务状况等信息披露不够充分、完整、及时。

（2）商业银行应建立全面、严密的信用风险、市场风险和流动性风险压力测试程序，定期对突发事件可能造成的潜在损失进行模拟和估算，以评估本行在极端不利情况下的亏损承受能力，根据压力测试结果对债券投资管理策略、政策和限额进行调整，并制定应急处理预案。

（3）商业银行债券投资应按照《企业会计准则》等有关规定进行会计处理，对债券投资按照金融资产分类要求进行准确分类和计量；对按照摊余成本计量的债券投资计提充足的减值准备。交易账户头寸高于表内外资产总额的10%或者超过85亿元人民币的商业银行必须计提市场风险资本。

章节练习

一、单选题（以下各小题所给出的四个选项中，只有一项符合题目的要求，请选择相应选项，不选、错选均不得分）

1. 对于与借款人新建立信贷业务关系且借款人信用状况一般，或者支付对象明确且单笔支付金额超过1 000万元人民币的情形，原则上应采用（　　）方式支付贷款。
   A. 委托支付　　　　　　　　　　　　B. 受托支付
   C. 自主支付　　　　　　　　　　　　D. 对冲

2. 某人投资某债券，买入价格为500元，一年后卖出价格为600元，持有期间获得利息收入50元，则该投资的持有期收益率为（　　）。
   A. 20%　　　　B. 30%　　　　C. 40%　　　　D. 50%

二、多选题（以下各小题所给出的五个选项中，有两项或两项以上符合题目的要求，请选择相应选项，多选、少选、错选均不得分）

1. 个人贷款业务的还款方式包括（　　）。
   A. 等额本息还款　　　　　　　　　　B. 一次性还款
   C. 不定额还款　　　　　　　　　　　D. 约定还款
   E. 等额本金还款

2. 因为项目融资具有不同于一般固定资产投资项目的风险特征，所以需要采取一些更有针对性的措施，其具体包括（　　）。
   A. 不能采取银团贷款方式
   B. 加强项目收入账户管理
   C. 明确识别、评估、管理项目建设期的风险
   D. 明确识别、评估、管理项目经营期的风险
   E. 明确和增加保证商业银行相关权益的措施

三、判断题（请对以下各项描述做出判断，正确的为A，错误的为B）

1. 对于无指定用途的个人贷款，银行可视具体情况考虑是否发放。（　　）
   A. 正确　　　　　　　　　　　　　　B. 错误

2. 商业银行应设立独立的责任部门或岗位，负责贷款发放审核。（　　）
   A. 正确　　　　　　　　　　　　　　B. 错误

答案详解

一、单选题
1. B【解析】对于与借款人新建立信贷业务关系且借款人信用状况一般，或者支付对象明确且单笔支付金额超过1 000万元人民币的情形，原则上应采用受托支付方式支付贷款。
2. B【解析】持有期收益率 =（出售价格 - 购买价格 + 利息）/购买价格×100% =（600 - 500 + 50）÷500×100% =30%。

二、多选题
1. ABCDE【解析】还款方式一般分为一次性还款和分次还款，分次还款又有定额还款和不定额还款两种方式。定额还款包括等额还款和约定还款，其中等额还款包括等额本金还款和等额本息还款等方式。
2. BCDE【解析】选项A，针对项目融资金额较大、期限较长、风险较大的特点，为防止盲目降低贷款条件、恶性竞争，有效分散风险，要求在多个商业银行为同一项目提供贷款的情况下，原则上应当采取银团贷款方式。

三、判断题
1. B【解析】个人贷款用途应符合法律法规规定和国家有关政策，商业银行不得发放无指定用途的个人贷款。
2. A【解析】商业银行应设立独立的责任部门或岗位，负责贷款发放审核。

第七章　其他业务

应试分析

本章主要介绍了银行主要业务中除负债业务、资产业务的其他业务，包括其他业务概述、支付结算业务、信用卡业务、担保类业务、贷款承诺业务、理财业务、同业业务、委托贷款、衍生品业务、外汇业务、代理业务。本章在考试中所占分值约为13分，属于重要章节。本章内容较多，考生学习时需注意区分各业务，切勿混淆。

思维导图

其他业务
- 其他业务概述
  - 其他业务的概念（熟悉）
  - 其他业务的分类（掌握）
  - 其他业务的特点（熟悉）
- 支付结算业务
  - 支付结算业务概述（熟悉）
  - 支付结算业务情况（掌握）
  - 主要风险点（掌握）
  - 监管要求（掌握）
- 信用卡业务
  - 信用卡的概念与分类（熟悉）
  - 业务管理（掌握）
    - 发卡业务管理
    - 收单业务管理
  - 主要风险点（掌握）
  - 监管要求（掌握）
- 担保类业务
  - 担保类业务概述（熟悉）
  - 主要风险点（重要）
  - 监管要求（掌握）
- 贷款承诺业务
  - 贷款承诺业务概述（熟悉）
  - 主要风险点（掌握）
  - 监管要求（掌握）
- 理财业务
  - 理财业务概述（重点掌握）
  - 主要风险点（掌握）
  - 监管要求（掌握）
- 同业业务
  - 同业业务概述（熟悉）
  - 同业业务管理（熟悉）
    - 存放同业
    - 同业拆借
    - 同业借款
    - 同业代付
    - 同业投资
  - 主要风险点（熟悉）
  - 监管要求（熟悉）
- 委托贷款
  - 委托贷款概述（熟悉）
  - 委托贷款业务管理（掌握）
  - 主要风险点（掌握）
  - 监管要求（掌握）
- 衍生品业务
  - 衍生品业务概述（熟悉）
  - 主要风险点（熟悉）
  - 监管要求（熟悉）
- 外汇业务
  - 外汇业务概述（熟悉）
  - 主要外汇业务（掌握）
  - 主要风险点（掌握）
  - 监管要求（掌握）
- 代理业务
  - 代理业务的概念（熟悉）
  - 代理业务的类别（掌握）

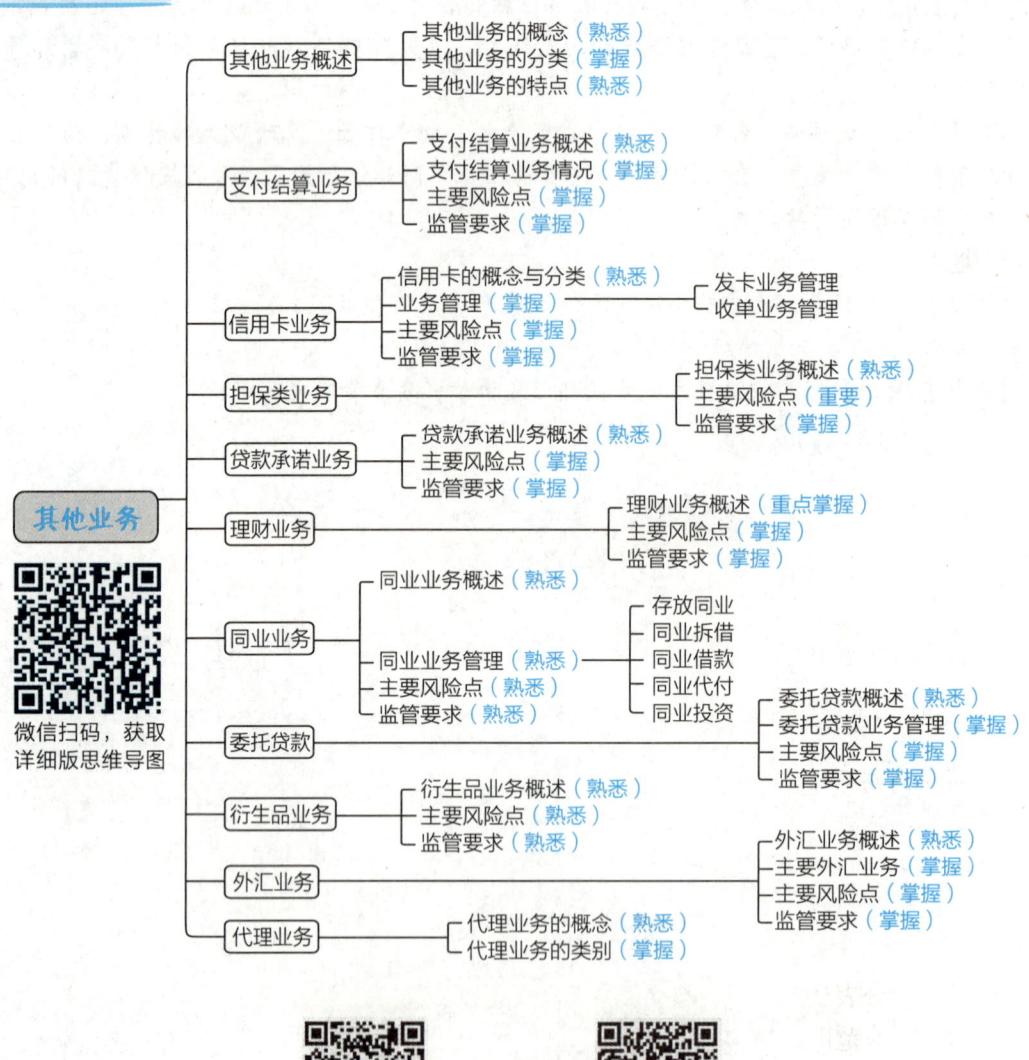

知识精讲

第一节 其他业务概述

一、其他业务的概念（熟悉）

除资产业务、负债业务，商业银行不反映在资产负债表内的其他业务，即通常所指的表外业务。表外业务是指商业银行从事的，按照会计准则不计入资产负债表内，不形成现实资产负债，但有可能引起损益变动的业务。

真考解读 考查相对较少，熟悉即可。

二、其他业务的分类（掌握）

根据表外业务特征和法律关系，表外业务分为担保承诺类、代理投融资服务类、中介服务类、其他类等。

（1）担保承诺类业务包括担保、承诺等按照约定承担偿付责任或提供信用服务的业务。担保类业务是指商业银行对第三方承担偿还责任的业务，包括但不限于银行承兑汇票、保函、信用证、信用风险仍由银行承担的销售与购买协议等。承诺类业务是指商业银行在未来某一日期按照事先约定的条件向客户提供约定的信用业务，包括但不限于贷款承诺等。

（2）代理投融资服务类业务指商业银行根据客户委托，按照约定为客户提供投融资服务但不承担代偿责任不承诺投资回报的表外业务，包括但不限于委托贷款、委托投资、代客理财、代理交易、代理发行和承销债券等。

（3）中介服务类业务指商业银行根据客户委托，提供中介服务、收取手续费的业务，包括但不限于代理收付、代理代销、财务顾问、资产托管、各类保管业务等。

（4）其他类业务是指上述业务种类之外的其他表外业务。

真考解读 考点内容较重要，考生需掌握知识点。

三、其他业务的特点（熟悉）

（1）不运用或不直接运用商业银行自有资金。

（2）接受客户委托办理业务。

（3）不承担或不直接承担经营风险。商业银行办理表外业务时如果不运用或不直接运用自有资金，通常不直接承担经营风险，但这并不意味着银行不承担其他风险。

（4）绝大部分表外业务以收取手续费的方式获得收益。

（5）种类多，范围广。

真考解读 考查相对较少，熟悉即可。

第二节 支付结算业务

一、支付结算业务概述（熟悉）

真考解读 考查相对较少，熟悉即可。

项目	内容
概念	支付结算是指结算客户之间由于商品交易、劳务供应等经济活动而产生的债权债务关系，通过银行实现资金转移而完成的结算过程。
中介机构	银行是支付结算的中介机构。未经中国人民银行批准的非银行金融机构和其他单位不得作为中介机构经营支付结算业务。
业务开展原则	支付结算业务的开展应遵循恪守信用、履约付款；谁的钱进谁的账、由谁支配；银行不垫款的原则。

二、支付结算业务情况（掌握）

真考解读 属于常考点，考点内容较重要。

（一）国内结算

1. 票据结算

项目	内容
银行汇票	（1）概念：银行汇票是指由出票银行签发的，由其在见票时按照实际结算金额无条件支付给收款人或持票人的票据。 （2）特点：见票即付、无须提示承兑，可以背书转让，方便灵活，具有较强的流通性和兑现性。 （3）提示付款期：银行汇票提示付款期限为 1 个月。 （4）是否可以支取现金：银行汇票可以用于转账，填明"现金"字样的银行汇票也可以用于支取现金。 （5）分类。 ①按照使用范围划分，可分为全国银行汇票和区域性银行汇票。 ②按照结算方式划分，可分为转账银行汇票和现金银行汇票。
商业汇票	（1）概念：商业汇票是指由出票人签发，委托付款人在指定付款日期无条件支付确定金额给收款人或持票人的票据。 （2）付款期限：最长不得超过 6 个月，提示付款期限自汇票到期日起 10 日。 （3）分类：根据承兑人的不同，分为商业承兑汇票和银行承兑汇票。
银行本票	（1）概念：银行本票是指由银行签发的，承诺自己在见票时无条件支付确定的金额给收款人或者持票人的票据。

续表

项目	内容
银行本票	（2）特点：见票即付，信誉很高。可以背书转让，通用性强，方便灵活，限于在同一票据交换区域内使用。 （3）付款期限：提示付款期限为2个月。 （4）分类：银行本票分为定额银行本票和不定额银行本票。 （5）是否可以支取现金：银行本票可以用于转账，填明"现金"字样的银行本票也可用于支取现金，申请人或收款人为单位的，银行不予签发现金银行本票。 （6）银行本票一律记名，允许背书转让。
银行支票	（1）概念：支票是指由出票人签发、委托办理支票存款业务的银行在见票时无条件支付确定的金额给收款人或者持票人的票据。 （2）分类：现金支票、转账支票和普通支票。 ①现金支票只能用于支付现金。②转账支票只能用于转账。③普通支票既可以用于支取现金，也可以用于转账。 （3）特点：①出票人是银行存款客户；②付款人是银行；③手续方便、使用灵活、结算及时、可以转让等。 （4）付款期限：不受金额起点限制，提示付款期限自出票日起10日。

典型真题

【多选题】根据承兑人的不同，商业汇票可分为(　　)。
A．商业承兑汇票　　　　　B．政府承兑汇票
C．银行承兑汇票　　　　　D．交易商承兑汇票
E．市场承兑汇票
【答案】AC【解析】商业汇票根据承兑人的不同，分为商业承兑汇票和银行承兑汇票两种。

2．银行卡
（1）概念：银行卡是指商业银行向社会发行的具有消费信用、转账结算、存取现金等全部或部分功能的信用支付工具，包括信用卡和借记卡。
（2）个人银行账户分类。
Ⅰ类户是"钱箱"，个人的工资收入等主要资金来源都存放在该账户中，安全性要求较高，主要用于现金存取、大额转账、大额消费、购买投资理财产品、公用事业缴费等。
Ⅱ类户是"钱夹"，个人日常刷卡消费、网络购物及缴费可通过该账户办理，还可以购买银行的投资理财产品。
Ⅲ类户是"零钱包"，主要用于金额较小、频次较高的交易。
（3）账户开立：银行可通过柜面、远程视频柜员机和智能柜员机等自助机具、网上银行和手机银行等电子渠道为开户申请人开立个人银行账户。

3. 贷记转账

（1）含义：贷记转账是指付款人向收款人主动发起的贷记银行业金融机构收款人账户的付款业务。

（2）业务分类：贷记转账包括定期贷记业务和普通贷记业务。

①定期贷记指付款人根据其与开户银行的约定，向开户银行定期、批量发出付款指令，委托其直接从付款人账户中支付确定的金额给指定收款人的结算方式。

②普通贷记是指除定期贷记业务以外的贷记业务。

4. 直接借记

直接借记包括定期借记和普通借记。

（1）定期借记是指收款人委托银行向付款人开户银行定期、批量发出收款指令，付款人开户银行根据付款人授权，直接借记付款人账户确定的金额并将款项划转给收款人的结算方式。

（2）普通借记是指除定期借记以外的借记业务。

5. 托收承付

托收承付是根据购销合同由收款人发货后委托银行向异地付款人收取款项，付款人根据合同对单或对证验货后，由付款人向银行承认付款的结算方式。

6. 国内信用证

国内信用证是指为满足国内贸易资金结算的需要，由开证行依照申请人的申请开出的，凭符合信用证条款的单据支付的付款承诺。

（二）国际结算业务

1. 汇款

项目	内容
概念	汇款是银行（汇出行）应汇款人（债务人）的要求，以一定的方式将一定的金额，以其国外联行或代理行作为付款银行（汇入行），付给收款人（债权人）的一种结算方式。
种类	电汇、信汇和票汇。基本当事人包括汇款人、收款人、汇出行和汇入行。

2. 托收

项目	内容
概念	托收是指银行按照从出口商那里收到的指示办理：①获得金融单据的付款及/或承兑；②凭付款及/或承兑交出单据；③以其他条款和条件交出单据。
当事人	基本当事人包括委托人、托收行、代收行^{解读}和付款人。除此之外，还可以有提示行和需要时的代理人两个其他当事人。其中，付款人的主要责任是接到指示行的通知后，依照交单条件及时付款或履行承兑赎单手续。

解读 代收行的主要职责有核对托收行的委托书签字，审核单据种类及份数，选择一家与付款人有业务往来关系的银行提示单据等。

续 表

项目	内容
结算方式	（1）光票托收，指不附带商业单据的金融票据的托收，是委托人向银行提交凭以收取款项的金融票据，要求托收行通过其联行或代理行向付款人提示要求其付款的一种结算方式。 （2）跟单托收，指附有商业单据的托收。 ①卖方开具托收汇票，连同商业单据（主要指货物装运单据）一起委托给托收行。 ②跟单托收按其交单方式，分为凭承兑交单和凭付款交单。 （3）直接托收，指卖方或委托人从其银行（托收行）那里获得托收指示的空白格式，由其自己填写，连同托收单据直接寄给买方银行（代收行），请其代收货款，并将已经填妥的托收格式副本送给托收行，请其将此笔托收视同本行办理。

3. 信用证

项目	内容
概念	信用证是银行应进口商请求，开出一项凭证给出口商的，在一定条件下保证付款，或者承兑并付款，或者议付的一种结算方式。
要素	（1）信用证应当是开证行开出的确定承诺文件。 （2）开证行承付的前提条件是相符交单。 （3）开证行的承付承诺不可撤销。
原则	（1）开证行负第一性付款责任。 （2）信用证是独立文件，与销售合同分离。 （3）信用证是单据化业务。信用证业务所涉及的基本当事人包括开证申请人、开证行和受益人。除此以外，还可能出现保兑行、通知行、被指定银行、转让行和偿付行等。
分类	（1）根据是否附有商业单据分为跟单信用证和光票信用证。 （2）根据受益人使用信用证的权利能否转让分为不可转让信用证和可转让信用证。

三、主要风险点（掌握）

（一）国内支付结算业务

项目	风险点
银行汇票、商业汇票	（1）受理银行汇票申请书不合规。 （2）银行汇票无效。 （3）持票人交来的银行汇票、解讫通知不合规。

真考解读 属于重要考点，考生需要掌握知识点。

续表

项目	风险点
银行汇票、商业汇票	（4）办理商业汇票承兑业务时，承兑手续上不合规，先承兑、后申请等逆程序操作。 （5）商业汇票承兑无真实贸易背景。 （6）银行承兑汇票以新抵旧，循环承兑。 （7）银行内部员工与外部不法分子勾结，运用伪造、变造商业汇票进行贴现承兑。
银行支票	（1）支票不真实，提示付款期限已过。 （2）收款人未在支票背面"收款人签章"处签章，其签章与收款人名称不一致。 （3）出票人签章不符合规定，与预留银行的签章不相符；使用支付密码的，其密码不正确。 （4）支票记载的事项不齐全，出票额、出票日期、收款人名称有更改，其他记载事项的更改没有原记载人签章证明。 （5）现金支票给予背书转让，转账支票背书不连续，第一个使用粘单的背书人未在粘接处加盖骑缝银行。 （6）持票人委托开户行收款的，在支票背面作委托收款背书，背书签章与预留印鉴不相符。商业银行在票据交换时，未做到"收妥入账、不予垫款"。
银行卡及个人账户结算	（1）冒用他人身份信息开立假名银行账户。 （2）买卖银行账户和支付账户。 （3）通过开立的账户实施电信诈骗、非法集资、逃税骗税、贪污受贿、洗钱等违法犯罪活动。

（二）国际结算业务

项目	内容
信用证业务	（1）开证行开证前的主要风险点：①货物自身的情况；②第三方的商检证明；③受益人应该是信誉良好或知名的企业；④开证申请人的申请是否在其额度内，没有额度则要调查其资信情况；⑤对进口货物应该投保，以防止因损坏、被盗等事件对交易产生的影响；⑥要求开证申请人落实备付款项，包括缴纳保证金、物权或信用担保等方式。 （2）开证行审单时的主要风险点：开证行接到国外议付行寄来的单据，根据信用证规定的条款，逐项审核单据与信用证之间单据与单据之间是否相符。核验无误后，即按照不同的偿付路线，不同的账户关系，结合议付行索汇通知书的要求，向议付行付款。如果单据上有不符点，且开证申请人不接受不符点，开证行和开证申请人有权拒绝付款。

续 表

项目	内容
信用证业务	（3）出口来证中开证银行的主要风险点：①调查开证行的资信；②严格把握单证相符，凡存在不符点单据，均应要求客户提供担保函，对不符点出单的单据进行严格登记，跟踪催收，确保安全、及时收汇。
托收业务	（1）出口商的风险防范措施：必须了解进口商的资信情况和经营作风，成交金额应妥善掌握一般不应超过其经营能力和信用程度；应根据商品的情况考虑，一般对市场价格比较平稳、品质较稳定、交易金额不大的商品使用托收；了解进口国贸易管制及外汇管理政策，防止货到目的港后由于不了解相关政策而收不到货款造成损失；了解有关国家的银行对托收的规定和习惯做法。 （2）进口商和银行的风险防范措施：调查了解出口商的资信和经营作风，以免货物与合同不符甚至以假单据进行诈骗；对进口货物的市场行情、销售趋势、自身所在国外汇管制等应有所预测和了解；严格审核单据，单据和合同、单据与单据之间必须一致。
汇款业务	（1）对国内出口商而言，如能争取到预收货款再发货则非常有利，但如果是货到付款，一旦发了货就失去了制约进口商的手段，出口商能否收款完全取决于进口商的资信，如资信不好出口商就可能钱货两空。 （2）买卖双方如以汇款方式用于预付预收货款，应在买卖合同中约定采取何种方式以明确汇款到达的期限，并与交货期相互衔接。 （3）分期付款适用于生产过程长，并能明确划分施工阶段的重型机械设备或船舶的建造等。

四、监管要求（掌握）

（1）强化票据业务内控管理：①按照业务实质建立审慎性考核机制；②强化风险防控；③严格规范同业账户管理；④加强实物票据保管。

（2）坚持交易背景真实性要求：①严格交易背景真实性审查，严禁资金空转；②加强客户授信调查和统一授信管理；③加强承兑保证金管理；④不得掩盖信用风险。

（3）规范票据交易行为：①严格执行同业业务的统一管理要求；②加强交易对手资质管理；③规范票据背书要求；④严格资金划付要求。

（4）加强账户结算风险防范。

①银行为开户申请人开立个人银行账户时，应核验其身份信息，对开户申请人提供身份证件的有效性、开户申请人与身份证件的一致性和开户申请人开户意愿进行核实，不得为身份不明的开户申请人开立银行账户并提供服务，不得开立

真考解读 属于重要考点，考生需要掌握知识点。

匿名或假名银行账户。

②Ⅱ类户非绑定账户转入资金、存入现金日累计限额合计为1万元，年累计限额合计为20万元；消费和缴费、向非绑定账户转出资金、取出现金日累计限额合计为1万元，年累计限额合计为20万元。

③Ⅲ类户可以办理限额消费和缴费、限额向非绑定账户转出资金业务。经银行柜面、自助设备加以银行工作人员面对面确认身份的，Ⅲ类户还可以办理非绑定账户资金转入业务。其中，Ⅲ类户账户余额不得超过1 000元；非绑定账户资金转入日累计限额为5 000元，年累计限额为10万元；消费和缴费支付、向非绑定账户转出资金日累计限额合计为5 000元，年累计限额合计为10万元。

第三节 信用卡业务

一、信用卡的概念与分类（熟悉）

真考解读 考查相对较少，熟悉即可。

项目	内容
概念	信用卡是由银行或信用卡公司向资信良好的个人和机构签发的一种信用凭证，持卡人可在指定的特约商户购物或获得服务。
分类	（1）按发行对象不同，分为个人卡和单位卡。单位卡按照用途分为商务差旅卡和商务采购卡。 （2）按发行机构不同，分为维萨卡（VISA）、万事达卡（MasterCard）、大莱卡、JCB卡、运通卡和中国银联卡。
发卡业务	发卡业务包括营销推广、审批授信、卡片制作发放、交易授权、交易处理交易监测、资金结算、账务处理、争议处理、增值服务和欠款催收等业务环节。

二、业务管理（掌握）

真考解读 属于常考点，一般会考1道题。

（一）发卡业务管理

项目	内容
发卡业务准入	根据银行业监督管理机构规定，境内商业银行开办信用卡发卡业务应当符合以下条件。 （1）注册资本为实缴资本，且不低于人民币5亿元或等值可兑换货币。 （2）具备办理零售业务的良好基础。最近3年个人存贷款业务规模和业务结构稳定，个人存贷款业务客户规模和客户结构良好，银行卡业务运行情况良好，身份证件验证系统和征信系统的连接和使用情况良好。

续 表

项目	内容
发卡业务准入	（3）具备办理信用卡业务的专业系统，在境内建有发卡业务主机、信用卡业务申请管理系统、信用评估管理系统、信用卡账户管理系统、信用卡交易授权系统、信用卡交易监测和伪冒交易预警系统、信用卡客户服务中心系统、催收业务管理系统等专业化运营基础设施，相关设施通过了必要的安全检测和业务测试，能够保障客户资料和业务数据的完整性和安全性。
发卡管理	（1）发卡银行应当建立信用卡卡片管理制度，明确卡片、密码、函件、信封、制卡文件以及相关工作人员操作密码的生成、交接、保管、保密、使用监控、检查等环节的管理职责和操作规程，防范重大风险事故的发生。 （2）信用卡卡面应当对持卡人充分披露以下基本信息：发卡银行法人名称、品牌标识及防伪标志、卡片种类（信用卡、贷记卡、准贷记卡等）、卡号、持卡人姓名拼音（外文姓名）、有效期、持卡人签名条、安全校验码、注意事项、客户服务电话、银行网站地址。 （3）发卡银行受理的信用卡附属卡申请材料必须由主卡持卡人以亲自签名、客户服务电话录音、电子签名或持卡人和发卡银行双方均认可的方式确认。 （4）发卡银行应当建立信用卡营销管理制度，对营销人员进行系统培训、登记考核和规范管理，不得对营销人员采用单一以发卡数量计件提成的考核方式。 （5）发卡银行应当对信用卡申请人开展资信调查，充分核实并完整记录申请人有效身份、财务状况、消费和信贷记录等信息，并确认申请人拥有固定工作、稳定的收入来源或可靠的还款保障。对首次申请本行信用卡的客户，不得采取全程系统自动发卡方式核发信用卡。 （6）发卡银行应当提供对账服务。对账单应当至少包括交易日期、交易金额、交易币种、交易商户名称或代码、本期还款金额、本期最低还款金额、到期还款日、注意事项、发卡银行服务电话等要素。对账服务的具体形式由发卡银行和持卡人自行约定。 （7）发卡银行不得将信用卡发卡营销、领用合同（协议）签约、授信审批、交易授权、交易监测、资金结算等核心业务外包给发卡业务服务机构。
信用卡授信管理	（1）发卡银行不得向未满18周岁的客户核发信用卡（附属卡除外）。向符合条件的同一申请人核发学生信用卡的发卡银行不得超过2家（附属卡除外）。

续表

项目	内容
信用卡授信管理	（2）发卡银行应当建立信用卡授信管理制度，根据持卡人资信状况、用卡情况和风险信息对信用卡授信额度进行动态管理，并及时按照约定方式通知持卡人，必要时可以要求持卡人落实第二还款来源或要求其提供担保。 （3）发卡银行应当对持卡人名下的多个信用卡账户授信额度、分期付款总体授信额度、附属卡授信额度、现金提取授信额度、超授信额度用卡服务的最高授信额度等进行合并管理，设定总授信额度上限。商务采购卡的现金提取授信额度应当设置为零。 （4）在特殊情况下，确认信用卡欠款金额超出持卡人还款能力且持卡人仍有还款意愿的，发卡银行可以与持卡人平等协商，达成个性化分期还款协议。个性化分期还款协议的最长期限不得超过5年。
信用卡透支额计息方式	（1）全额罚息^{解读1}，指持卡人未能在约定还款日全额还款，则不能享受银行的免息还款待遇，对全部透支额从记账日起开始计罚息。 （2）余额计息，指如持卡人在还款日未能全额偿还本期账单透支款项，银行仅对未还款部分从记账日到还款日进行计息。 （3）容差计息^{解读2}，指如持卡人未能在还款日前还清透支总额，且未还清透支额超过发卡机构容许的数额，银行才对透支总额自记账日计息。

解读1 全额罚息是我国绝大部分银行所采用的计息方式。

解读2 容差计息在性质上仍是全额罚息。

【典型真题】

【单选题】下列选项中，不属于我国商业银行采用的信用卡透支计息方式的是(　　)。

A．全额罚息　　B．余额计息　　C．容差计息　　D．超授信额度罚息

【答案】D【解析】目前，我国商业银行采用的信用卡透支计息方式主要有全额罚息、余额计息和容差计息三种。

（二）收单业务管理

项目	内容
收单业务准入	根据银行业监督管理机构规定，境内商业银行开办信用卡发卡业务应当符合以下条件。 （1）注册资本为实缴资本，且不低于人民币1亿元或等值可兑换货币。 （2）具备开办收单业务的良好业务基础。最近3年企业贷款业务规模和业务结构稳定，企业贷款业务客户规模和客户结构较为稳定，身份证件验证系统和征信系统连接和使用情况良好。

续表

项目	内容
收单业务准入	（3）具备办理收单业务的专业系统支持，在境内建有收单业务主机、特约商户申请管理系统、特约商户信用评估管理系统、商户结算账户管理系统、账务管理系统、收单交易监测和伪冒交易预警系统、交易授权系统等专业化运营基础设施，相关设施通过了必要的安全检测和业务测试，能够保障客户资料和业务数据的完整性和安全性。
业务管理要求	（1）收单银行应当明确收单业务的牵头管理部门，承担协调处理特约商户资质审核、登记管理、机具管理、垫付资金管理、风险管理、应急处置等的职责。 （2）收单银行应当加强对特约商户资质的审核，实行商户实名制，不得设定虚假商户。 （3）收单银行对从事网卡交易的商户，应当进行严格的审核和评估，以技术手段确保数据安全和资金安全。 （4）收单银行应当建立特约商户管理制度，根据商户类型和业务特点对商户实行分类管理，严格控制交易处理程序和退款程序，不得因与特约商户有其他业务往来而降低对特约商户交易的检查要求。 （5）收单银行应当根据特约商户的业务性质、业务特征、营业情况，对特约商户设定动态营业额上限。 （6）收单银行应当采用严格的技术手段对收单业务移动受理终端的使用进行监控，并不定期进行回访，确保收单业务移动受理终端未超出签约范围跨地区使用。 （7）收单银行不得将特约商户审核和签约、资金结算、后续检查和抽查、受理终端密钥管理和密钥下载工作外包给收单业务服务机构。

三、主要风险点（掌握）

项目	内容
发卡业务中的主要风险点	（1）银行卡审查和发卡中的风险。在信用审查和发卡阶段的风险主要表现在对申领人进行资信调查和审批发卡过程中的失误。 （2）银行卡用户使用管理中的风险：①持卡人的资信能力变化风险；②持卡人的恶意透支风险；③信用卡失窃的风险；④信用卡的伪造及涂改风险；⑤真实持卡人的欺诈风险；⑥信用卡透支违反规定用于生产经营、投资等非消费领域；⑦刷卡交易过程中银行卡信息泄露的风险；⑧银行卡互联网交易过程中被欺诈、信息泄露、感染病毒造成损失的风险；⑨银行业从业人员非法存储、窃取、泄露、买卖支付敏感信息等。

真考解读 属于重要考点，考生需要掌握知识点。

续表

项目	内容
收单业务中的主要风险点	（1）特约商户不具有相应资质，为虚假商户或从事非法经营的商户。 （2）特约商户业务人员的经验和技术欠缺，造成商户误收伪卡、假卡。 （3）特约商户为客户从事信用卡套现或协助持卡人套现。 （4）特约商户与不法分子相互勾结，共同诈骗银行资金。 （5）特约商户因与无银行卡收单业务资质的机构合作，导致刷卡消费结算资金未到账的事件。 （6）与银行合作的第三方支付平台提供服务的商户从事非法业务。 （7）收单银行和收单服务机构业务人员，蓄意存储、泄露客户信用卡磁道信息、卡片验证码、个人标识码、个人密码等信息。 （8）收单服务机构挪用特约商户待结算资金。 （9）银行卡受理终端的使用范围、装机地址、装机编号与已签订的协议不一致。

真考解读 属于重要考点，考生需要掌握知识点。

四、监管要求（掌握）

（1）强化信用卡业务经营管理。
（2）严格规范发卡营销行为。
（3）严格授信管理和风险管控。
（4）严格管控资金流向。
（5）全面加强信用卡分期业务规范管理。
（6）严格合作机构管理。
（7）加强消费者合法权益保护。

第四节 担保类业务

真考解读 考查相对较少，熟悉即可。

一、担保类业务概述（熟悉）

项目	内容
概念	担保类业务是指商业银行接受客户的委托对第三方承担责任的业务，包括担保（保函）、备用信用证、跟单信用证、承兑等。
银行保函	（1）概念：保函是商业银行应申请人的要求，向受益人作出的书面付款保证承诺，商业银行将凭受益人提交的与保函条款相符的书面索赔履行担保支付或赔偿责任。

续 表

项目	内容
银行保函	（2）特点。 ①独立性，源于基础交易，但一旦出具，即与基础交易相分离，本身具有独立性。 ②单据化，银行凭保函中规定的单据付款，而不问基础交易的实际履行情况。 ③银行对单据真伪及索赔是否合理概不负责，因此只存在有效索赔，而不存在索赔是否合理的问题。 （3）分类。 ①根据担保银行承担风险不同及管理的需要，分为融资类保函和非融资类保函。 ②根据保函是否独立，又分为独立保函和非独立保函。
备用信用证	（1）概念：备用信用证是开证行应借款人要求，以放款人作为信用证的受益人而开具的一种特殊信用证，以保证在借款人破产或不能及时履行义务的情况下，由开证行向受益人及时支付本利，即开证行在开证申请人未能履行其应履行的义务时，受益人按备用信用证规定向开证行开具汇票（或不开汇票），提交开证申请人未履行义务的声明或证明文件，即可获得开证行的偿付。 （2）主要当事人：开证申请人（借款人）、开证行和受益人（放款人或其他投资者）。 （3）分类：备用信用证主要分为可撤销的备用信用证和不可撤销的备用信用证两类。

二、主要风险点（重要）

真考解读 属于重要考点，考生需要掌握知识点。

项目	内容
银行保函	（1）未建立完整有效的保函业务管理办法、操作规程和财务核算办法，存在明显的制度缺陷。 （2）未将保函纳入全行统一授权授信管理，保函业务风险管理基础薄弱，违规出具保函。 （3）未能关注到履约项目的可行性风险，未能合理评估申请人的履约风险、信用风险以及受益所有人的资信情况，为不具备条件的申请人出具银行保函。 （4）落实保函的风险补偿措施不力，未执行保证及反担保制度。存在无保证金出具保函；保证金管理混乱，未进行专户管理和专款专用；未要求被担保人落实反担保措施或提供足额抵押物等行为。 （5）对外出具的保函文本存在明显缺陷，要素不全、权责不清或不符合国际惯例，容易引发经济法律纠纷。

续 表

项目	内容
备用信用证	（1）开证申请人因受各种因素影响，导致不履行或无力履行到期付款义务或发生其他违反执行主债务合同条款的行为，债权人提供符合合同规定的赔偿文件，商业银行存在由担保人变成主债务人的风险。 （2）备用信用证受利率及汇率波动影响遭受损失的风险。 （3）如商业银行提供过多的备用信用证或保函，一旦发生意外情况大量对外偿付，存在可能无法满足客户随时提用资金要求的流动性风险。 （4）由于商业银行执行内部管理制度不力、监督不力、管理失控和工作人员工作疏忽等操作失误，也会造成资金损失。

三、监管要求（掌握）

真考解读 属于重要考点，考生需要掌握知识点。

项目	内容
银行保函	（1）银行加强对银行保函业务的内控管理，能够综合评价银行对银行保函业务的风险控制能力和水平。 （2）银行应建立包括银行保函业务等表外业务在内的统一的审慎的授权授信管理制度。未经有效授权，不得擅自对外出具保函。 （3）银行开办银行保函业务应制定较为科学、完善的银行保函业务管理办法、操作规程和相关财务核算办法。 （4）银行应建立恰当的风险补偿措施，能够认真执行保证金制度和落实反担保措施。未获准经营人民币业务的外资银行在开立信用证及保函时，不得向客户收取人民币保证金。 （5）银行保函条款应持续符合法律法规，文本不存在缺陷，签署保函文本等相关协议时做到认真审核。
备用信用证	（1）银行应建立包括备用信用证业务等表外业务在内统一审慎的授权授信管理制度，未经授权不得擅自开证、超权开证、超越授信额度开证等。 （2）银行现行备用信用证业务的各项内控制度符合国家法律法规和国际惯例，能够有效防止和控制风险。 （3）银行应建立和执行风险补偿制度和措施，能够认真执行保证金制度和落实反担保措施。 （4）银行对备用信用证业务费用的收取应及时足额合规，会计核算正确。 （5）银行能够按要求开展备用信用证业务的内部审计监督。

第五节　贷款承诺业务

一、贷款承诺业务概述（熟悉）

项目	内容
概念	贷款承诺业务是指应客户申请，银行对项目进行评估论证，在项目符合银行信贷投向和贷款条件的前提下，对客户承诺在一定的有效期内，提供一定额度和期限的贷款，用于指定项目建设或企业经营周转。
分类	（1）项目贷款承诺。 （2）开立信贷证明。 （3）客户授信额度。 （4）票据发行便利。

二、主要风险点（掌握）

（1）政策性风险。
（2）不正当竞争风险。
（3）项目评估风险。
（4）操作性风险。

三、监管要求（掌握）

（1）银行要建立完整有效的贷款承诺业务管理规定和操作办法，不得存在明显的制度缺陷。
（2）银行出具的不可撤销贷款承诺应已纳入该银行对相关客户的整体授信管理体系。
（3）银行应制定规章制度以明确出具贷款承诺的审批权限和审批程序。
（4）银行应出台规范的贷款承诺格式和内容，对不同的项目在贷款承诺中加入不同的限制性条件以尽量降低银行风险。
（5）银行对申请人的资信情况需进行调查，审查申请人的内部管理是否规范，经营情况信用是否满足银行授信要求。
（6）如果是项目贷款承诺，则审查建设项目的依法合规性。对于项目贷款承诺，商业银行需审查建设项目的经济性及偿还能力。
（7）如果银行在项目招标活动中提供的融资类投标书属于不可撤销的贷款承诺，严格按照贷款审批的授信决策体系对不可撤销贷款承诺进行审批。
（8）银行对贷款承诺业务规定收取费用的，需及时足额收取相关费用，核算正确。
（9）银行对客户提供的循环贷款额度、备用信用的业务规模，不得严重影响到银行的资产流动性。

第六节　理财业务

一、理财业务概述（重点掌握）

真考解读 属于必考点，一般会考1道题以上。

解读 资产管理产品的投资者分为不特定社会公众和合格投资者两大类。

项目	内容
概述	《商业银行理财业务监督管理办法》规定，理财业务是指商业银行接受投资者委托，按照与投资者事先约定的投资策略、风险承担和收益分配方式，对受托的投资者财产进行投资和管理的金融服务。
特点	（1）商业银行理财业务本质上是代理业务，不是银行的自营业务。 （2）理财业务的盈利方式是收取投资管理费或业绩报酬。 （3）客户是理财业务风险的主要承担者。 （4）银行理财业务是"轻资本"业务。 （5）理财业务是一项知识技术密集型业务。
合格投资者^{解读}	合格投资者是指具备相应风险识别能力和风险承担能力，投资于单只资产管理产品不低于一定金额且符合下列条件的自然人和法人或者其他组织。 （1）具有2年以上投资经历，且满足以下条件之一：家庭金融净资产不低于300万元，家庭金融资产不低于500万元，或者近3年本人年均收入不低于40万元。 （2）最近1年年末净资产不低于1 000万元的法人单位。 （3）金融管理部门视为合格投资者的其他情形。 合格投资者投资于单只固定收益类产品的金额不低于30万元，投资于单只混合类产品的金额不低于40万元，投资于单只权益类产品、单只商品及金融衍生品类产品的金额不低于100万元。投资者不得使用贷款、发行债券等筹集的非自有资金投资资产管理产品。
产品分类	（1）按募集方式划分，分为公募理财产品和私募理财产品。 ①公募理财产品是指商业银行面向不特定社会公众公开发行的理财产品。 ②私募理财产品是指商业银行面向合格投资者非公开发行的理财产品。 （2）按投资性质划分，分为固定收益类理财产品、权益类理财产品、商品及金融衍生品类理财产品和混合类理财产品。 ①固定收益类理财产品投资于存款、债券等债权类资产的比例不低于80%。 ②权益类理财产品投资于权益类资产的比例不低于80%。 ③商品及金融衍生品类理财产品投资于商品及金融衍生品的比例不低于80%。

续 表

项目	内容
产品分类	④混合类理财产品投资于债权类资产、权益类资产、商品及金融衍生品类资产且任一资产的投资比例未达到前三类理财产品标准。 （3）按运作方式划分，分为封闭式理财产品和开放式理财产品。 ①封闭式理财产品是指有确定到期日，且自产品成立日至终止日期间，投资者不得进行认购或者赎回的理财产品。 ②开放式理财产品是指自产品成立日至终止日期间，理财产品份额总额不固定，投资者可以按照协议约定在开放日和相应场所进行认购或者赎回的理财产品。
业务管理	（1）理财产品销售管理。 ①商业银行销售理财产品，应当加强投资者适当性管理，向投资者充分披露信息和揭示风险，不得宣传或承诺保本保收益，不得误导投资者购买与其风险承受能力不匹配的理财产品。 ②商业银行发行理财产品，不得宣传理财产品预期收益率，在理财产品宣传销售文本中只能登载该理财产品或者本行同类理财产品的过往平均业绩和最好、最差业绩，并以醒目文字提醒投资者"理财产品过往业绩不代表其未来表现，不等于理财产品实际收益，投资需谨慎"。 ③商业银行应当对非机构投资者的风险承受能力进行评估，确定投资者风险承受能力等级由低到高至少包括一级至五级，并可以根据实际情况进一步细分。 ④商业银行发行公募理财产品的，单一投资者销售起点金额不得低于1万元人民币。商业银行发行私募理财产品的，合格投资者投资于单只固定收益类理财产品的金额不得低于30万元人民币，投资于单只混合类理财产品的金额不得低于40万元人民币，投资于单只权益类理财产品、单只商品及金融衍生品类理财产品的金额不得低于100万元人民币。 ⑤销售人员从事理财产品销售活动，应当遵循以下原则：勤勉尽职原则、诚实守信原则、公平对待投资者原则、专业胜任原则。 ⑥销售人员从事理财产品销售活动，不得有下列情形：在销售活动中为自己或他人牟取不正当利益，承诺进行利益输送，通过给予他人财物或利益，或接受他人给予的财物或利益等形式进行商业贿赂；诋毁其他机构的理财产品或销售人员；散布虚假信息，扰乱市场秩序；违规接受投资者全权委托，私自代理投资者进行理财产品认购、赎回等交易；违规对投资者作出盈亏承诺，或与投资者以口头或书面形式约定利益分成或亏损分担；挪用投资者交易资金或理财产品；擅自更改投资者交易指令；其他可能有损投资者合法权益和所在机构声誉的行为。

续 表

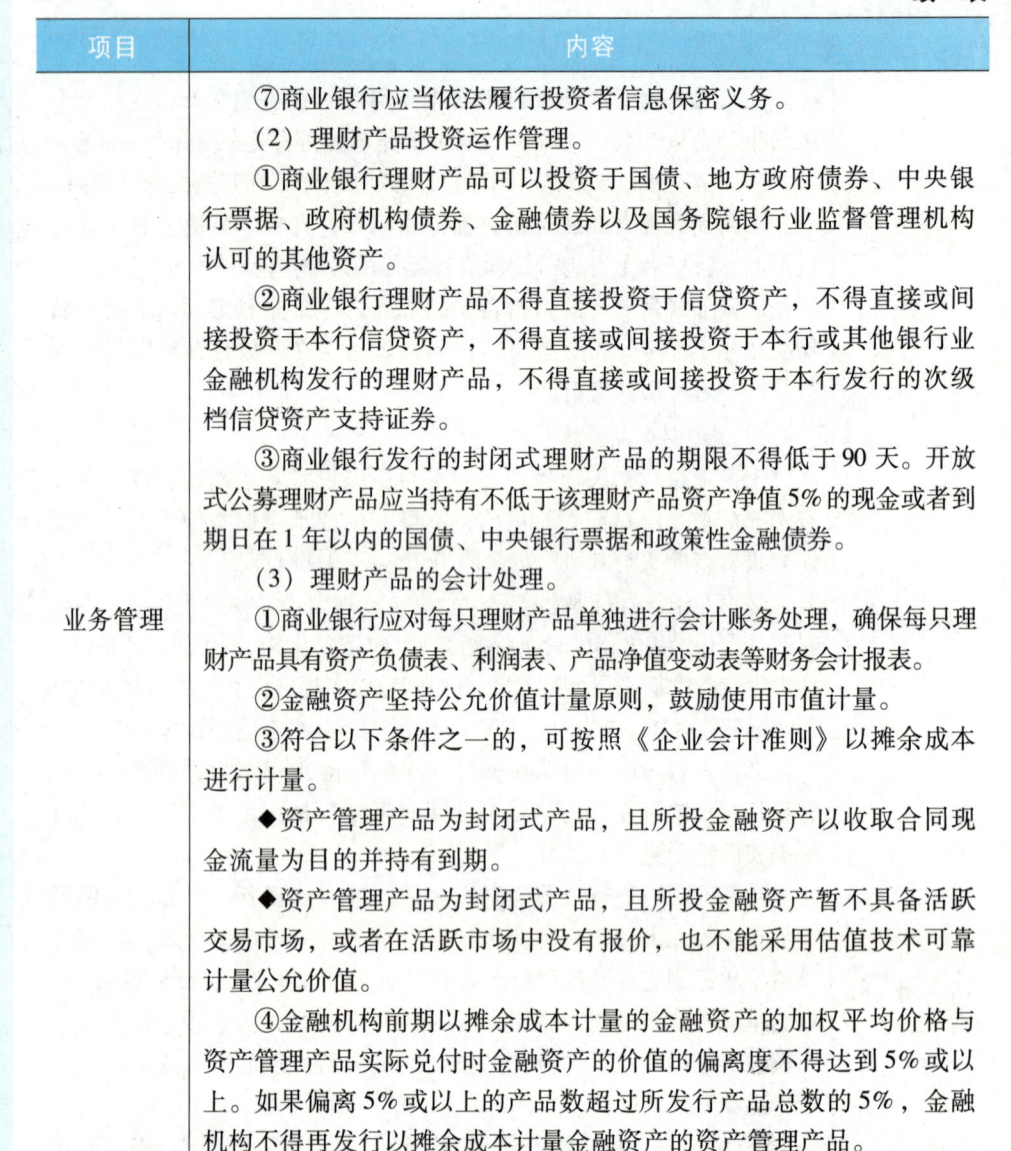

项目	内容
业务管理	⑦商业银行应当依法履行投资者信息保密义务。 （2）理财产品投资运作管理。 ①商业银行理财产品可以投资于国债、地方政府债券、中央银行票据、政府机构债券、金融债券以及国务院银行业监督管理机构认可的其他资产。 ②商业银行理财产品不得直接投资于信贷资产，不得直接或间接投资于本行信贷资产，不得直接或间接投资于本行或其他银行业金融机构发行的理财产品，不得直接或间接投资于本行发行的次级档信贷资产支持证券。 ③商业银行发行的封闭式理财产品的期限不得低于90天。开放式公募理财产品应当持有不低于该理财产品资产净值5%的现金或者到期日在1年以内的国债、中央银行票据和政策性金融债券。 （3）理财产品的会计处理。 ①商业银行应对每只理财产品单独进行会计账务处理，确保每只理财产品具有资产负债表、利润表、产品净值变动表等财务会计报表。 ②金融资产坚持公允价值计量原则，鼓励使用市值计量。 ③符合以下条件之一的，可按照《企业会计准则》以摊余成本进行计量。 ◆资产管理产品为封闭式产品，且所投金融资产以收取合同现金流量为目的并持有到期。 ◆资产管理产品为封闭式产品，且所投金融资产暂不具备活跃交易市场，或者在活跃市场中没有报价，也不能采用估值技术可靠计量公允价值。 ④金融机构前期以摊余成本计量的金融资产的加权平均价格与资产管理产品实际兑付时金融资产的价值的偏离度不得达到5%或以上。如果偏离5%或以上的产品数超过所发行产品总数的5%，金融机构不得再发行以摊余成本计量金融资产的资产管理产品。

典型真题

【单选题】根据《商业银行理财业务监督管理办法》，以下属于固定收益类理财产品的是（　　）。

A. 投资于存款、债券等债权类资产的比例为90%
B. 投资于商品及金融衍生品的比例为40%
C. 投资于债权类资产、权益类资产、商品及金融衍生品类资产的比例均为30%
D. 投资于权益类资产的比例为30%

【答案】A　【解析】《商业银行理财业务监督管理办法》规定，固定收益类理财产品投资于存款、债券等债权类资产的比例不低于80%。

二、主要风险点（掌握）

（1）信用风险。（2）法律风险。（3）操作风险。（4）声誉风险。（5）市场风险。（6）流动性风险。

三、监管要求（掌握）

（1）发行和销售理财产品，应当按照规定进行风险揭示和信息披露，禁止欺诈或者误导投资者购买与其风险承担能力不匹配的资产管理产品。未经金融监督管理部门许可，任何非金融机构和个人不得代理销售资产管理产品。

（2）不得有刚性兑付行为。经金融管理部门认定，存在以下行为的视为刚性兑付。

①资产管理产品的发行人或者管理人违反真实公允确定净值原则，对产品进行保本保收益。

②采取滚动发行等方式，使得资产管理产品的本金、收益、风险在不同投资者之间发生转移，实现产品保本保收益。

③资产管理产品不能如期兑付或者兑付困难时，发行或者管理该产品的金融机构自行筹集资金偿付或者委托其他机构代为偿付。

④金融管理部门认定的其他情形。

（3）发行的结构性存款应当纳入表内核算，按照存款管理，纳入存款准备金和存款保险保费的缴纳范围，相关资产应当按照国务院银行业监督管理机构的相关规定计提资本和拨备。

（4）从事理财业务活动，应按照规定向银行业监督管理机构报告或者报送有关文件、资料，否则将遭受监管处罚。

第七节 同业业务

一、同业业务概述（熟悉）

（一）概念

《关于规范金融机构同业业务的通知》规定，同业业务是指中华人民共和国境内依法设立的金融机构之间开展的以投融资为核心的各项业务。

（二）同业业务的类型

1. 同业融资业务

类型	含义
同业拆借	同业拆借业务是指经中国人民银行批准，进入全国银行间同业拆借市场的金融机构之间通过全国统一的同业拆借网络进行的无担保资金融通行为。

续 表

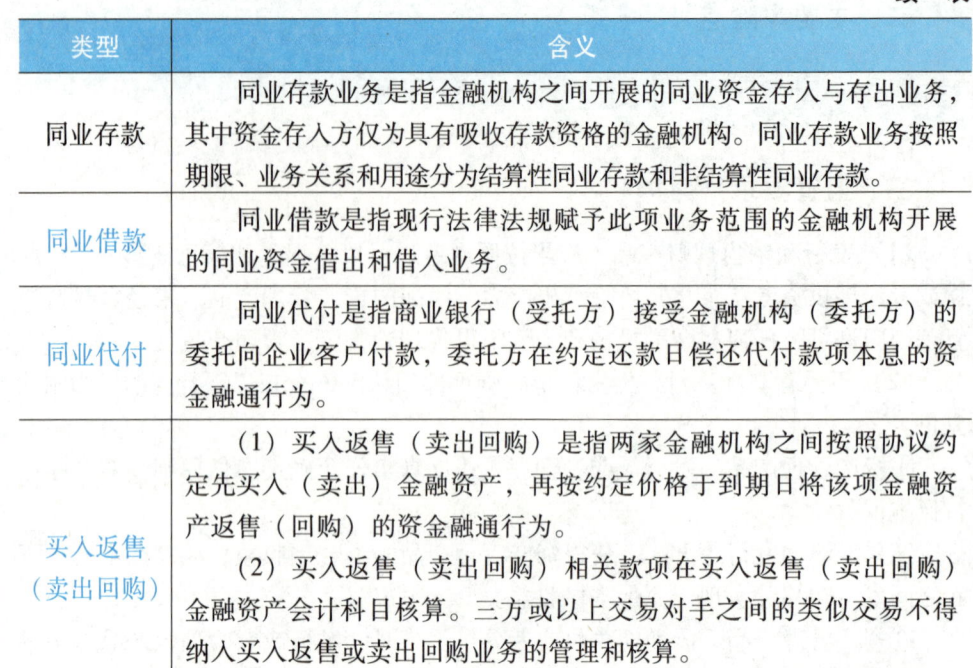

类型	含义
同业存款	同业存款业务是指金融机构之间开展的同业资金存入与存出业务，其中资金存入方仅为具有吸收存款资格的金融机构。同业存款业务按照期限、业务关系和用途分为结算性同业存款和非结算性同业存款。
同业借款	同业借款是指现行法律法规赋予此项业务范围的金融机构开展的同业资金借出和借入业务。
同业代付	同业代付是指商业银行（受托方）接受金融机构（委托方）的委托向企业客户付款，委托方在约定还款日偿还代付款项本息的资金融通行为。
买入返售（卖出回购）	（1）买入返售（卖出回购）是指两家金融机构之间按照协议约定先买入（卖出）金融资产，再按约定价格于到期日将该项金融资产返售（回购）的资金融通行为。 （2）买入返售（卖出回购）相关款项在买入返售（卖出回购）金融资产会计科目核算。三方或以上交易对手之间的类似交易不得纳入买入返售或卖出回购业务的管理和核算。 （3）卖出回购方不得将业务项下的金融资产从资产负债表转出。

2. 同业投资业务

同业投资是指金融机构购买（或委托其他金融机构购买）同业金融资产（包括但不限于金融债、次级债等在银行间市场或证券交易所市场交易的同业金融资产）或特定目的载体（包括但不限于商业银行理财产品、信托投资计划、证券投资基金、证券公司资产管理计划、基金管理公司及子公司资产管理计划、保险业资产管理机构资产管理产品等）的投资行为。

真考解读 考查相对较少，熟悉即可。

二、同业业务管理（熟悉）

（一）存放同业

项目	内容
概念	本外币资金存放同业业务简称存放同业业务，是指金融机构与国内同业按约定的利率、期限及金额，以协议的方式将本外币资金存放至同业客户的业务。外币须为可自由兑换货币。
分类	信用存放同业业务和存单质押存放同业业务。
会计核算	同业存款相关款项在同业存放和存放同业会计科目核算。

（二）同业拆借

项目	内容
概念	同业拆借又称银行同业拆借，简称拆放、拆借，是银行同业间短期的按日计息的借贷。

续表

项目	内容
特点	期限短、金额大、流动性强。
拆借市场	（1）银行同业拆借市场是指银行业同业之间的短期资金拆借市场。 （2）商业银行与非商业银行金融机构之间的短期资金拆借市场，一般没有固定场所，主要通过电信手段成交。
交易的种类	（1）按照是否有担保划分，分为信用拆借、抵押拆借。 （2）按照期限长短划分，分为隔夜（1天）、7天、1个月、4个月等。 （3）按照品种交易方式划分，分为定点交易和无形交易。
作用	有利于发挥金融市场机制、调剂资金余缺、促进资金横向融通和地区间的横向经济联合、调动银行自主经营的积极性。
加强管理的内容	（1）同业拆借应遵守相互自愿、恪守信用的原则，利率和期限均由拆借双方在协商一致的基础上签订合同确定，但期限最长不得超过4个月。 （2）参加同业拆借的金融机构，其拆出资金限于当日资金多余的头寸和在人民银行的存款，其拆入资金只能用于弥补清算票据交换和联行汇差的头寸不足及解决临时性、季节性周转资金的不足，不得用于发放固定资产贷款。 （3）加强对同业拆借市场的检查，对违反规定的，要坚决加以纠正，并给予必要的处罚。
会计核算	同业拆借相关款项在拆出和拆入资金会计科目核算，并在上述会计科目下单独设立二级科目进行管理核算。

（三）同业借款

分类	内容
同业借款业务	同业借款业务期限按照监管部门对金融机构借款期限的有关规定执行，由双方共同协商确定，但最长期限自提款之日起不得超过3年。
非银借款业务	（1）含义：特指银行机构与非银行金融机构^{解读}（以下简称借款人）按约定的期限、利率及金额，以协议等方式开展的，专项用于借款人（包括其全资或控股项目公司）经营需要或为借款人提供流动性支持的本外币资金融通业务。 （2）分类：短期非银借款［不超过1年（含）］和中长期非银借款［大于1年且不超过3年（含）］两个品种。 (3) 非银借款业务最长期限为3年（含），业务到期后不得展期。

解读 非银行金融机构包括汽车金融公司、金融租赁公司、资产管理公司、消费金融公司及其他可开展此项业务的金融机构。

续表

分类	内容
会计核算	同业借款相关款项在拆出和拆入资金会计科目核算。

（四）同业代付

项目	内容
委托行	（1）含义：委托行是指接受客户申请、从同业机构融通资金并委托同业机构将款项支付给该客户交易对手的同业代付业务发起行。 （2）业务实质：客户的债权人直接承担借款人的信用风险，到期向借款人收回贷款本息。 （3）真实受托支付要求：同业代付的委托行要真实委托代付行向借款人的交易对手代为支付款项。 （4）加强风险管理：同业代付的委托行应将同业代付业务纳入客户统一授信管理，执行相关信贷审批程序，在客户贸易融资授信额度内合理确定同业代付的金额和期限，加强贷款三查，管控信用风险。
代付行	（1）含义：代付行是指为委托行提供资金来源和代付服务的境内外同业机构或委托行海外分支机构。 （2）业务实质：为委托行提供贷款资金来源并完成"受托支付"服务，承担同业授信风险，拆放资金本息到期由委托行无条件偿还。 （3）真实受托支付要求：代付行应当将相应款项直接支付给符合合同约定用途的受益人账户，不得将资金拆给委托行后由委托行"自付"，以确保"受托支付"。 （4）加强风险管理：代付行应对同业代付业务的合作银行采取名单制管理，将代付同业款项全额纳入对同业机构的统一授信管理中，并将代付同业款项与无指定用途的一般性同业拆借区别管理，加强相关信用风险控制。

（五）同业投资

项目	内容
概念	同业投资业务是指金融机构购买或委托其他金融机构购买特定目的载体的投资行为。
原则	（1）依法合规原则。 （2）风险收益匹配原则。须立足于资金及资本成本，按照风险定价原则合理定价，实现风险防范和效益提升的有机统一。 （3）集中管理及总量控制原则。 （4）实质重于形式原则。
风险承担主体	（1）含义：指根据特定目的载体结构，实质承担特定目的载体兑付资金来源及安全性的主体。 （2）分类：投资的目标权益受让主体、担保主体和支付收益主体。

续 表

项目	内容
投资期限	投资期限根据投资标的的实际情况由双方协商审慎确定。

典型真题

【单选题】开展同业投资业务应按照风险定价原则合理定价，实现风险防范和效益提升的有机统一，体现了该业务应遵循的( )原则。
A．依法合规　　　　　　　　B．风险收益匹配
C．集中管理及总量控制　　　D．实质重于形式
【答案】B【解析】风险收益匹配原则要求开展同业投资业务须立足于资金及资本成本，按照风险定价原则合理定价，实现风险防范和效益提升的有机统一。

三、主要风险点（熟悉）

（1）系统性风险。（2）信用风险。（3）流动性风险。（4）市场风险。（5）操作性风险。

真考解读 考查相对较少，熟悉即可。

四、监管要求（熟悉）

项目	内容
管理体系要求	商业银行开展同业业务，应遵守国家法律法规及政策规定，建立健全相应的风险管理和内部控制体系，遵循协商自愿、诚信自律和风险自担原则，加强内部监督检查和责任追究，确保各类风险得到有效控制。
业务专营与授权管理	(1) 商业银行开展同业业务实行专营部门制，由法人总部建立或指定专营部门负责经营。 （2）商业银行应建立健全同业业务授权管理体系，由法人总部对同业业务专营部门进行集中统一授权，同业业务专营部门不得进行转授权，不得办理未经授权或超授权的同业业务。
授信管理要求	商业银行应当建立健全本机构统一的同业业务授信管理政策，并将同业业务纳入全机构统一授信体系，由总部自上而下实施授权管理，不得办理无授信额度或超授信额度的同业业务。
资金投向监管	金融机构同业投资应严格风险审查和资金投向合规性审查，按照"实质重于形式"原则，根据所投资基础资产的性质，准确计量风险，并计提相应资本与拨备。
担保管理要求	金融机构开展买入返售（卖出回购）和同业投资业务，不得接受和提供任何直接或间接显性或隐性的第三方金融机构信用担保，国家另有规定的除外。

真考解读 考查相对较少，熟悉即可。

续 表

项目	内容
期限要求	金融机构应当合理审慎确定融资期限。其中，同业借款业务最长期限不得越过3年，其他同业融资业务最长期限不得超过1年，业务到期后不得展期。
会计处理要求	商业银行应当按照国家有关法律法规和会计准则的要求，采用正确的会计处理方法，确保各类同业业务及其交易环节能够及时、完整、真实、准确地在资产负债表的表内或表外记载和反映。
资本管理要求	（1）单家商业银行对单一金融机构法人的不含结算性同业存款的同业融出资金，扣除风险权重为零的资产后的净额，不得超过该银行一级资本的50%。 （2）单家商业银行同业融入资金余额不得超过该银行负债总额的1/3，但农村信用社省联社、省内二级法人社及村镇银行可暂不执行。

第八节　委托贷款

真考解读 考查相对较少，熟悉即可。

一、委托贷款概述（熟悉）

项目	内容
委托人	委托贷款中的委托人是指提供委托贷款资金的法人、非法人组织、个体工商户和具有完全民事行为能力的自然人。
种类	（1）现金管理项下委托贷款是指商业银行在现金管理服务中，受企业集团客户委托，以委托贷款的形式，为客户提供的企业集团内部独立法人之间的资金归集和划拨业务。 （2）住房公积金项下委托贷款是指商业银行受各地住房公积金管理中心委托，以住房公积金为资金来源，代为发放的个人住房按揭贷款和保障性住房建设项目贷款。

真考解读 属于重要考点，考生需要掌握知识点。

二、委托贷款业务管理（掌握）

（1）商业银行受理委托贷款业务申请，应具备以下前提。
①委托人与借款人就委托贷款条件达成一致。
②委托人或借款人为非自然人的，应出具其有权机构同意办理委托贷款业务的决议、文件或具有同等法律效力的证明。
（2）商业银行不得接受金融资产管理公司和经营贷款业务机构的委托贷款业务申请。

(3)《商业银行委托贷款管理办法》第十条规定,商业银行不得接受委托人下述资金发放委托贷款:①受托管理的他人资金;②银行的授信资金;③具有特定用途的各类专项基金(国务院有关部门另有规定的除外);④其他债务性资金(国务院有关部门另有规定的除外);⑤无法证明来源的资金。

企业集团发行债券筹集并用于集团内部的资金,不受本条规定限制。

(4)资金用途不得为以下方面:①生产、经营或投资国家禁止的领域和用途;②从事债券、期货、金融衍生品、资产管理产品等投资;③作为注册资本金、注册验资;④用于股本权益性投资或增资扩股,监管部门另有规定的除外;⑤其他违反监管规定的用途。

(5)商业银行应按照"谁委托谁付费"的原则向委托人收取代理手续费。商业银行不得串用不同委托人的资金。

典型真题

【单选题】根据《商业银行委托贷款管理办法》的规定,商业银行可以接受委托人( )发放委托贷款。

A. 银行的授信资金
B. 企业集团发行的债券筹集并用于集团内部的资金
C. 无法证明来源的资金
D. 受托管理的他人资金

【答案】B 【解析】选项A、选项C、选项D都是商业银行禁止发放委托贷款的情况。

三、主要风险点(掌握)

风险类型	内容
信用风险	委托贷款的借款人是商业银行存量授信客户的,商业银行应综合考虑借款人取得委托贷款后,信用风险敞口扩大对本行授信业务带来的风险影响,并采取相应风险管控措施。
操作风险	(1)商业银行应对委托贷款业务实行分级授权管理,商业银行分支机构不得未经授权或超授权办理委托贷款业务。 (2)商业银行应建立健全委托贷款管理信息系统,登记资金来源、投向、期限、利率以及委托人和借款人等相关信息,确保该项业务信息完整、连续、准确和可追溯。

真考解读 属于重要考点,考生需要掌握知识点。

四、监管要求(掌握)

(1)商业银行作为受托人,按照权责利匹配原则提供服务,不得代委托人确定借款人,不得参与贷款决策,不得提供各种形式担保;委托人应自行确定委托贷款的

真考解读 属于重要考点,考生需要掌握知识点。

借款人，对借款人资质、贷款项目等进行审查，并承担委托贷款的信用风险。

（2）委托资金用途应符合法律法规、国家宏观调控和产业政策。资金不得用于生产、经营或投资国家禁止的领域和用途；不得从事债券、期货、金融衍生品、资产管理产品等投资；不得作为注册资本金、注册验资；不得用于股本权益性投资或增资扩股等。

（3）商业银行将委托贷款业务与自营业务严格区分，加强风险隔离和业务管理。商业银行应建立、完善委托贷款管理信息系统，确保该项业务信息的完整、连续、准确和可追溯。

第九节 衍生品业务

真考解读 考查相对较少，熟悉即可。

一、衍生品业务概述（熟悉）

项目	内容
业务分类	（1）商业银行衍生产品交易业务按照交易目的分为以下两种。 ①套期保值类衍生产品交易。 ②非套期保值类衍生产品交易。 （2）以衍生产品交易价格变动主导因素划分，国内商业银行参与的衍生产品交易活动可以划分为以下三类。 ①利率衍生产品。国内商业银行主要参与的利率衍生产品交易有利率掉期、远期利率协议和利率期权等。 ②外汇衍生产品。国内商业银行主要参与的外汇衍生产品交易有远期外汇买卖、外汇掉期、外汇期权和货币掉期等。 ③其他衍生产品。国内商业银行参与的主要有债券期权、信用违约掉期等。
业务资格分类	中资商业银行开办衍生产品交易业务的资格可分为两类。 （1）基础类资格：只能从事套期保值类衍生产品交易。 （2）普通类资格：除基础类资格可以从事的衍生产品交易之外，还可以从事非套期保值类衍生产品交易。

真考解读 考查相对较少，熟悉即可。

二、主要风险点（熟悉）

（1）市场风险。（2）信用风险。（3）操作风险。（4）流动性风险。

真考解读 考查相对较少，熟悉即可。

三、监管要求（熟悉）

项目	内容
内部管理制度	商业银行开办衍生产品交易业务，应当根据"制度先行"的原则，制定内部管理规章制度且至少包括以下内容：①衍生产品交易

续 表

项目	内容
内部管理制度	业务的指导原则、业务操作规程（业务操作规程应当体现交易前台、中台与后台分离的原则）和针对突发事件的应急计划；②新业务、新产品审批制度及流程；③交易品种及其风险控制制度；④衍生产品交易的风险模型指标及量化管理指标；⑤风险管理制度和内部审计制度；⑥衍生产品交易业务研究与开发的管理制度及后评价制度；⑦交易员守则；⑧交易主管人员岗位责任制度，对各级主管人员与交易员的问责制度和激励约束机制；⑨对前、中、后台主管人员及工作人员的培训计划。
业务范围	商业银行不得自主持有或向客户销售可能出现无限损失的裸卖空衍生产品，以及以衍生产品为基础资产或挂钩指标的再衍生产品。
内部管理结构	商业银行高级管理人员应当了解所从事的衍生产品交易风险；审核评估和批准衍生产品交易业务经营及其风险管理的原则、程序、组织、权限的综合管理框架；并能通过独立的风险管理部门和完善的检查报告系统，随时获取有关衍生产品交易风险状况的信息，进行相应的监督与指导。
风险敞口控制	在进行衍生产品交易时，必须严格执行分级授权和敞口风险管理制度，任何重大交易或新的衍生产品业务都应当经由董事会或其授权的专业委员会或高级管理层审批。
授权管理	（1）对于衍生产品经营能力较弱、风险防范及管理水平较低的分支机构，应当适当上收其衍生产品的交易权限。 （2）商业银行应当在相应的风险管理制度中明确重大交易风险的类别特征，并规定取消交易权限的程序。 （3）对于发生重大衍生产品交易风险的分支机构，应当及时取消其衍生产品的交易权限。
交易人员管理	商业银行从事风险计量、监测和控制的工作人员必须与从事衍生产品交易或营销的人员分开，不得相互兼任；风险计量、监测或控制人员可以直接向高级管理层报告风险状况。商业银行从事套期保值类与非套期保值类衍生产品交易的交易人员不得相互兼任。
业务监督检查	对于生产品交易制度和业务的内部审计应当具有以下要素。 （1）确保配备数量充足且具备相关经验和技能的内审人员。 （2）建立内审部门向董事会的独立报告路线。
风险控制	（1）商业银行应当制定完善的交易对手信用风险管理制度，选择适当的方法和模型对交易对手信用风险进行评估，并采取适当的风险缓释措施。

续表

项目	内容
风险控制	（2）商业银行应当运用适当的风险评估方法或模型对衍生产品交易的市场风险进行评估，按市价原则管理市场风险（衍生产品的市值评估可以合理利用第三方独立估值报价），调整交易规模、类别及风险敞口水平。
其他要求	（1）商业银行应当建立完善衍生产品交易管理信息系统，确保按产品、交易对手等进行分类的管理信息完整、有效。 （2）商业银行应当按照银行业监督管理机构的规定报送与衍生产品交易有关的会计、统计报表及其他报告。

第十节 外汇业务

一、外汇业务概述（熟悉）

真考解读 考查相对较少，熟悉即可。

项目	内容
概念	外汇是指以外币表示的可以用作国际清偿的支付手段和资产。
外汇分类	（1）外币现钞，包括纸币、铸币。 （2）外币支付凭证或者支付工具，包括票据、银行存款凭证、银行卡等。 （3）外币有价证券，包括债券、股票等。 （4）特别提款权以及其他外汇资产。
外汇管理	外汇管理包括经常项目外汇管理和资本项目外汇管理。

二、主要外汇业务（掌握）

真考解读 属于重要考点，考生需要掌握知识点。

业务类型	内容
结售汇	（1）概念：结售汇是指银行为客户或因自身经营活动需求办理的人民币与外汇之间兑换的业务。 （2）分类：即期结售汇业务和人民币与外汇衍生产品业务。
国际结算与贸易融资	（1）概念。 ①国际结算亦称国际清算，是指通过国际间的货币收付，对国与国之间由于经济、政治和文化往来而发生的债权债务予以了结清算。 ②贸易融资是指银行对进口商或出口商提供的与进出口贸易结算相关的短期融资或信用便利，是企业在贸易过程中运用各种贸易手段和金融工具增加现金流量的融资方式。

续表

业务类型	内容
国际结算与贸易融资	（2）业务：国际结算及贸易结算融资业务包括国际/国内信用证、进口代收/出口托收、国际汇款、国际/国内保函、国际/国内保理、资信证明、工程招/投标项下信贷证明等对公国际结算产品线业务及其项下贸易结算融资业务。
代客外汇理财	（1）概念：代客外汇理财是指银行根据客户需求进行理财方案设计，接受客户委托，利用各种外汇理财产品帮助客户提高资金收益、规避资金风险和降低资金成本的业务。 （2）业务涉及产品类型：代客外汇理财业务涉及交易类、资产类和负债类三类产品。

三、主要风险点（掌握）

（1）信用风险。
（2）流动性风险。
（3）利率风险。
（4）外汇风险。外汇风险是指由于汇率的变动而导致银行收益的不确定性。

四、监管要求（掌握）

（1）《商业银行法》规定，经国务院银行业监督管理机构批准，商业银行可以经营买卖、代理买卖外汇业务；经中国人民银行批准，商业银行可以经营结汇、售汇业务。

（2）银行应准确计算本行的外汇风险敞口头寸，包括银行账簿和交易账簿的单币种敞口头寸和总敞口头寸，有效控制银行整体外汇风险。

（3）银行应加强对外汇交易的限额管理，包括交易的头寸限额和止损限额等。

（4）银行应提高价格管理水平和外汇交易报价能力。

（5）银行应制定并完善交易对手信用风险管理机制。

（6）银行应严格控制外汇衍生产品风险，有效防范外汇交易中的操作风险。

第十一节 代理业务

一、代理业务的概念（熟悉）

代理业务是指商业银行接受客户委托，代为办理客户指定的经济事务、提供金融服务并收取一定费用的业务。代理业务中，商业银行只是按照客户要求完成相关业务，一般不参与决策，故其可以在不承担业务决策风险的情况下取得佣金和手续费收入。

二、代理业务的类别（掌握）

项目	内容
代收代付业务	（1）含义：代收代付业务是指商业银行利用自身的结算便利，接受客户委托代为办理指定款项收付事宜的业务。 （2）业务内容：代理各项公用事业收费、代理行政事业性收费和财政性收费、代发工资、代扣住房按揭贷款等。 （3）类型：委托收款和托收承付。
代理银行业务	（1）含义：代理银行业务是指商业银行之间相互代理的业务。 （2）代理中央银行业务主要包括代理财政性存款、代理国库和代理金银等。 （3）代理商业银行业务包括代理结算业务、代理外币清算业务和代理外币现钞业务等。 （4）代理政策性银行业务主要包括代理资金结算、代理现金支付、代理专项资金管理和代理贷款项目管理等。
代理证券资金清算业务	（1）含义：代理证券资金清算业务是指商业银行利用其电子汇兑系统、营业机构以及人力资源为证券公司总部及其下属营业部代理证券资金的清算、汇划等结算业务。 （2）代理证券资金清算业务主要包括一级清算业务和二级清算业务。
代理保险业务	（1）含义：代理保险业务是指代理机构接受保险公司的委托，在保险公司授权的范围内，代理保险公司销售保险产品及提供相关服务，并依法向保险公司收取佣金的经营活动。 （2）代理保险业务主要包括代理人寿保险业务、代理财产保险业务、代理收取保费及支付保险金业务和代理保险公司资金结算业务。
其他代理业务	其他代理业务主要包括委托贷款业务、代销开放式基金和代理国债买卖。

真考解读 属于重要考点，考生需要掌握知识点。

解读 代理结算业务具体包括代理银行汇票业务和汇兑、委托收款、托收承付业务等其他结算业务。代理银行汇票业务最具典型性。

第七章 其他业务

📝 章节练习

一、单选题（以下各小题所给出的四个选项中，只有一项符合题目的要求，请选择相应选项，不选、错选均不得分）

1. 下列不属于商业银行同业业务的是（　　）。
   A. 同业代付　　　　　　　　　　B. 同业拆借
   C. 保理融资　　　　　　　　　　D. 买入返售

2. 商业银行的代理业务不包括（　　）。
   A. 代发工资　　　　　　　　　　B. 代理财政性存款
   C. 代理财政投资　　　　　　　　D. 代销开放式基金

二、多选题（以下各小题所给出的五个选项中，有两项或两项以上符合题目的要求，请选择相应选项，多选、少选、错选均不得分）

1. 根据银行业监督管理机构规定，境内商业银行开办信用卡收单业务应当符合的条件有（　　）。
   A. 注册资本为实缴资本
   B. 最近 3 年企业贷款业务规模和业务结构稳定
   C. 注册资本不低于人民币 5 亿元
   D. 身份证件验证系统和征信系统连接和使用情况良好
   E. 相关设施通过了必要的安全检测和业务测试

2. 信用卡的收单业务包括（　　）。
   A. 商户资质审核　　　　　　　　B. 商户培训
   C. 受理终端安装维护管理　　　　D. 获取交易授权
   E. 处理交易信息

三、判断题（请对以下各项描述做出判断，正确的为 A，错误的为 B）

1. 商业银行在办理表外业务时不承担风险。（　　）
   A. 正确　　　　　　　　　　　　B. 错误

2. 银行本票不允许背书转让。（　　）
   A. 正确　　　　　　　　　　　　B. 错误

➡️ 答案详解

一、单选题

1. C【解析】同业业务是指中华人民共和国境内依法设立的金融机构之间开展的以投融资为核心的各项业务，主要业务类型包括同业拆借、同业存款、同业借款、同业代付、买入返售（卖出回购）等同业融资业务和同业投资业务。

2. C【解析】代理业务包括代收代付业务、代理银行业务、代理证券资金清算业务、代理保险业务和其他代理业务。代发工资属于代收代付业务，选项A属于代理业务。代理财政性存款属于代理银行业务，选项B属于代理业务。代销开放式基金属于其他代理业务，选项D属于代理业务。

二、多选题

1. ABDE【解析】根据银行业监督管理机构规定，境内商业银行开办信用卡收单业务应当符合以下条件：①注册资本为实缴资本，且不低于人民币1亿元或等值可兑换货币。②具备开办收单业务的良好业务基础。最近3年企业贷款业务规模和业务结构稳定，企业贷款业务客户规模和客户结构较为稳定，身份证件验证系统和征信系统连接和使用情况良好。③具备办理收单业务的专业系统支持，在境内建有收单业务主机、特约商户申请管理系统、特约商户信用评估管理系统、商户结算账户管理系统、账务管理系统、收单交易监测和伪冒交易预警系统、交易授权系统等专业化运营基础设施，相关设施通过了必要的安全检测和业务测试，能够保障客户资料和业务数据的完整性和安全性。

2. ABCDE【解析】收单业务，是指商业银行为商户等提供的受理信用卡，并完成相关资金结算的服务。收单业务包括商户资质审核、商户培训、受理终端安装维护管理、获取交易授权、处理交易信息、交易监测、资金垫付、资金结算、争议处理和增值服务等业务环节。

三、判断题

1. B【解析】商业银行办理表外业务时如果不运用或不直接运用自有资金，通常不直接承担经营风险，但这并不意味着银行不承担其他风险。

2. B【解析】银行本票一律记名，允许背书转让。

第八章　全面风险管理

应试分析

本章介绍了商业银行各类风险，并详细介绍了针对各类风险进行的全面风险管理。此外，具体介绍了信用风险管理、操作风险管理、其他风险、突发事件与应急管理的相关内容。本章在考试中所占分值约为 10 分，属于重要章节，考查重点是信用风险管理和操作风险管理。总体来说难度不大，考生学习时应多加注意，做题时尽量不要失分。

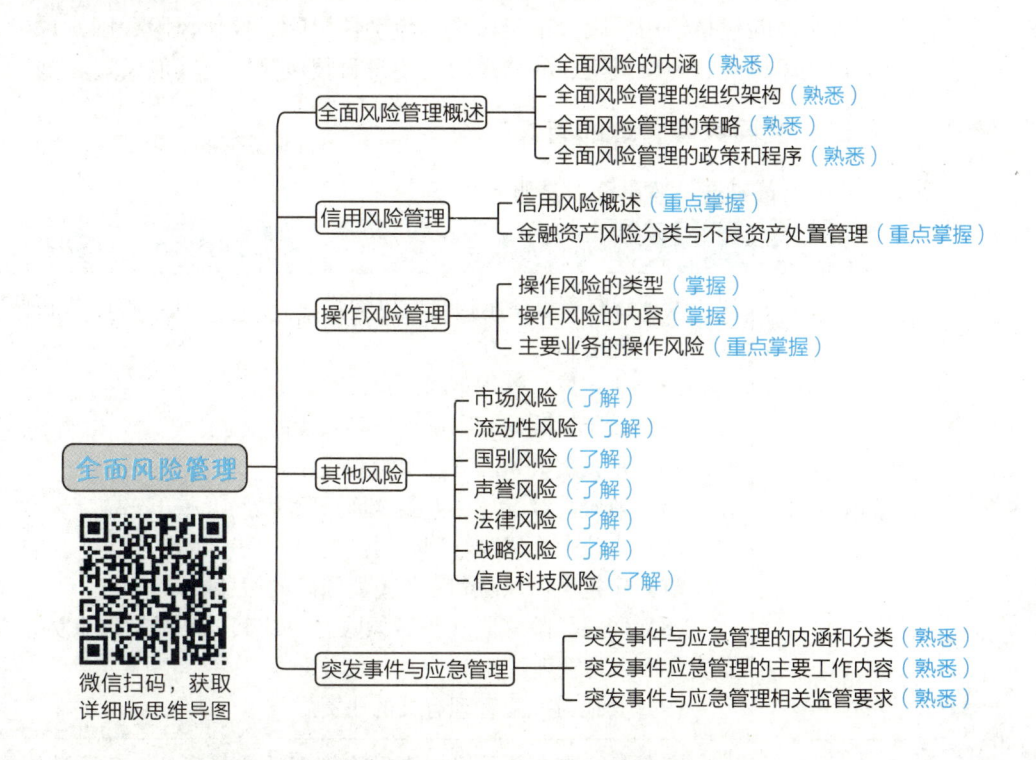

思维导图

全面风险管理
- 全面风险管理概述
  - 全面风险的内涵（熟悉）
  - 全面风险管理的组织架构（熟悉）
  - 全面风险管理的策略（熟悉）
  - 全面风险管理的政策和程序（熟悉）
- 信用风险管理
  - 信用风险概述（重点掌握）
  - 金融资产风险分类与不良资产处置管理（重点掌握）
- 操作风险管理
  - 操作风险的类型（掌握）
  - 操作风险的内容（掌握）
  - 主要业务的操作风险（重点掌握）
- 其他风险
  - 市场风险（了解）
  - 流动性风险（了解）
  - 国别风险（了解）
  - 声誉风险（了解）
  - 法律风险（了解）
  - 战略风险（了解）
  - 信息科技风险（了解）
- 突发事件与应急管理
  - 突发事件与应急管理的内涵和分类（熟悉）
  - 突发事件应急管理的主要工作内容（熟悉）
  - 突发事件与应急管理相关监管要求（熟悉）

知识精讲

第一节 全面风险管理概述

一、全面风险的内涵（熟悉）

风险是银行在经营过程中，由于一系列不确定因素的影响，导致收益和价值损失的可能性。

商业银行应当建立全面风险管理体系，采取定性和定量相结合的方法，识别、计量、评估、监测、报告、控制或缓释所承担的各类风险。

各类风险包括信用风险、市场风险、流动性风险、操作风险、国别风险、银行账户利率风险、声誉风险、战略风险、信息科技风险以及其他风险。

二、全面风险管理的组织架构（熟悉）

（一）董事会、监事会、高级管理层

组织架构	职责分工
董事会 解读1	商业银行董事会承担全面风险管理的最终责任，履行以下职责： （1）建立风险文化。 （2）制定风险管理策略。 （3）设定风险偏好和确保风险限额的设立。 （4）审批重大风险管理政策和程序。 （5）监督高级管理层开展全面风险管理。 （6）审议全面风险管理报告。 （7）审批全面风险和各类重要风险的信息披露。 （8）聘任风险总监（首席风险官）或其他高级管理人员，牵头负责全面风险管理。 （9）其他与风险管理有关的职责。
监事会	商业银行监事会承担全面风险管理的监督责任，负责监督检查董事会和高级管理层在风险管理方面的履职尽责情况并督促整改。相关监督检查情况应当纳入监事会工作报告。
高级管理层	商业银行高级管理层承担全面风险管理的实施责任，执行董事会的决议，履行以下职责： （1）建立适应全面风险管理的经营管理架构，明确全面风险管理职能部门、业务部门，以及其他部门在风险管理中的职责分工，建立部门之间相互协调、有效制衡的运行机制。 （2）制定清晰的执行和问责机制，确保风险管理策略、风险偏好和风险限额得到充分传达和有效实施。

真考解读 考查相对较少，熟悉即可。

真考解读 考查相对较少，熟悉即可。

解读1 董事会可以授权其下设的风险管理委员会履行其全面风险管理的部分职责。

续 表

组织架构	职责分工
高级管理层	（3）根据董事会设定的风险偏好，制定风险限额，包括但不限于行业、区域、客户、产品等维度。 （4）制定风险管理政策和程序，定期评估，必要时予以调整。 （5）评估全面风险和各类重要风险管理状况并向董事会报告。 （6）建立完备的管理信息系统和数据质量控制机制。 （7）对突破风险偏好、风险限额以及违反风险管理政策和程序的情况进行监督，根据董事会的授权进行处理。 （8）风险管理的其他职责。

（二）各部门及分支机构

（1）商业银行应当确定业务条线承担风险管理的直接责任；风险管理条线承担制定政策和流程，监测和管理风险的责任；内审部门承担业务部门和风险管理部门履职情况的审计责任。

（2）商业银行应当设立或者指定部门负责全面风险管理，牵头履行全面风险的日常管理，包括但不限于以下职责：①实施全面风险管理体系建设；②牵头协调识别、计量、评估、监测、控制或缓释全面风险和各类重要风险，及时向高级管理人员报告；③持续监控风险管理策略、风险偏好、风险限额及风险管理政策和程序的执行情况，对突破风险偏好、风险限额以及违反风险管理政策和程序的情况及时预警、报告并提出处理建议；④组织开展风险评估，及时发现风险隐患和管理漏洞，持续提高风险管理的有效性。

三、全面风险管理的策略（熟悉）

项目	内容
风险分散	（1）含义：风险分散是指通过多样化投资分散并降低风险的策略性选择。解读2 （2）作用。 ①商业银行可通过信贷资产组合管理或与其他商业银行进行银团贷款的方式，使授信对象多样化，从而分散和降低风险。 ②一般而言，实现多样化授信后，借款人的违约风险可视为相互独立的（除了共同的宏观经济因素影响，如经济危机引发的系统性风险），能明显降低商业银行面临的整体风险。 ③在风险管理中，有足够多相互独立的投资形式时，多样化投资分散风险是行之有效的。
风险对冲	（1）含义：风险对冲是指通过投资或购买与标的资产收益波动负相关的某种资产或衍生产品，抵销标的资产潜在损失的一种策略性选择。

真考解读 属于常考点，注意区分五种风险管理策略的含义。

解读2 "不要将所有鸡蛋放在一个篮子里"的经典投资格言形象地说明了风险分散的方法。

续表

项目	内容
风险对冲	（2）作用：风险对冲对管理市场风险（利率风险、汇率风险、股票风险和商品风险）非常有效，可分为自我对冲和市场对冲两种情况。 ①自我对冲是指商业银行利用资产负债表或某些具有收益负相关性质的业务组合具有的对冲特性进行风险对冲。 ②市场对冲是指商业银行对于无法通过资产负债表和相关业务调整进行自我对冲的风险，通过衍生产品市场进行对冲。
风险转移	（1）含义：风险转移是指通过购买某种金融产品或采取其他合法的经济措施将风险转移给其他经济主体的一种策略性选择。 （2）风险转移可分为保险转移和非保险转移。 ①保险转移。保险转移是指商业银行通过购买保险将风险转移给承保人。当商业银行发生风险损失时，承保人按照保险合同的约定责任给予商业银行一定经济补偿。 ②非保险转移。非保险转移是指商业银行通过担保、备用信用证等能够将信用风险转移给第三方。
风险规避	（1）含义：风险规避是指商业银行拒绝或退出某一业务或市场，以避免承担该业务或市场风险的策略性选择。 （2）"没有风险就没有收益"，风险规避策略在规避风险的同时也失去了在这一业务领域获得收益的机会。 （3）局限性：风险规避是一种消极的风险管理策略，不宜成为商业银行风险管理的主导策略。
风险补偿	（1）含义：风险补偿是指商业银行在从事的业务活动产生实质性损失之前，对所承担的风险进行价格补偿的策略性选择。 （2）对于无法通过风险分散、风险对冲、风险转移等措施进行有效管理的风险，商业银行可在交易价格上附加更高的风险溢价，获得承担风险的价格补偿。 （3）对商业银行而言，风险管理的重要内容是对所担风险进行合理定价。如定价过低，将使自身所承担的风险难以获得合理补偿；定价过高又使自身业务失去竞争力，陷入业务萎缩困境。

典型真题

【单选题】A 银行认为目前从事钢铁和煤炭贸易的企业风险水平过高，不应该介入，该银行采取的风险管理措施是(　　)。
A. 风险转移　　B. 风险规避　　C. 风险对冲　　D. 风险补偿
【答案】B 【解析】风险规避是指商业银行拒绝或退出某一业务或市场，以避免承担该业务或市场风险的策略性选择。

四、全面风险管理的政策和程序（熟悉）

《银行业金融机构全面风险管理指引》对风险管理政策和程序作出了规定。

（1）商业银行应当制定风险管理政策和程序，包括但不限于以下内容：①全面风险管理的方法，包括各类风险的识别、计量、评估、监测、报告、控制或缓释，风险加总的方法和程序；②风险定性管理和定量管理的方法；③风险管理报告；④压力测试安排；⑤新产品、重大业务和机构变更的风险评估；⑥资本和流动性充足情况评估；⑦应急计划和恢复计划。

（2）商业银行应当在集团和法人层面对各附属机构、分支机构、业务条线，对表内和表外、境内和境外、本币和外币业务涉及的各类风险，进行识别、计量、评估、监测、报告、控制或缓释。商业银行应当制定每项业务对应的风险管理政策和程序。未制定的，不得开展该项业务。商业银行应当有效评估和管理各类风险。对能够量化的风险，应当通过风险计量技术，加强对相关风险的计量、控制、缓释；对难以量化的风险，应当建立风险识别、评估、控制和报告机制，确保相关风险得到有效管理。

（3）商业银行应当建立风险统一集中管理的制度，确保全面风险管理对各类风险管理的统领性、各类风险管理与全面风险管理政策和程序的一致性。

（4）商业银行应当建立风险加总的政策、程序，选取合理可行的加总方法，充分考虑集中度风险及风险之间的相互影响和相互传染，确保在不同层次上和总体上及时识别风险。

> 真考解读 考查相对较少，熟悉即可。

第二节 信用风险管理

一、信用风险概述（重点掌握）

（一）信用风险的内涵

信用风险是指债务人或交易对手未能履行合同所规定的义务，或信用质量发生变化，影响金融产品价值，从而给债权人或金融产品持有人造成经济损失的风险。

（二）信用风险控制

1. 全流程管理

项目	内容
实行审贷分离	（1）审贷分离是指将信贷业务全过程分解为调查、审查、审议、审批、用信管理、贷后管理、不良资产处置等环节，分别设立相应的部门或岗位承担其相应环节的职责，以实现各环节和部门、岗位间的相互支持和相互制约。 （2）信贷审批岗位应当完全独立于贷款的营销和发放。 （3）贷款人应根据审贷分离、分级审批的原则，建立规范的贷款评审制度和流程，确保风险评价和信贷审批的独立性。

> 真考解读 属于必考点，一般会考1道题以上。

续 表

项目	内容
实行贷款"三查"	贷款"三查"是指贷前调查、贷时审查和贷后检查，是银行信用风险控制的重要手段，有利于贷款人较为全面地了解和掌握借款人经营状况以及贷款的风险情况，及时发现风险隐患，采取相应风险防范和控制措施，保障银行信贷资金安全。
严格信贷审批	信贷业务审批应按规定程序和权限进行，不得违反程序或超越权限审批信贷业务。
执行受托支付管理	（1）贷款人受托支付是指贷款人根据借款人的提款申请和支付委托，将贷款资金支付给符合合同约定用途的借款人交易对象。 （2）贷款人应设立独立的放款管理部门或岗位，负责落实放款条件、发放满足约定条件的个人贷款。 （3）采用贷款人受托支付的，贷款人应在贷款资金发放前审核借款人相关交易资料和凭证是否符合合同约定条件，支付后做好有关细节的认定记录。 （4）贷款支付过程中，借款人信用状况下降、贷款资金使用出现异常或违反合同约定以化整为零方式规避受托支付的，贷款人应与借款人协商补充贷款发放和支付条件，或根据合同约定变更贷款支付方式、停止或中止贷款资金的发放和支付。

2. 限额管理

项目	内容
单一客户授信限额管理	《商业银行法》规定，对同一借款人的贷款余额与商业银行资本余额的比例不得超过10%。商业银行制定客户授信限额通常可以从客户的债务承受能力和银行的损失承受能力^{解读1}两个方面考虑。^{解读2}
集团客户授信限额管理	（1）集团客户授信业务风险是指由于商业银行对集团客户多头授信、过度授信和不适当分配授信额度，或集团客户经营不善以及集团客户通过关联交易^{解读3}、资产重组等手段在内部关联方之间不按公允价格原则转移资产或利润等情况，导致商业银行不能按时收回由于授信产生的贷款本金及利息，或给商业银行带来其他损失的可能性。 （2）商业银行对集团客户授信应遵循的原则：统一原则、适度原则、预警原则。
大额风险暴露管理	（1）大额风险暴露是指商业银行对单一客户或一组关联客户超过其一级资本净额2.5%的风险暴露。 （2）商业银行对客户的风险暴露包括以下几点。 ①因各项贷款、投资债券、存放同业、拆放同业、买入返售资产等表内授信形成的一般风险暴露。 ②因投资资产管理产品或资产证券化产品形成的特定风险暴露。

解读1 ①客户的债务承受能力用最高债务承受额（MBC）表示。②银行的损失承受能力用客户损失限额（CMLQ）表示。

解读2 当客户的授信总额超过两个限额中的任一个限额时，商业银行都不能再向该客户提供任何形式的授信业务。

解读3 关联交易的情况包括交易各方的关联关系、交易项目和交易性质、交易的金额或相应的比例、定价政策（包括没有金额或只有象征性金额的交易）。

续表

项目	内容
大额风险暴露管理	③因债券、股票及其衍生工具交易形成的交易账簿风险暴露。 ④因场外衍生工具、证券融资交易形成的交易对手信用风险暴露。 ⑤因担保、承诺等表外项目形成的潜在风险暴露。 ⑥其他风险暴露,指按照实质重于形式的原则,除上述风险暴露外,信用风险仍由商业银行承担的风险暴露。
国别风险限额管理	商业银行应当在综合考虑跨境业务发展战略、国别风险评级和自身风险偏好等因素的基础上,按国别合理设定覆盖表内外项目的国别风险限额。
区域风险限额管理	区域风险限额在一般情况下经常作为指导性的弹性限额,但当某一地区受到政策、法规、自然灾害、社会环境等因素的影响,导致区域内经营环境恶化、区域内部经营管理水平下降、区域信贷资产质量恶化时,区域风险限额将被严格地、刚性地加以控制。
组合限额管理	组合限额是信贷资产组合层面的限额,是组合信用风险控制的重要手段之一,可分为授信集中度限额和总体组合限额两类。

3. 贷款需求测算

贷款人应根据借款人经营规模、业务特征、资金循环周期等要素测算其营运资金需求,并合理确定贷款结构,包括金额、期限、利率、担保和还款方式等。贷款人可根据实际需要,制定针对不同类型借款人的测算方法,并适时对方法进行评估及调整。**解读4** 借款人营运资金需求计算公式:

营运资金量=上年度销售收入×(1-上年度销售利润率)×(1+预计销售收入年增长率)/营运资金周转次数

其中,营运资金周转次数=360/(存货周转天数+应收账款周转天数-应付账款周转天数+预付账款周转天数-预收账款周转天数)。

新增流动资金贷款额度=营运资金量-借款人自有资金-现有流动资金贷款-其他渠道提供的营运资金

> 解读4 借款人为小微企业的,贷款人可通过其他方式分析判断借款人营运资金需求。

典型真题

【单选题】某借款人2019年销售收入为3 000万元,2019年销售利润率为15%,预计2020年销售收入年增长率为10%,营运资金周转次数为5,根据《流动资金贷款管理暂行办法》中关于流动资金贷款需求量的测算方法,该借款人的营运资金量为( )万元。
A. 459   B. 561   C. 759   D. 600

【答案】B 【解析】营运资金量=上年度销售收入×(1-上年度销售利润率)×(1+预计销售收入年增长率)/营运资金周转次数=3 000×(1-15%)×(1+10%)÷5=561(万元)。

4. 期限管理

商业银行要综合考虑项目预期现金流和投资回收期等情况，合理确定中长期贷款期限及还款方式。

5. 还款管理

（1）在日常管理中，贷款人应加强对资金账户的监控，关注大额及异常资金流入流出情况，动态关注借款人经营、管理、财务及资金流向等重大预警信号，根据合同约定及时采取提前收贷、追加担保等有效措施防范化解贷款风险。

（2）对借款人确因暂时经营困难等原因不能按期归还贷款本息的，贷款人可与借款人协商采取展期、续贷、贷款重组等处理措施。

6. 合同管理

商业银行应与借款人及其他相关当事人签订书面借款合同及其他相关协议，需担保的应同时签订担保合同。商业银行应在借款合同中与借款人明确约定流动资金贷款的金额、期限、利率、用途、支付和还款方式等条款。

7. 信用风险缓释

项目	内容
含义	信用风险缓释是指商业银行运用合格的抵质押品、净额结算、保证和信用衍生工具等方式转移或降低信用风险。
目的	（1）鼓励银行通过风险缓释技术有效抵补信用风险，降低监管资本要求。 （2）鼓励银行通过开发更加高级的风险计量模型，精确计量银行经营面临的风险。
原则	合法性原则、有效性原则、审慎性原则、一致性原则、独立性原则。

8. 联合授信

项目	内容
含义	联合授信是指拟对或已对同一企业（含企业集团）提供债务融资的多家银行业金融机构，通过建立信息共享机制，改进银企合作模式，提升银行业金融服务质量和信用风险防控水平的运作机制。
目的	抑制多头融资、过度融资行为，有效防控重大信用风险。
运作机制	（1）协商确定联合授信额度。 （2）监测联合授信额度使用情况。 （3）建立预警机制。

9. 授信工作尽职要求

项目	内容
总体要求	（1）商业银行应建立严格的授信风险垂直管理体制，对授信进行统一管理。 （2）商业银行应建立完整的授信政策、决策机制、管理信息系统和统一的授信业务操作程序，明确尽职要求，定期或在有关法律法规发生变化时，及时对授信业务规章制度进行评审和修订。 （3）商业银行应创造良好的授信工作环境，采取各种有效方式和途径，使授信工作人员明确授信风险控制要求，熟悉授信工作职责和尽职要求，不断提高授信工作能力，并确保授信工作人员独立履行职责。 （4）商业银行应建立授信工作尽职问责制，明确规定各个授信部门、岗位的职责，对违法、违规造成的授信风险进行责任认定，并按规定对有关责任人进行处理。
客户调查和业务受理尽职要求	（1）商业银行应根据本行确定的业务发展规划及风险战略，确定目标客户，包括已建立业务关系的客户和潜在客户。 （2）商业银行确定目标客户时应明确所期望的客户特征，并确定可受理客户的基本要求。商业银行受理的所有客户原则上必须满足或高于这些要求。 （3）商业银行应关注和搜集集团客户及关联客户的有关信息，有效识别授信集中风险及关联客户授信风险。 （4）商业银行对客户调查和客户资料的验证应以实地调查为主，间接调查为辅。必要时，可通过外部征信机构对客户资料的真实性进行核实。
分析与评价尽职要求	（1）商业银行应认真评估客户的财务报表，对影响客户财务状况的各项因素进行分析评价，预测客户未来的财务和经营情况。必要时应进行利率、汇率等的敏感度分析。 （2）商业银行应对客户的非财务因素进行分析评价，对客户公司治理、管理层素质、履约记录、生产装备和技术能力、产品和市场、行业特点及宏观经济环境等方面的风险进行识别。 （3）商业银行应对第二还款来源进行分析评价，确认保证人的保证主体资格和代偿能力，以及抵押、质押的合法性、充分性和可实现性。
授信决策与实施尽职要求	（1）商业银行授信决策应在授权范围和规定程序内进行，不得超越权限或违反程序进行授信。 （2）商业银行在授信决策过程中，应严格要求授信工作人员遵循客观、公正的原则，独立发表决策意见，不受任何外部因素的干扰。
授信后管理和问题授信处理尽职要求	（1）商业银行授信后重点监测内容：①客户是否按约定用途使用授信，是否诚实地全面履行合同；②授信项目是否正常进行；③客户的法律地位是否发生变化；④客户的财务状况是否发生变化；⑤授信的偿还情况；⑥抵押品可获得情况和质量、价值等情况。

续　表

项目	内容
授信后管理和问题授信处理尽职要求	（2）商业银行对问题授信处理措施：①确认实际授信余额；②重新审核所有授信文件，征求法律、审计和问题授信管理等方面专家的意见；③对于没有实施的授信额度，依照约定条件和规定予以终止；④书面通知所有可能受到影响的分支机构并要求承诺落实必要的措施；⑤要求保证人履行保证责任，追加担保或行使担保权；⑥向所在地司法部门申请冻结问题授信客户的存款账户以减少损失；⑦其他必要的处理措施。
授信工作尽职调查要求	商业银行应根据授信工作尽职调查人员的调查结果，对具有以下情节的授信工作人员依法、依规追究责任。 （1）进行虚假记载、误导性陈述或重大疏漏的。 （2）未对客户资料进行认真和全面核实的。 （3）授信决策过程中超越权限、违反程序审批的。 （4）未按照规定时间和程序对授信和担保物进行授信后检查的。 （5）授信客户发生重大变化和突发事件时，未及时实地调查的。 （6）未根据预警信号及时采取必要保全措施的。 （7）故意隐瞒真实情况的。 （8）不配合授信尽职调查人员工作或提供虚假信息的。 （9）其他。

◆典型真题◆

【多选题】商业银行应根据授信工作尽职调查人员的调查结果，对具有下列（　　）情节的授信工作人员依法、依规追究责任。
A. 进行虚假记载、误导性陈述或重大疏漏的
B. 未对客户资料进行认真和全面核实的
C. 授信决策过程中超越权限、违反程序审批的
D. 不配合授信尽职调查人员工作或提供虚假信息的
E. 故意隐瞒真实情况的
【答案】ABCDE　【解析】选项A、选项B、选项C、选项D、选项E均正确。

（三）信用风险计量 解读5

解读5 信用风险计量是现代信用风险管理的基础和关键环节，经历了从专家判断法、信用评分模型到违约概率模型三个主要发展阶段。

1. 信用风险计量相关概念

项目	内容
违约	债务人出现以下任何一种情况应被视为违约。 （1）债务人对银行的实质性信贷债务逾期90天以上。若债务人违反了规定的透支限额或者重新核定的透支限额小于目前的余额，各项透支将被视为逾期。 （2）商业银行认定，除非采取变现抵质押品等追索措施，债务人可能无法全额偿还对银行集团的债务。

续 表

项目	内容
违约概率	违约概率是指债务人在未来1年时间内发生违约的可能性。《商业银行资本管理办法》第九十一条规定，商业银行应按照以下方法确定违约概率。 （1）主权风险暴露的违约概率为商业银行内部估计的1年期违约概率。 （2）公司和金融机构风险暴露的违约概率为商业银行内部估计的1年期违约概率与0.05%中的较大值。 由主权提供合格保证担保覆盖的风险暴露部分，违约概率不受0.05%底线约束。 （3）零售风险暴露的违约概率为商业银行内部估计的1年期违约概率与0.05%中的较大值，其中一般循环零售风险暴露的违约概率为商业银行内部估计的1年期违约概率与0.1%中的较大值。 （4）对于提供合格保证或信用衍生工具的风险暴露，商业银行可以使用保证人或信用保护提供方的违约概率替代债务人的违约概率。
违约损失率	（1）违约损失率（LGD）是指某一债项违约导致的损失金额占该违约债项风险暴露的比例，即损失占风险暴露总额的百分比。 （2）从贷款回收的角度看，违约损失率决定了贷款回收的程度^{解读6}。

解读6 违约损失率 = 1 - 回收率。

2. 信用评级^{解读7}

项目	内容
含义	信用评级是指运用统一的方法和标准，通过定量分析与定性分析相结合的方法，对非零售客户的还款能力及还款意愿进行准确、客观评价，确定客户信用等级的风险计量方法。
分类	（1）内部评级。客户信用评级是商业银行对客户偿债能力和偿债意愿的计量和评价，反映客户违约风险的大小。 （2）外部评级。目前国内外均有多个评级公司提供外部评级，各家评级公司的评级结果略有差异，但相差不大。

解读7 符合《巴塞尔协议Ⅱ》要求的客户信用评级必须具有两大功能：①能够有效区分违约客户；②能够准确量化客户违约风险。

二、金融资产风险分类与不良资产处置管理（重点掌握）

（一）金融资产风险分类管理

1. 金融资产风险分类概述

项目	内容
含义	金融资产风险分类是指商业银行按照风险程度将金融资产划分为不同档次的行为。

真考解读 属于必考点，一般会考2道题以上。

续表

项目	内容
风险分类原则	①真实性原则；②及时性原则；③审慎性原则；④独立性原则。
金融资产类别 解读8	（1）正常类：债务人能够履行合同，没有客观证据表明本金、利息或收益不能按时足额偿付。 （2）关注类：虽然存在一些可能对履行合同产生不利影响的因素，但债务人目前有能力偿付本金、利息或收益。 （3）次级类：债务人无法足额偿付本金、利息或收益，或金融资产已经发生信用减值。 （4）可疑类：债务人已经无法足额偿付本金、利息或收益，金融资产已发生显著信用减值。 （5）损失类：在采取所有可能的措施后，只能收回极少部分金融资产，或损失全部金融资产。
风险分类考虑因素	（1）商业银行对非零售资产开展风险分类时，应加强对债务人第一还款来源的分析，以评估债务人履约能力为中心，重点考察债务人的财务状况、偿付意愿、偿付记录，并考虑金融资产的逾期天数、担保情况等因素。对于债务人为企业集团成员的，其债务被分为不良并不必然导致其他成员也被分为不良，但商业银行应及时启动评估程序，审慎评估该成员对其他成员的影响，并根据评估结果决定是否调整其他成员债权的风险分类。商业银行对非零售债务人在本行的债权超过10%被分为不良的，对该债务人在本行的所有债权均应归为不良。经国务院金融管理部门认可的增信方式除外。 （2）商业银行对零售资产 解读9 开展风险分类时，在审慎评估债务人履约能力和偿付意愿基础上，可根据单笔资产的交易特征、担保情况、损失程度等因素进行逐笔分类。

解读8 《商业银行金融资产风险分类办法》规定，金融资产按照风险程度分为五类，分别为正常类、关注类、次级类、可疑类、损失类，后三类合称不良资产。

解读9 零售资产包括个人贷款、信用卡贷款以及小微企业债权等。其中，个人贷款、信用卡贷款、小微企业贷款可采取脱期法进行分类。

2. 金融资产风险分类的最低标准

项目	内容
关注类	商业银行应将符合下列情况之一的金融资产至少归为关注类： （1）本金、利息或收益逾期，操作性或技术性原因导致的短期逾期除外（7天内）； （2）未经商业银行同意，擅自改变资金用途； （3）通过借新还旧或通过其他债务融资方式偿还，债券、符合条件的小微企业续贷业务除外； （4）同一非零售债务人在本行或其他银行的债务出现不良。
次级类	商业银行应将符合下列情况之一的金融资产至少归为次级类：

续 表

项目	内容
次级类	（1）本金、利息或收益逾期超过 90 天。 （2）金融资产已发生信用减值。 （3）债务人或金融资产的外部评级大幅下调，导致债务人的履约能力显著下降。 （4）同一非零售债务人在所有银行的债务中，逾期超过 90 天的债务已经超过 20%。
可疑类	商业银行应将符合下列情况之一的金融资产至少归为可疑类： （1）本金、利息或收益逾期超过 270 天。 （2）债务人逃废银行债务。 （3）金融资产已发生信用减值，且预期信用损失占其账面余额 50% 以上。
损失类	商业银行应将符合下列情况之一的金融资产至少归为损失类： （1）本金、利息或收益逾期超过 360 天。 （2）债务人已进入破产清算程序。 （3）金融资产已发生信用减值，且预期信用损失占其账面余额 90% 以上。

3. 金融资产风险分类调整与特别规定

（1）《商业银行金融资产风险分类办法》第十四条规定，商业银行将不良资产上调至正常类或关注类时，应符合正常类或关注类定义，并同时满足下列要求：①逾期的债权及相关费用已全部偿付，并至少在随后连续两个还款期或 6 个月内（按两者孰长原则确定）正常偿付；②经评估认为，债务人未来能够持续正常履行合同；③债务人在本行已经没有发生信用减值的金融资产。其中，个人贷款、信用卡贷款、小微企业贷款可按照脱期法要求对不良资产进行上调。

（2）因并购导致偿债主体发生变化的，并购方和被并购方相关金融资产风险分类在 6 个月内不得上调。6 个月后，商业银行应重新评估债务人风险状况，并对其全部债权进行风险分类。

（3）商业银行对投资的资产管理产品或资产证券化产品进行风险分类时，应穿透至基础资产，按照基础资产风险状况进行风险分类。对于无法完全穿透至基础资产的产品，应按照可穿透的基础资产中风险分类最差的资产确定产品风险分类。

4. 重组资产风险分类

项目	内容
含义	重组资产是指因债务人发生财务困难，为促使债务人偿还债务，商业银行对债务合同作出有利于债务人调整的金融资产，或对债务人现有债务提供再融资，包括借新还旧、新增债务融资等。^{解读10}

解读10 对于现有合同赋予债务人自主改变条款或再融资的权利，债务人因财务困难行使该权利的，相关资产也属于重组资产。

续　表

项目	内容
重组观察期设置	（1）商业银行应对重组资产设置重组观察期。观察期自合同调整后约定的第一次还款日开始计算，应至少包含连续两个还款期，并不得低于1年。观察期结束时，债务人已经解决财务困难并在观察期内按照合同约定及时足额还款的，相关资产可不再被认定为重组资产。 （2）债务人在观察期结束时未解决财务困难的，应重新计算观察期。债务人在观察期内没有及时足额还款的，应从未履约时点开始，重新计算观察期。
重组资产分类的最低标准	（1）《商业银行金融资产风险分类办法》第二十一条规定，对于重组资产，商业银行应准确判断债务人财务困难的状况，严格按照本办法进行分类。重组前为正常类或关注类的资产，以及对现有债务提供的再融资，重组后应至少归为关注类；观察期内符合不良认定标准的应下调为不良资产，并重新计算观察期；观察期内认定为不良资产后满足第十四条要求的，可上调为关注类。 重组前为次级类、可疑类或损失类的，观察期内满足第十四条要求的，可上调为关注类；观察期内资产质量持续恶化的应进一步下调分类，并重新计算观察期。 （2）重组观察期内债务人未按照合同约定及时足额还款，或虽足额还款但财务状况未有好转，再次重组的资产应至少归为次级类，并重新计算观察期。 （3）债务人未发生财务困难情况下，商业银行对债务合同作出调整的金融资产或再融资不属于重组资产。

5. 风险分类管理

（1）商业银行制定或修订金融资产风险分类制度后，应在30日内报国务院银行业监督管理机构及其派出机构备案。

（2）董事会对金融资产风险分类结果承担最终责任，监督高级管理层履行风险分类职责。

（二）不良资产处置管理

项目	内容
含义	（1）商业银行的次级类、可疑类和损失类金融资产，合称为不良资产。 （2）次级类、可疑类和损失类贷款合称为不良贷款。
相关指标	（1）不良资产率是指表内不良信用风险资产占表内信用风险资产的比率。

续表

项目	内容
相关指标	（2）不良贷款率是指不良贷款占各项贷款的比率。 （3）逾期90天以上贷款与不良贷款比例是指逾期90天以上贷款与不良贷款的比例。^{解读11} （4）逾期贷款率是指逾期贷款余额占各项贷款的比率。^{解读12} （5）迁徙率是反映贷款风险分类变化情况的指标，分为正常贷款迁徙率、正常类贷款迁徙率、关注类贷款迁徙率、次级类贷款迁徙率和可疑类贷款迁徙率。
不良贷款的识别	不良贷款早期预警信号可以分为宏观和微观两大类。 （1）宏观的早期预警信号主要包括宏观经济变化、经济政策调整和行业景气度变化等方面。 （2）微观的早期预警信号主要包括借款企业财务状况或财务行为出现异常、报送财务报表出现异常、经营状况出现重大变化、组织结构或人员出现异常变动，以及其他外部特殊因素等方面。

解读11 比例如果大于100%，说明商业银行贷款风险分类可能会存在偏差；债务人如在所有银行的债务中，逾期超过90天的债务已经超过20%的，则各银行均应将其债务归为不良贷款。

解读12 逾期贷款率越低，贷款回收本金的情况越好，资金的使用效率越高，资产的风险程度就越低；反之，说明贷款风险高。

真考解读 属于常考点，一般会考1道题。

第三节　操作风险管理

一、操作风险的类型（掌握）

（1）内部欺诈事件：故意骗取、盗用财产或违反监管规章、法律或公司政策导致的损失事件。此类事件至少涉及内部一方，但不包括歧视及差别待遇事件。

（2）外部欺诈事件：第三方故意骗取、盗用、抢劫财产、伪造要件、攻击商业银行信息科技系统或逃避法律监管导致的损失事件。

（3）就业制度和工作场所安全事件：违反就业、健康或安全方面的法律或协议，个人工伤赔付或者因歧视及差别待遇导致的损失事件。

（4）<u>客户、产品和业务活动事件</u>：因未按有关规定造成未对特定客户履行分内义务（如诚信责任和适当性要求）或产品性质或设计缺陷导致的损失事件。

（5）实物资产的损坏：因自然灾害或其他事件（如恐怖袭击）导致实物资产丢失或毁坏的损失事件。

（6）信息科技系统事件：因信息科技系统生产运行、应用开发、安全管理，以及由于软件产品、硬件设备、服务提供商等第三方因素，造成系统无法正常办理业务或系统速度异常所导致的损失事件。

（7）执行、交割和流程管理事件：因交易处理或流程管理失败，以及与交易对手方、外部供应商及销售商发生纠纷导致的损失事件。

真考解读 属于常考点，一般会考1道题。

二、操作风险的内容（掌握）

项目	内容
操作风险损失数据收集	监管要求商业银行应当根据以下规定并结合本机构的实际，制定操作风险损失数据收集统计实施细则，具体应遵循以下原则。 （1）重要性原则。在统计操作风险损失事件时，应对损失金额较大和发生频率较高的操作风险损失事件进行重点关注和确认。 （2）及时性原则。应及时确认、完整记录、准确统计操作风险损失事件所导致的直接财务损失，避免因提前或延后造成当期统计数据不准确。 （3）统一性原则。操作风险损失事件的统计标准、范围、程序和方法应保持一致，以确保统计结果客观、准确及可比。 （4）谨慎性原则。应审慎确认操作风险损失，进行客观、公允统计，准确计量损失金额，避免出现多计或少计操作风险损失的情况。
操作风险的特点	（1）操作风险来源广泛。 （2）操作风险是一种管理成本，操作风险意味着损失，而非利润来源。 （3）操作风险损失大小难以确定。 （4）操作风险的控制和缓释往往必须通过管理来实现，而不能纯粹依靠计量的手段。 （5）操作风险损失数据不易收集。
操作风险损失形态	（1）法律成本。因金融机构发生操作风险事件引发法律诉讼或仲裁，在诉讼或仲裁过程中依法支出的诉讼费用、仲裁费用及其他法律成本。 （2）监管罚没。因操作风险事件所遭受的监管部门或有权机关罚款及其他处罚。 （3）资产损失。由于疏忽、事故或自然灾害等事件造成实物资产的直接毁坏和价值的减少。 （4）对外赔偿。由于内部操作风险事件，导致金融机构未能履行应承担的责任造成对外的赔偿。 （5）追索失败。由于工作失误、失职或内部事件，使原本能够追偿但最终无法追偿所导致的损失，或因有关方不履行相应义务导致追索失败所造成的损失。 （6）账面减值。由于偷盗、欺诈、未经授权活动等操作风险事件导致的资产账面价值直接减少。
损失事件统计的主要内容	操作风险损失事件统计的主要内容包括损失事件发生的时间、发现的时间及损失确认时间、业务条线名称、损失事件类型、涉及金额、损失金额、缓释金额、非财务影响、与信用风险和市场风险的交叉关系等。

续表

项目	内容
操作风险报告制度	商业银行应及时向监管机构报告下列重大操作风险事件。 （1）抢劫商业银行或运钞车、盗窃银行业金融机构现金 30 万元以上的案件，诈骗商业银行或其他涉案金额 1 000 万元以上的案件。 （2）造成商业银行重要数据、账册、重要空白凭证严重损毁、丢失，造成在涉及两个或两个以上省（自治区、直辖市）范围内中断业务 3 小时以上，在涉及一个省（自治区、直辖市）范围内中断业务 6 小时以上，严重影响正常工作开展的事件。 （3）盗窃、出卖、泄露或丢失涉密资料，可能影响金融稳定，造成经济秩序混乱的事件。 （4）高管人员严重违规。 （5）发生不可抗力导致严重损失，造成直接经济损失 1 000 万元以上的事故、自然灾害。 （6）其他涉及损失金额可能超过商业银行资本净额1‰的操作风险事件。 （7）银行业监督管理机构规定其他需要报告的重大事件。
操作风险控制	（1）商业银行的整体风险控制环境包括四项要素：公司治理、内部控制、合规文化、信息系统。**解读1** （2）操作风险缓释手段包括连续营业方案、商业保险、业务外包。**解读2**

解读1 强化公司治理和内部控制是降低操作风险的有效手段。

解读2 涉及战略管理、风险管理、内部审计及其他有关核心竞争力的职能不得外包。

典型真题

【单选题】（　　）是由于工作失误、失职或内部事件，使原本能够追偿但最终无法追偿所导致的损失，或因有关方不履行相应义务导致追索失败所造成的损失。

A．意外损失　　　　　　B．内部损失
C．账面减值　　　　　　D．追索失败

【答案】D【解析】追索失败是由于工作失误、失职或内部事件，使原本能够追偿但最终无法追偿所导致的损失，或因有关方不履行相应义务导致追索失败所造成的损失。

真考解读 属于必考点，一般会考 1 道题以上。

三、主要业务的操作风险（重点掌握）

（一）柜台业务

1．柜台业务概述

柜台业务泛指通过商业银行柜面办理的业务，是银行各项业务操作的集中体现，也是最容易引发操作风险的业务环节。

2. 柜台业务存在的操作风险

业务环节	操作风险
账户开立、使用、变更与撤销	（1）柜员为无证件或未获得相关批文的客户开立账户。 （2）未经授权将单位存款或个人存款转入长期不动户盗取客户存款。 （3）恶意查询并窃取客户账户信息，伪造或变造支款凭证。 （4）柜员不按规定办理冻结、解冻、扣划业务，造成单位或个人账户资金转移。 （5）无变更申请书和单位主管部门证明文件，为存款人办理变更账户名称、法定代表人。 （6）利用开户单位注销账户时应收回作废的支票，加盖伪造印鉴，对外出具假支票。 （7）频繁开销户，通过虚假交易进行洗钱活动等。
现金存取款	（1）未经授权办理大额存取款业务。 （2）未审核客户有效身份证件办理大额现金存取业务。 （3）无支付凭证或使用商业银行内部凭证办理开户单位资金支付业务。 （4）未能识别而收入本外币假钞或变造钞等。
柜员管理	（1）柜员离岗未退出业务操作系统，被他人利用进行操作。 （2）授权密码泄露或借给他人使用。 （3）柜员盗用会计主管密码私自授权，重置客户密码或强行修改客户密码。 （4）设立劳动组合时，不注意岗位之间的监督制约。 （5）柜员调离本工作岗位时，未及时将柜员卡上缴并注销，未及时取消其业务权限等。
重要凭证和重要物品管理	（1）凭证管理员领取重要空白凭证不入账或少入账，对外开具虚假单据。 （2）柜员代客户签发填写应由客户办理的重要空白凭证等。
现金库箱管理	（1）现金库房、ATM 密码未及时更换。 （2）未执行库房钥匙分管、分持和平行交接制度。 （3）将库房钥匙临时交由他人代管。 （4）管库员单人出入库房。 （5）重要物品未入库保管或未按规定登记，账实不符等。
平账和账务核对	（1）未及时收回账务对账单，导致收款不入账的行为不能被及时发现。 （2）对应该逐笔勾对的内部账务不进行逐笔勾对。 （3）对账、记账岗位未分离，收回的对账单不换人复核。 （4）银企不对账或对账不符时，未及时进行处理等。

续 表

业务环节	操作风险
抹账、错账冲正、挂账、挂失业务	（1）柜员未经授权办理抹账、冲账、挂账业务。 （2）冒用客户名义办理挂失，利用挂失换单、盗用客户资金。 （3）客户利用虚假挂失诈骗资金。

3. 风险控制措施

（1）按照商业银行内部控制指引的有关要求，建立健全内部控制体系，明确内部控制职责，完善内部控制措施，强化内部控制保障，并定期组织开展内部控制有效性专项评估，防微杜渐，堵塞制度漏洞。

（2）加强"三道防线"建设。

①业务管理条线作为第一道防线应承担起风险防控的首要责任，负责相关业务制度的制定、执行、日常检查和持续改进，及时收集基层机构业务诉求和风险防范建议，动态调整制度、流程、风险控制措施，提出修订重要凭证和合同文本等建议。

②风险合规条线作为第二道防线应认真落实风险监测、重点业务风险检查、风险事件牵头处置及实施问责等职责。

③审计监督条线作为第三道防线应加大对重点风险隐患的监督检查，对检查发现的违规违纪问题提出整改意见。

（3）加强业务系统建设，尽可能将业务纳入系统处理，并在系统中自动设立风险监控要点，发现操作中的风险点时能及时提供警示信息。

（4）加强岗位培训，不断提高柜员操作技能和业务水平，同时培养柜员岗位安全意识和自我保护意识。

（5）强化一线实时监督检查，促进事后监督向专业化、规范化迈进，改进检查监督方法，同时充分发挥各专业部门的指导、检查和督促作用。

典型真题

【单选题】下列关于商业银行柜面业务操作风险防控的说法，正确的是（   ）。

A. 风险合规条线作为第三道防线应认真落实风险监测、重点业务风险检查、风险事件牵头处置及实施问责等职责

B. 业务管理条线作为第一道防线应承担起风险防控的首要责任

C. 人力资源管理条线作为第四道防线应针对突出风险点明确员工从业禁止性规定和职业操守"底线"，对违反禁止性规定的发现一起、严厉查处一起

D. 审计监督条线作为第二道防线应加大对重点风险隐患的监督检查，对检查发现的违纪违规问题提出整改意见

【答案】B【解析】选项A，风险合规条线作为第二道防线应认真落实风险监测、重点业务风险检查、风险事件牵头处置及实施问责等职责；选项C，风险控制应加强"三道防线"建设，没有第四道防线；选项D，审计监督条线作为第三道防线应加大对重点风险隐患的监督检查，对检查发现的违规违纪问题提出整改意见。

（二）法人信贷业务

1. 法人信贷业务概述

法人信贷业务包括<u>法人客户贷款业务、贴现业务、透支、银行承兑汇票、信用证、保函、保理、进出口押汇</u>等业务，是我国商业银行较为主要的业务种类之一。

2. 法人信贷业务存在的操作风险

业务环节	操作风险
评级授信	（1）涉贷人员擅自更改评级标准和指标，弄虚作假测定客户信用等级和最高授信额度。 （2）涉贷人员在企业发生重大变化或出现其他重大不利因素时，未及时下调信用等级和调整或终止授信额度。 （3）客户提供虚假的财务报表和企业信息，骗取评级授信等。
贷前调查	（1）信贷调查人员未按规定对信贷业务的合法性、安全性和盈利性及客户报表真实性、生产经营状况进行调查，或调查不深入细致，或按他人授意进行调查，未揭示问题和风险，造成调查严重失实。 （2）<u>未按规定对抵（质）押物的真实性、权利有效性和保证人情况进行核实</u>，造成保证人、抵（质）押物、质押权利不具备条件，或重复抵（质）押及抵（质）押价值高估等。 （3）客户编造虚假项目、利用虚假合同、使用官方假证明向商业银行骗贷，或伪造虚假质押物或质押权利等。
信贷审查	（1）<u>审查人员隐瞒审查中发现的重大问题和风险</u>，或按他人授意进行审查，撰写虚假审查报告。 （2）未按规定对调查报告内容进行审查，未审查出调查报告的明显纰漏，或未揭示出重大关联交易，导致审批人决策失误。
信贷审批	（1）越权或变相越权放款，向国家明令禁止的行业、企业审批发放信用贷款。 （2）授意或支持调查、审查部门撰写虚假调查、审查报告。 （3）暗示或明示贷款审核委员会审议通过不符合贷款条件的贷款。
贷款发放	（1）<u>逆程序发放贷款</u>。 （2）未按审批时所附的限制性条款发放贷款。 （3）贷款合同要素填写不规范等。
贷后管理	（1）未及时收取贷款利息，贷款利息计算错误。 （2）未履行贷款定期检查和强制性报告义务。 （3）未按规定对贷款资金用途进行跟踪检查。 （4）未关注企业生产经营中的重大经营活动和重大风险问题。 （5）不注意追索未偿还贷款而丧失诉讼时效。 （6）企业有意将抵押物或质押物转移。 （7）<u>企业通过重组或破产等方式故意逃废银行债务</u>。

3. 风险控制措施

（1）牢固树立审慎稳健的信贷经营理念，坚决杜绝各类短期行为和粗放管理。

（2）倡导新型的信贷文化，在业务办理过程中，加入法的精神和硬性约束，实现以人为核心向以制度为核心转变，建立有效的信贷决策机制。

（3）将信贷规章制度建立、执行、监测和监督权力分离，信贷岗位分工合理、职责明确，做到审贷分离、业务经办与会计账务分离等。

（4）明确主责任人制度，对银行信贷所涉及的调查、审查、审批、签约、贷后管理等环节，明确主责任人及其责任，强化信贷人员责任和风险意识。

（5）加快信贷电子化建设，运用现代信息技术，把信贷日常业务处理、决策管理流程、贷款风险分类预警、信贷监督检查等行为全部纳入计算机处理，形成覆盖信贷业务全过程的科学体系。

典型真题

【单选题】下列属于银行信贷业务中贷前调查阶段存在的操作风险是(　　)。

A. 逆程序发放贷款

B. 企业通过重组或破产等方式故意逃废银行债务

C. 审查人员隐瞒审查中发现的重大问题和风险

D. 未按规定对抵（质）押物的真实性、权利有效性和保证人情况进行核实

【答案】D【解析】选项A属于贷款发放阶段的操作风险；选项B属于贷后管理阶段的操作风险；选项C属于信贷审查阶段的操作风险。

（三）个人信贷业务

1. 个人信贷业务概述

个人信贷业务主要包括个人住房按揭贷款、个人消费贷款、个人生产经营贷款等。

2. 个人信贷业务存在的操作风险

业务种类	操作风险
个人住房按揭贷款	（1）涉贷人员未尽职调查客户资料而发放个人住房按揭贷款。 （2）房地产开发商与客户串通，或直接使用虚假客户资料骗取个人住房按揭贷款。 （3）未核实第一还款来源或在第一还款来源不充足的情况下，向客户发放个人住房贷款等。
个人消费贷款	（1）内部人员编造、窃取客户资料，假名、冒名骗取贷款。 （2）为规避放款权限而化整为零为客户发放个人消费贷款。 （3）客户出具虚假收入证明骗取汽车消费贷款/大额耐用消费品贷款等。
个人生产经营贷款	（1）内部人员未对个人生产经营情况进行尽职调查，不了解贷款申请人的生产经营状况和信用状况。 （2）向无营业执照的自然人或法人客户发放个人生产经营贷款。

续　表

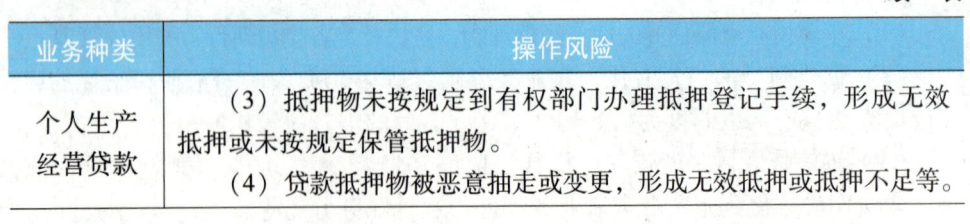

业务种类	操作风险
个人生产经营贷款	（3）抵押物未按规定到有权部门办理抵押登记手续，形成无效抵押或未按规定保管抵押物。 （4）贷款抵押物被恶意抽走或变更，形成无效抵押或抵押不足等。

3．风险控制措施

（1）实行个人信贷业务集约化管理，提升管理层次，实现审贷部门分离。

（2）优化产品结构，改进操作流程，重点发展以质押和抵押为担保方式的个人贷款，审慎发展个人信用贷款和自然人保证担保贷款。

（3）加强规范化管理，理顺个人贷款前台和后台部门之间的关系，完善业务授权制度，加强法律审查，实行档案集中管理，加快个人信贷电子化建设。

（4）强化个人贷款发放责任约束机制，细化个人贷款责任追究办法，推行不良贷款定期问责制度、到期提示制度、逾期警示制度和不良责任追究制度。

（5）在建立责任制的同时配之以奖励制度，将客户经理的贷款发放质量与其收入挂钩。

（四）资金交易业务

1．资金交易业务概述

商业银行资金交易业务的业务流程可分为前台交易、中台风险管理、后台结算三个环节。

2．资金交易业务存在的操作风险

业务环节	操作风险
前台交易	（1）交易员未及时止损，未授权交易或超限额交易。 （2）交易员虚假交易和未报告交易。 （3）交易员违章操作失误或录入错误交易指令而造成损失。 （4）交易员不慎泄露交易信息和机密。 （5）因计算机系统中断、业务应急计划不周造成交易中断或数据丢失而引发损失。 （6）交易定价模型或定价机制错误。 （7）加入外部交易陷阱或在交易中被哄抬成为交易受害者。
中台风险管理	（1）交易协议审查不严或不力，签订不利于乙方的合同条款。 （2）在跨国交易中，对国际惯例、法律和条款把握不准。 （3）未及时监测和报告交易员的超权限交易和重大头寸变化。 （4）对交易的风险评估不及时、不准确等。
后台结算	（1）交易结算不及时或交易清算交割金额计算有误。 （2）对交易条款理解不准确而导致结算争议。 （3）因录入错误而错误清算资金。

业务环节	操作风险
后台结算	(4) 因系统中断而不能及时将资金清算到位。 (5) 未履行监管部门所要求的强制性报告义务。 (6) 未及时与前台核对交易明细，前后台账务长期不符等。

3. 风险控制措施

（1）树立全面风险管理理念，将操作风险纳入统一的风险管理体系。

（2）建立并完善资金业务组织结构，体现权限等级、部门分工和职责分离原则，做到前台交易和后台结算分离、自营业务与代客业务分离、业务操作与风险监控分离，建立岗位和部门之间的监督约束机制。

（3）完善资金营运内部控制，资金的调出调入应有真实的业务背景，严格按照授权进行资金业务操作，并及时划拨资金，登记台账。

（4）加强交易权限管理，明确规定允许交易的品种，确定资金业务单笔、累计最大交易限额以及相应承担的单笔、累计最大交易损失限额和交易止损点，对资金交易员进行合适的授权，并建立适当的约束机制。

（5）建立资金交易风险和市值的内部报告制度，资金交易员应当向高级管理层如实汇报金融衍生产品中的或有资产、隐含风险和对冲策略等交易细节，中台监控人员应及时报告交易员的越权交易和越权行为，并按要求提交资金交易业务的风险报告。

（6）开发和运用风险量化模型，引入和应用必要的业务管理系统，对资金交易的收益与风险进行适时、审慎的评价。

典型真题

【单选题】商业银行资金交易业务的业务流程可以分为(　　)。
A. 债券买卖、外汇买卖、黄金买卖
B. 金融衍生品交易、资金托管、外汇即日买卖
C. 前台交易、中台风险管理、后台结算
D. 资金管理、资金存放、资金拆借
【答案】C【解析】商业银行资金交易业务的业务流程可分为前台交易、中台风险管理、后台结算三个环节。

（五）代理业务

1. 代理业务概述

代理业务指商业银行接受客户委托，代为办理客户指定的经济事务、提供金融服务并收取一定费用的业务。代理业务包括代理政策性银行业务、代理中央银行业务、代理商业银行业务、代收代付业务、代理证券业务、代理保险业务、代理其他银行的银行卡收单业务等。

2. 代理业务存在的操作风险

风险类别	操作风险
人员因素	（1）业务人员贪污或截留手续费，不进入大账核算。 （2）内外勾结编造虚假代理业务合同骗取手续费收入。
内部流程	（1）未经授权或超过权限擅自进行交易。 （2）内部人员盗窃客户资料谋取私利等。 （3）销售时进行不恰当的广告和不真实的宣传，错误和误导销售。 （4）未对敏感问题或业务中的风险进行披露，不当利用重要内幕信息建议他人买卖证券等。 （5）代理合同或文件存在瑕疵，对各方的权利、义务、责任规定不明确，或将商业银行不当卷入代理业务纠纷中。 （6）未获得客户允许代理扣划资金或进行交易。 （7）对代理单据审核不清，出现违章操作或操作失误。 （8）超委托范围办理业务等。
系统缺陷	（1）计算机系统中断、业务应急计划不力造成代理业务中的数据丢失而引发损失，如代理证券买卖因系统中断使客户不能及时买入卖出股票而遭受损失。 （2）系统设计或系统维护不完善，造成数据/信息质量不符合委托方要求。 （3）违反系统安全规定造成系统运行不畅、难以兼容、数据传送失败等影响委托方业务等。
外部事件	（1）委托方伪造收付款凭证骗取资金。 （2）通过代理收付款进行洗钱活动。 （3）由于新的监管规定出台而引起的风险等。

3. 风险控制措施

（1）强化风险意识，了解并重视代理业务中的操作风险点，完善业务操作流程与操作管理制度。

（2）加强基础管理，坚持委托代理业务合同书面化，并对合同和委托凭证严格审核，业务手续费收入必须纳入银行经营收入大账。

（3）加强业务宣传及营销管理，坚守诚实守信原则，遏制误导性宣传和错误销售，对业务风险进行必要的风险提示，维护商业银行信誉和品牌形象。

（4）加强产品开发管理，编制新产品开发报告，建立新产品风险跟踪评估制度，在新产品推出后，对新产品的风险状况进行定期评估。

（5）提高电子化水平，充分利用本行已有的网络系统、技术设备与被代理单位的数据库进行对接，积极研究开发银行与被代理单位的实时链接系统，促成双向互联网操作，实现代理业务电子化操作。

（6）设立专户核算代理资金，完善代理资金的拨付、回收、核对等手续，防止代理资金被挤占、挪用，确保专款专用。

（7）遵守委托代理协议，按照代理协议约定办理资金划转手续，遵守银行不垫款原则，不介入委托人与其他人的交易纠纷。

第八章 全面风险管理

第四节 其他风险

一、市场风险（了解）

项目	内容
含义	市场风险是指因市场价格（利率、汇率、股票价格和商品价格）的不利变动而使银行表内和表外业务发生损失的风险。
种类	市场风险可以分为：①利率风险；②汇率风险（包括黄金^{解读1}）；③股票价格风险；④商品价格风险。
特点	（1）与信用风险相比，市场风险的数据充分、易于计量，更适于采用量化技术加以控制。 （2）有明显的系统性风险特征，难以通过分散化投资完全消除。
计量方式	包括缺口分析、久期分析、外汇敞口分析、敏感性分析、情景分析和运用内部模型计算风险价值等。

真考解读 考查较少，了解即可。

解读1 黄金价格的不利变动引发的风险是汇率风险。

二、流动性风险（了解）

项目	内容
含义	流动性风险是指商业银行无法以合理成本及时获得充足资金，用于偿付到期债务、履行其他支付义务和满足正常业务开展的其他资金需求的风险。
特点	与信用风险、市场风险、操作风险相比，流动性风险形成的原因更加复杂，涉及的范围更广，通常被视为一种多维风险。

真考解读 考查较少，了解即可。

典型真题

【单选题】王明需要对A银行的风险管理系统进行评估，他被安排对下列风险事件与风险类型进行对应，将每个事件划分市场风险、信用风险、操作风险、流动性风险、法律风险等风险类型。事件如下：
（1）在票据转贴现中，该行员工内外勾结盗取票据造成损失；
（2）由于近期债券违约风险上升导致持有的债券信用利差扩大，债券价格下降造成损失；
（3）由于交易对手流动性紧张，原来签订的合约面临不能履行的风险；
（4）由于自身流动性紧张，原来签订的合约面临不能履行的风险。
下列对应的风险类型正确的是(　　)。
A.（1）操作风险；（2）市场风险；（3）信用风险；（4）流动性风险
B.（1）操作风险；（2）市场风险；（3）流动性风险；（4）信用风险
C.（1）操作风险；（2）信用风险；（3）市场风险；（4）流动性风险
D.（1）法律风险；（2）信用风险；（3）流动性风险；（4）操作风险
【答案】A【解析】根据各风险类型的定义可知，事件（1）属于操作风险；事件（2）属于市场风险；事件（3）属于信用风险；事件（4）属于流动性风险。

三、国别风险（了解）

真考解读 考查较少，了解即可。

项目	内容
含义	国别风险是指由于某一国家或地区政治、经济、社会变化及事件，导致该国家或地区债务人没有能力或者拒绝偿付商业银行债务，或使商业银行在该国家或地区的商业存在遭受损失，或使商业银行遭受损失的风险。
特点	（1）国别风险发生在国际经济金融活动中，在同一个国家范围内的经济金融活动不存在国别风险。 （2）在国际经济金融活动中，不论是政府、商业银行、企业，还是个人，都可能遭受国别风险所带来的损失。
分类	（1）转移风险：指债务人由于本国外汇储备不足或外汇管制等原因，无法获得所需外汇偿还其境外债务的风险。 （2）主权风险：指外国政府没有能力或者拒绝偿付其直接或间接外币债务的可能性。 （3）传染风险：指某一国家的不利状况导致该地区其他国家评级下降或信贷紧缩的风险，尽管这些国家并未发生这些不利状况，自身信用状况也未出现恶化。 （4）货币风险：指由于汇率不利变动或货币贬值，导致债务人持有的本国货币或现金流不足以支付其外币债务的风险。 （5）宏观经济风险：指因宏观经济大幅波动导致债务人违约风险增加的风险。 （6）政治风险：指债务人因所在国发生政治冲突、政权更替、战争等情形，或者债务人资产被国有化或被征用等情形而承受的风险。 （7）间接国别风险：指某一国家或者地区因上述各类国别风险增高，间接导致在该国或者地区有重大商业关系或利益的本国债务人还款能力和还款意愿降低的风险。解读2

解读2 间接国别风险无须纳入正式的国别风险管理程序，商业银行在评估本国债务人的信用状况时，应适当考虑国别风险因素。

四、声誉风险（了解）

真考解读 考查较少，了解即可。

项目	内容
含义	声誉风险是指由于商业银行行为、从业人员行为或外部事件等，导致利益相关方、社会公众、媒体等对银行机构形成负面评价，从而损害其品牌价值，不利于其正常经营，甚至影响到市场稳定和社会稳定的风险。

续 表

项目	内容
声誉风险的内容	（1）明确商业银行的战略愿景和价值理念。 （2）有明确记载的声誉风险管理政策和流程。 （3）深入理解不同利益持有者（如股东、员工、客户、监管机构、社会公众等）对自身的期望值。 （4）培养开放、互信、互助的机构文化。 （5）建立强大的、动态的风险管理系统，有能力提供风险事件的早期预警。 （6）努力建设学习型组织，有能力在出现问题时及时纠正。 （7）建立公平的奖惩机制，支持发展目标和股东价值的实现。 （8）利用自身的价值理念、道德规范影响合作伙伴、供应商和客户。 （9）建立公开、诚恳的内外部交流机制，尽量满足不同利益持有者的要求。 （10）有明确记载的危机处理/决策流程。
声誉风险管理	（1）声誉风险管理应遵循以下基本原则：前瞻性原则、匹配性原则、全覆盖原则、有效性原则。 （2）声誉风险管理治理架构。商业银行应强化公司治理在声誉风险管理中的作用，明确董事会、监事会、高级管理层、声誉风险管理部门、其他职能部门、分支机构和子公司的职责分工，构建组织健全、职责清晰的声誉风险治理架构和相互衔接、有效联动的运行机制。^{解读3} （3）声誉风险全流程管理。商业银行应建立声誉风险事前评估机制，在进行重大战略调整、参与重大项目、实施重大金融创新及展业、重大营销活动及媒体推广、披露重要信息、涉及重大法律诉讼或行政处罚、面临群体性事件、遇到行业规则或外部环境发生重大变化等容易产生声誉风险的情形时，应进行声誉风险评估，根据评估结果制订应对预案。

解读3 商业银行董事会、监事会和高级管理层分别承担声誉风险管理的最终责任、监督责任和管理责任，董事长或主要负责人为第一责任人。

真考解读 考查较少，了解即可。

五、法律风险（了解）

项目	内容
含义	法律风险是指商业银行因日常经营和业务活动无法满足或违反法律规定，导致不能履行合同、发生争议/诉讼或其他法律纠纷而造成经济损失的风险。
分类	法律风险包括但不限于下列风险。 （1）签订的合同因违反法律或者行政法规可能被依法撤销或者确认无效。

续 表

项目	内容
分类	（2）因违约、侵权或者其他事由被提起诉讼或者申请仲裁，依法可能承担赔偿责任。 （3）业务、管理活动违反法律、法规或者监管规定，依法可能承担刑事责任或者行政责任。

真考解读 考查较少，了解即可。

六、战略风险（了解）

项目	内容
含义	战略风险是指商业银行在追求短期商业目的和长期发展目标的过程中，因不适当的发展规划和战略决策给商业银行造成损失或不利影响的风险。
体现	（1）战略目标缺乏整体兼容性。 （2）为实现战略目标而制定的经营战略存在缺陷。 （3）为实现目标所需要的资源匮乏。 （4）整个战略实施过程的质量难以保证。

真考解读 考查较少，了解即可。

七、信息科技风险（了解）

项目	内容
含义	信息科技风险是指信息科技在商业银行运用过程中，由于自然因素、人为因素、技术漏洞和管理缺陷而产生的操作、法律和声誉等风险。
风险管理	信息科技风险管理的目标是通过建立有效的机制，实现对商业银行信息科技风险的识别、计量、监测和控制，促进商业银行安全、持续、稳健运行，推动业务创新，提高信息技术使用水平，增强核心竞争力和可持续发展能力。

第五节 突发事件与应急管理

一、突发事件与应急管理的内涵和分类（熟悉）

（一）突发事件与应急管理的内涵

项目	内容
突发事件	突发事件指突然发生，造成或者可能造成严重社会危害，需要采取应急处置措施予以应对的自然灾害、事故灾难、公共卫生事件和社会安全事件。

真考解读 考查相对较少，熟悉即可。

· 144 ·

第八章 全面风险管理

续 表

项目	内容
应急管理	应急管理是针对突发事件的危险问题提出的，是指政府及其他公共机构在突发事件的事前预防、事发应对、事中处置和善后恢复过程中，通过建立应对机制，采取应对措施，从而保障公众生命、健康和财产安全，促进社会和谐健康发展的一系列活动。

（二）突发事件的分类与分级

项目	内容
分类	（1）自然灾害类，包括水旱灾害、气象灾害、地震灾害、地质灾害、海洋灾害、生物灾害、森林草原火灾。 （2）事故灾难类，包括安全事故、环境污染和生态破坏事故。 （3）公共卫生事件类，包括公共卫生事件、动物疫情。 （4）社会安全事件类，包括群体性事件、金融突发事件、涉外突发事件、影响市场稳定的突发事件、恐怖袭击事件、刑事案件。
分级	（1）自然灾害、事故灾难、公共卫生事件的分级。按照社会危害程度、影响范围、突发事件性质、可控性、行业特点等因素，《中华人民共和国突发事件应对法》（以下简称《突发事件应对法》）将自然灾害、事故灾难、公共卫生事件分为特别重大、重大、较大和一般四级。解读1 （2）《国家特别重大、重大突发公共事件分级标准（试行）》将金融突发事件分为：①重大金融突发事件；②特别重大金融突发事件。

解读1 2005年，原中国银监会发布的《银行业突发事件应急预案》将银行业突发事件细化为较大突发事件（Ⅲ级）、重大突发事件（Ⅱ级）和特别重大突发事件（Ⅰ级）三个级别。

真考解读 考查相对较少，熟悉即可。

二、突发事件应急管理的主要工作内容（熟悉）

项目	内容
法律法规和标准体系建设	（1）根据《突发事件应对法》《银行业监督管理法》等，制定和完善银行业相关的配套法规制度和规范性文件，加大执法力度，实现依法应急。 （2）构建应急管理标准体系。加强风险隐患识别评估、预警信息发布、应急队伍及装备配置等，促进应急管理工作规范化和应急技术装备标准化。
组织体系建设	（1）《突发事件应对法》明确国家建立"统一领导、综合协调、分类管理、分级负责、属地管理为主"的应急管理体制，鼓励地方政府创新应急管理机构设置模式。 （2）规范突发事件应急处置现场组织指挥，强化应急指挥能力培训，提高应急处置的规范化、专业化水平。 （3）强化领导干部应急管理能力培训，实施和加强针对银行业突发事件的应急管理干部队伍建设。

续 表

项目	内容
工作机制建设	（1）信息报告机制。《银行业监督管理法》要求国务院银行业监督管理机构应当建立银行业突发事件的发现、报告岗位责任制度。 （2）信息发布和沟通机制。银行业金融机构应注重做好应急新闻舆情工作，建立和完善信息发布机制，及时回应社会关切。 （3）突发事件应急评估机制。银行业金融机构应建立重大突发事件风险评估体系，对可能发生的突发事件进行综合性评估。
突发事件应急预案体系建设	（1）应急预案按照制定主体将应急预案划分为政府及其部门应急预案^{解读2}、单位和基层组织应急预案两大类。 （2）《突发事件应对法》明确国家建立突发事件应急预案体系。 ①国务院制定国家突发事件总体应急预案，组织制定国家突发事件专项应急预案。 ②国务院有关部门根据各自的职责和国务院相关应急预案，制定国家突发事件部门应急预案。 （3）国家突发事件应急预案分为两个层次。 ①中央一级的突发事件总体应急预案、专项应急预案和部门应急预案。 ②地方一级的突发事件总体应急预案、专项应急预案和部门应急预案。

> **解读2** 政府及其部门应急预案分为总体应急预案、专项应急预案、部门应急预案三类。

三、突发事件与应急管理相关监管要求（熟悉）

> **真考解读** 考查相对较少，熟悉即可。

项目	内容
建立和健全突发事件应急管理制度	（1）董事会风险管理委员会要监督高级管理层关于应急管理工作情况，对突发事件的应急管理政策、管理状况及处置能力进行定期评估，提出完善应急管理和内部控制的意见。 （2）高级管理层应明确专门的部门，建立健全完备可行的管理制度、操作规程，把董事会的要求落到实处。
加强突发事件应急预案工作	（1）银行业金融机构要加强应急预案的编制与修订工作，确保各类突发事件处置有据可依。 （2）银行业金融机构要加强应急预案的演练工作，提高应急预案的水平。
建立和健全突发事件预警制度	（1）银行业金融机构应根据监管部门应急预案和专项应急预案，结合紧急程度、发展态势和可能造成的危害程度，编制和完善预警体系，从制度上保证对突发事件的及时识别和确定。 （2）当突发事件即将发生或者发生的可能性增大时，发布相应级别的警报，及时启动相应的预警措施。

续 表

项目	内容
建立和健全突发事件预警制度	（3）银行业金融机构的预警制度，既要防止对突发事件反应迟钝，使突发事件得不到及时处理，造成损失或使损失扩大，也要避免将突发事件的风险夸大化，使自身以及监管机构、有关部门反应过度，造成社会资源的不必要浪费。
加强对重大突发事件报告的管理	银行业金融机构迟报、漏报、瞒报、误报重大突发事件的，监管机构可根据《银行业监督管理法》规定采取如下措施。 （1）责令银行业金融机构对直接负责的董事、高级管理人员和其他直接责任人给予纪律处分。 （2）银行业金融机构行为尚不构成犯罪的，对直接负责的董事、高级管理人员和其他直接责任人给予警告，处5万元以上50万元以下罚款。 （3）取消直接负责的董事、高级管理人员一定期限直至终身的任职资格，禁止直接负责的董事、高级管理人员和其他责任人员一定期限直至终身从事银行业工作。 （4）构成犯罪的，依法追究刑事责任。

章节练习

一、单选题（以下各小题所给出的四个选项中，只有一项符合题目的要求，请选择相应选项，不选、错选均不得分）

1. 为了限制贷款过于集中在某些或某个借款人，监管部门要求商业银行对最大十家客户贷款总额不得高于银行资本净额的50%。这体现了（　　）的监管理念。
   A. 避免将"所有鸡蛋放在一个篮子里"　　B. 将"所有鸡蛋放在一个篮子里"
   C. 避免银行出现"蝴蝶效应"　　D. 避免银行出现"强强联合"

2. 根据《商业银行金融资产风险分类办法》的规定，商业银行金融资产可分为正常类、关注类、次级类、可疑类、损失类五类，其中（　　）称为不良资产。
   A. 次级类、可疑类和损失类　　B. 可疑类、损失类
   C. 关注类、次级类、可疑类和损失类　　D. 关注类、次级类和可疑类

二、多选题（以下各小题所给出的五个选项中，有两项或两项以上符合题目的要求，请选择相应选项，多选、少选、错选均不得分）

1. 下列属于银行信用风险的有（　　）。
   A. 交易对手信用评级下降　　B. 借款人违约
   C. 债务人不履行合同　　D. 市场利率变化
   E. 商业银行缺少流动资金

2. 按照不同的分类方法，风险有不同的分类。下列属于按照诱发风险的原因分类的风险类型有（　　）。
   A. 流动性风险　　　　B. 操作风险　　　　C. 信用风险
   D. 市场风险　　　　　E. 非系统性风险

三、判断题（请对以下各项描述做出判断，正确的为 A，错误的为 B）
1. 商业银行对客户的风险暴露不包括对客户提供的担保和承诺业务。（　　）
   A. 正确　　　　　　　　　　　　　　　B. 错误
2. 贷款"三查"是指贷前调查、贷时审查和贷后检查，是银行信用风险控制的重要手段。（　　）
   A. 正确　　　　　　　　　　　　　　　B. 错误

答案详解

一、单选题

1. A【解析】风险分散是指通过多样化投资分散并降低风险的策略性选择。本题中体现了风险分散的策略，四个选项中选项 A 属于风险分散的策略。

2. A【解析】《商业银行金融资产风险分类办法》规定，金融资产按照风险程度分为五类，分别为正常类、关注类、次级类、可疑类、损失类，后三类合称不良资产。

二、多选题

1. ABC【解析】信用风险是指债务人或交易对手未能履行合同所规定的义务，或信用质量发生变化，影响金融产品价值，从而给债权人或金融产品持有人造成经济损失的风险。传统上，信用风险是债务人未能如期偿还债务而给经济主体造成损失的风险，因此又被称为违约风险。

2. ABCD【解析】按照商业银行经营的特征及诱发风险的原因，可以分为信用风险、市场风险、操作风险、流动性风险、国别风险、声誉风险、法律风险、战略风险等。

三、判断题

1. B【解析】商业银行对客户的风险暴露包括以下内容：①因各项贷款、投资债券、存放同业、拆放同业、买入返售资产等表内授信形成的一般风险暴露；②因投资资产管理产品或资产证券化产品形成的特定风险暴露；③因债券、股票及其衍生工具交易形成的交易账簿风险暴露；④因场外衍生工具、证券融资交易形成的交易对手信用风险暴露；⑤因担保、承诺等表外项目形成的潜在风险暴露；⑥其他风险暴露，指按照实质重于形式的原则，除上述风险暴露外，信用风险仍由商业银行承担的风险暴露。

2. A【解析】贷款"三查"是指贷前调查、贷时审查和贷后检查，是银行信用风险控制的重要手段。

第九章 内部控制、合规管理与审计

🔍 应试分析

本章主要介绍了内部控制、合规管理、反洗钱、内外部审计与银行从业人员管理五个方面的内容。本章在考试中所占分值约为 7 分。需要重点掌握内部控制的基本要素、合规管理概述、反洗钱义务的主要内容。本章内容较多，考点内容也较细致，考生应对相应内容进行理解记忆。

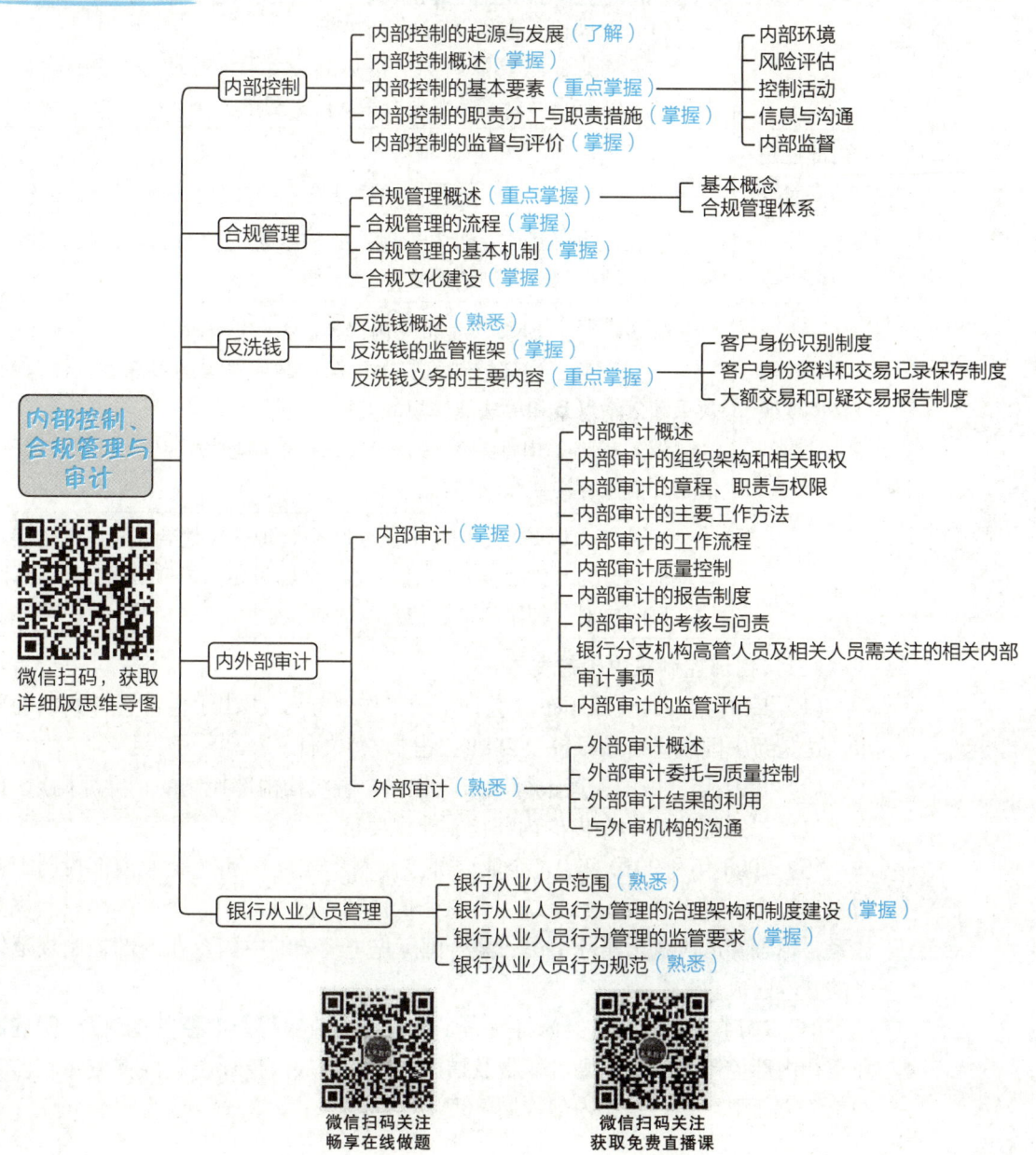

🏠 思维导图

内部控制、合规管理与审计
- 内部控制
  - 内部控制的起源与发展（了解）
  - 内部控制概述（掌握）
  - 内部控制的基本要素（重点掌握）
    - 内部环境
    - 风险评估
    - 控制活动
    - 信息与沟通
    - 内部监督
  - 内部控制的职责分工与职责措施（掌握）
  - 内部控制的监督与评价（掌握）
- 合规管理
  - 合规管理概述（重点掌握）
    - 基本概念
    - 合规管理体系
  - 合规管理的流程（掌握）
  - 合规管理的基本机制（掌握）
  - 合规文化建设（掌握）
- 反洗钱
  - 反洗钱概述（熟悉）
  - 反洗钱的监管框架（掌握）
  - 反洗钱义务的主要内容（重点掌握）
    - 客户身份识别制度
    - 客户身份资料和交易记录保存制度
    - 大额交易和可疑交易报告制度
- 内外部审计
  - 内部审计（掌握）
    - 内部审计概述
    - 内部审计的组织架构和相关职权
    - 内部审计的章程、职责与权限
    - 内部审计的主要工作方法
    - 内部审计的工作流程
    - 内部审计质量控制
    - 内部审计的报告制度
    - 内部审计的考核与问责
    - 银行分支机构高管人员及相关人员需关注的相关内部审计事项
    - 内部审计的监管评估
  - 外部审计（熟悉）
    - 外部审计概述
    - 外部审计委托与质量控制
    - 外部审计结果的利用
    - 与外审机构的沟通
- 银行从业人员管理
  - 银行从业人员范围（熟悉）
  - 银行从业人员行为管理的治理架构和制度建设（掌握）
  - 银行从业人员行为管理的监管要求（掌握）
  - 银行从业人员行为规范（熟悉）

知识精讲

第一节 内部控制

一、内部控制的起源与发展（了解）

真考解读 考查较少，了解即可。

（一）内部控制在国外的发展

阶段	内容
内部牵制阶段	（1）时间段：古代至20世纪初期。 （2）特点：主要强调安全是制衡的结果，通过前中后台分离、不相容岗位与职务分离，实现查错防弊的目的。
内部控制制度阶段	（1）时间段：20世纪40年代至70年代。 （2）特点：在这一阶段，审计理论主导内部控制的发展。
内部控制结构阶段	特点：将控制环境作为一项重要的要素内容与会计制度、控制程序一起纳入内部控制结构之中。
内部控制整体框架阶段	COSO^{解读1}于1992年发布《内部控制——整体框架》。 （1）明确了内部控制的三大目标：财务报告的可靠性、经营的效果和效率以及相关法律法规的遵循。 （2）提出了内部控制的五个要素：控制环境、风险评估、控制活动、信息与沟通和内部监督。
全面风险管理阶段	2004年，COSO发布的《企业风险管理——整合框架》将风险管理框架分为八大要素：内部环境、目标设定、事项识别、风险评估、风险应对、控制活动、信息与沟通、监控。

解读1 COSO是美国全国反虚假财务报告委员会下属的发起人委员会。

（二）内部控制在中国的发展

（1）1996年，财政部颁布《会计基础工作规范》，提出了内部会计控制的要求，这是新中国成立后最早提及内部控制的规范文件。

（2）1997年，中国人民银行颁布《加强金融机构内部控制的指导原则》，提出了包括"三道防线"在内的内部控制建设要求。

（3）2008年和2010年，《企业内部控制基本规范》和《企业内部控制配套指引》发布。两者形成了具有统一性、公认性和权威性的中国企业内部控制规范体系，标志着适应我国实际情况、融合国际先进经验的中国企业内部控制规范体系的基本建成。

（4）2014年，原银监会修订发布了新版《商业银行内部控制指引》，明确商业银行内部控制目标、原则、职责及措施，同时还从内控评价、内控监督和监管约束等方面引导银行强化内部控制管理。

二、内部控制概述（掌握）

项目	内容
概念	内部控制是一个动态发展的概念，不同的演进阶段有着不同的内涵。 内部控制是商业银行董事会、监事会、高级管理层和全体员工参与的，通过制定和实施系统化的制度、流程和方法，实现控制目标的动态过程和机制。
目标	（1）保证国家有关法律法规及规章的贯彻执行。合法合规是商业银行得以生存和健康持续发展的基础前提。 （2）保证商业银行发展战略和经营目标的实现。内部控制的最终目标就是促进商业银行发展战略顺利实现，内部控制的各项措施都应该服务、服从于商业银行总体发展战略。 （3）保证商业银行风险管理的有效性。 （4）保证商业银行业务记录、会计信息、财务信息和其他管理信息的真实、准确、完整和及时。
内部控制的基本原则 解读2	应遵循的原则：全覆盖原则；制衡性原则；审慎性原则；相匹配原则。 【提示】全覆盖原则：商业银行内部控制应当贯穿决策、执行和监督全过程，覆盖各项业务流程和管理活动，覆盖所有的部门、岗位和人员，避免存在盲区和空白。

真考解读 属于常考点，一般会考1~2道题。

解读2 考生需理解记忆内部控制基本原则的内容。

典型真题

【单选题】下列选项中，不属于商业银行内部控制目标的是（ ）。
A. 保证商业银行业务记录、会计信息、财务信息和其他管理信息的真实、准确、完整和及时
B. 保证国家有关法律规定及规章的贯彻执行
C. 保证资产负债业务快速发展
D. 保证商业银行发展战略和经营目标的实现
【答案】C【解析】选项A、选项B、选项D属于商业银行内部控制的目标。

三、内部控制的基本要素（重点掌握）

（一）内部环境

项目	内容
概念	内部环境是指影响、制约银行内部控制制度建立与执行的各种内部因素的总称，是银行实施内部控制的基础。

真考解读 属于必考点，考查较多，考生需重点掌握。

续 表

项目		内容
主要内容	组织架构	在内部环境中居于基础地位，包括治理结构、内部机构设置和权责分配。
	人力资源	(1) 商业银行应当制定有利于可持续发展的人力资源政策。 (2) 制定规范员工行为的相关制度。
	企业文化	商业银行应当培育良好的企业内控文化，引导员工树立合规意识、风险意识，提高员工的职业道德水准，规范员工行为。
	规章制度	规章制度是各项经营管理活动开展的依据，同时也是内部控制落实的重要载体。

典型真题

【单选题】内部环境中处于基础地位的是( )。
A. 组织架构　　B. 企业文化　　C. 人力资源　　D. 规章制度
【答案】A　【解析】在内部环境中居于基础地位的是组织架构，包括治理结构、内部机构设置和权责分配。

（二）风险评估

项目		内容
概念		风险评估是指商业银行及时识别、系统分析经营活动中与实现内部控制目标相关的风险，合理确定风险应对策略。
主要环节	目标设定	内部控制的目标：①经营管理合法合规；②风险管理有效；③财务会计等相关信息真实完整；④发展战略和经营目标的实现。
	风险识别	商业银行应当采用科学的风险管理技术和方法，充分识别和评估经营中面临的风险，密切关注内外部主要风险因素。解读3
	风险分析	风险分析是商业银行在识别风险的基础上，采用定性与定量相结合的方法，按照风险发生的可能性及其影响程度等，对识别的风险进行分析和排序，确定关注重点和优先控制的风险。
	风险应对	(1) 概念：风险应对是指风险应对策略的选择，根据风险分析结果，结合风险承受度，权衡风险与收益，确定风险应对策略。 (2) 应对策略的基本类型：①风险规避；②风险降低；③风险分担；④风险承受。

解读3 既包括人力资源、运营管理、自主创新、财务等企业内部因素，也包括经济、法律、社会、科技、自然环境等企业外部因素。

第九章 内部控制、合规管理与审计

（三）控制活动 解读4

措施	内容
不相容职务分离控制	（1）概念：不相容职务是指那些不能由一个部门或人员兼任，否则可能发生弄虚作假或舞弊行为的职务。 （2）应当加以分离的不相容职务：授权审批与业务执行、业务执行与监督审核、业务执行与相应记录、财务保管与相应记录、授权批准与监督检查等。 （3）地位：银行内部控制的基本控制手段。 （4）对商业银行的要求：全面系统地分析、梳理业务流程和管理活动中所涉及的不相容岗位，实施相应的分离措施，形成相互制约的岗位安排。
授权审批控制	（1）分类：①常规授权；②特别授权。 （2）地位：内部控制的重要控制手段。 （3）对商业银行的要求：银行各级人员必须经过适当的授权才能执行有关经济业务，未经授权和批准不得处理有关业务。
会计系统控制	（1）概念：主要是对企业发生的经济业务事项进行确认、计量和报告过程所实施的控制。 （2）对商业银行的要求：①严格执行会计准则与制度，及时准确地反映各项业务交易，确保财务会计信息真实、可靠、完整；②建立有效的核对、监控制度，对各种账证、报表定期进行核对，对现金、有价证券等有形资产和重要凭证及时进行盘点。
运营控制	（1）建立与其战略目标相一致的业务连续性管理体系，明确组织结构和管理职能，制订业务连续性计划，组织开展演练和定期的业务连续性管理评估，有效应对运营中断事件，保证业务持续运营。 （2）定期开展运营情况分析，发现存在的问题，及时查明原因并加以改进。
绩效考评控制	（1）建立和实施绩效考评制度。 （2）建立科学的绩效考评体系，合理设定内部控制考核标准，对考核对象在特定期间的内部控制管理活动进行评价，并根据考评结果改进内部控制管理。 （3）对内控管理职能部门和内部审计部门建立区别于业务部门的绩效考评方式，以利于其有效履行内部控制管理和监督职能。
其他控制措施	建立重大风险预警机制和突发事件应急处理机制，明确风险预警标准。

> 解读4 控制活动是指结合具体业务和事项，为确保管理层的指令得以实现所运用的控制政策、程序及措施。

典型真题

【单选题】银行内部控制的基本控制手段是（　　）。
A. 不相容职务分离控制　　B. 授权审批控制
C. 会计系统控制　　D. 绩效考评控制
【答案】A 【解析】不相容职务分离控制是银行内部控制的基本控制手段。

(四)信息与沟通

项目	内容
概念	信息与沟通是指商业银行及时、准确、完整地收集整理与经营管理相关的各种内外部信息,并借助信息技术,促使这些信息以恰当的方式在各个层级之间进行及时传递、有效沟通和正确使用的过程。
基本要求	(1)信息收集。 　　①内部信息:来源于银行内部,由各项经营活动产生的信息,如经营信息、财务信息、人员信息等。 　　②外部信息:由银行外部产生,对生产经营有一定影响作用的信息,如行业信息、监管信息等。 　(2)信息加工。对所收集的零散的、非系统的信息进行合理筛选、核对、整合,确保信息的准确性、及时性和相关性,提高信息的有用性。 　(3)信息传递。银行应当将内部控制相关信息在企业内部各管理层级、责任单位、业务环节之间进行沟通和反馈。
信息技术的运用	(1)通过信息系统强化内部控制,减少人为因素,提升"机控"水平,提高控制效率效果。 　(2)加强对信息系统的开发与维护、访问与变更、数据输入与输出、文件储存与保管、网络安全等方面的控制,保证信息系统安全稳定运行。
反舞弊及客户投诉	(1)建立反舞弊机制,坚持惩防并举、重在预防的原则。 　(2)建立举报投诉制度和举报人保护制度。 　(3)建立健全客户投诉处理机制,定期汇总分析投诉反映事项,查找问题,有效改进服务和管理。

(五)内部监督

项目	内容
概念	内部监督是指商业银行对内部控制建立与实施情况进行监督检查,评价内部控制的有效性,及时发现内部控制缺陷并加以改进的过程。
作用	(1)内部监督是内部控制体系中不可或缺的重要组成部分,是内部控制得到有效实施的有力保障。 　(2)通过建立内部监督机制,可以及时发现内控缺陷,改善内控体系,促进企业内部控制不断健全,提高内部控制有效性,保障股东等利益相关者的权益。

第九章 内部控制、合规管理与审计

续 表

项目	内容
内部控制评价 解读5	（1）商业银行内部控制评价是对商业银行内部控制体系建设、实施和运行结果开展的调查、测试、分析和评估等系统性活动。 （2）内部控制评价包括以下几点。 ①评价对象：对纳入并表管理的机构进行内部控制评价，包括商业银行及其附属机构。 ②评价实施。 ◆根据业务经营情况和风险状况确定内部控制评价的频率，至少每年开展一次。 ◆当商业银行发生重大的并购或处置事项、营运模式发生重大改变、外部经营环境发生重大变化，或其他有重大实质影响的事项发生时，应当及时组织开展内部控制评价。 ③评价标准制定：应当制定内部控制缺陷认定标准，根据内部控制缺陷的影响程度和发生的可能性划分内部控制缺陷等级，并明确相应的纠正措施和方案。 ④评价质量控制：应当建立内部控制评价质量控制机制，对评价工作实施全流程质量控制，确保内部控制评价客观公正。 ⑤评价结果运用：应当强化内部控制评价结果运用，可将评价结果与被评价机构的绩效考评和授权等挂钩，并作为被评价机构领导班子考评的重要依据。 ⑥评价结果报告：商业银行年度内部控制评价报告经董事会审议批准后，于每年4月30日前报送国务院银行业监督管理机构或对其履行法人监管职责的属地银行业监督管理机构。
内部控制监督	（1）建立报告和信息反馈制度，相关监督部门按照规定报告路线及时报告董事会、监事会、高级管理层或相关部门。 （2）建立内部控制问题整改机制，明确整改责任部门，规范整改工作流程。 （3）要建立内部控制管理责任制，强化责任追究。具体规定如下。 ①董事会、高级管理层应当对内部控制的有效性分级负责，并对内部控制失效造成的重大损失承担管理责任。 ②内部审计部门、内控管理职能部门应当对未适当履行监督检查和内部控制评价职责承担直接责任。 ③业务部门应当对未执行相关制度、流程，未适当履行检查职责，未及时落实整改承担直接责任。 （4）银行业监督管理机构通过非现场监管和现场检查等方式实施对商业银行内部控制的持续监管，并根据相关法律法规，按年度组织对商业银行内部控制进行评估，提出监管意见，督促商业银行持续加以完善。

解读5 商业银行内部控制评价应当由董事会指定的部门组织实施。

四、内部控制的职责分工与职责措施（掌握）

（一）内部控制的职责分工

真考解读 属于常考点，一般会考1道题。

部门	职责
董事会	（1）保证商业银行建立并实施充分有效的内部控制体系，保证商业银行在法律和政策框架内审慎经营。 （2）设定可接受的风险水平，保证高级管理层采取必要的风险控制措施。 （3）监督高级管理层对内部控制体系的充分性与有效性进行监测和评估。
监事会	（1）监督董事会、高级管理层完善内部控制体系。 （2）监督董事会、高级管理层及其成员履行内部控制职责。
高级管理层	（1）执行董事会决策。 （2）根据董事会确定可接受的风险水平，制定系统化的制度、流程和方法，采取相应的风险控制措施。 （3）建立和完善内部组织机构，保证内部控制的各项职责得到有效履行。 （4）负责组织对内部控制体系的充分性与有效性进行监测和评估。
业务部门	（1）参与制定与自身职责相关的业务制度和操作流程。 （2）严格执行相关制度规定，组织开展监督检查。 （3）按照规定时限和路径报告内部控制存在的缺陷，并组织落实整改。
内控管理职能部门	牵头内部控制体系的统筹规划、组织落实和检查评估。
内部审计部门 解读6	履行内部控制的监督职能，负责对商业银行内部控制的充分性和有效性进行审计，及时报告审计发现的问题，并监督整改。

解读6 业务部门是内部控制的第一道防线，内控管理职能部门与风险合规部门是第二道防线，内部审计部门是第三道防线。

典型真题

【单选题】商业银行董事会、监事会和高级管理层应当充分认识自身对内部控制所承担的责任，下列不属于监事会负责的是(　　)。
A. 负责监督高级管理层对内部控制体系的充分性与有效性进行监测和评估
B. 负责监督董事会、高级管理层完善内部控制体系
C. 负责要求董事、董事长及高级管理人员纠正其损害商业银行利益的行为并监督执行
D. 负责监督董事会、高级管理层及其成员履行内部控制职责

【答案】A【解析】监事会负责监督董事会、高级管理层完善内部控制体系；负责监督董事会、高级管理层及其成员履行内部控制职责。选项A属于董事会的职责。

（二）内部控制的职责措施

措施	内容
内部控制制度	商业银行应当建立健全内部控制制度体系，对各项业务活动和管理活动制定全面、系统、规范的业务制度和管理制度，并定期进行评估。
经营风险的识别、评估与管理	（1）商业银行应当合理确定各项业务活动和管理活动的风险控制点，采取适当的控制措施，执行标准统一的业务流程和管理流程，确保规范运作。 （2）要采用科学的风险管理技术和方法，充分识别和评估经营中面临的风险，对各类主要风险进行持续监控。 （3）涉及设立新机构、开办新业务、提供新产品和服务，应当对潜在的风险进行评估，并制定相应的管理制度和业务流程。
信息系统控制	商业银行应当建立健全信息系统控制，通过内部控制流程与业务操作系统和管理信息系统的有效结合，加强对业务和管理活动的系统自动控制。
岗位制约	（1）商业银行应当根据经营管理需要，合理确定部门、岗位的职责及权限，形成规范的部门、岗位职责说明，明确相应的报告路线。 （2）要全面系统地分析、梳理业务流程和管理活动中所涉及的不相容岗位，实施相应的分离措施，形成相互制约的岗位安排。 （3）要明确重要岗位，并制定重要岗位的内部控制要求，对重要岗位人员实行轮岗或强制休假制度，原则上不相容岗位人员之间不得轮岗。 （4）《企业内部控制配套指引》明确，企业在确定职权和岗位分工过程中，应当体现不相容职务^{解读7}相互分离的要求。
授权控制	商业银行应当根据各分支机构和各部门的经营能力、管理水平、风险状况和业务发展需要，建立相应的授权体系，明确各级机构、部门、岗位、人员办理业务和事项的权限，并实施动态调整。
执行企业会计准则与制度	（1）商业银行应当严格执行会计准则与制度，及时准确地反映各项业务交易，确保财务会计信息真实、可靠、完整。 （2）应当建立有效的核对、监控制度，对各种账证、报表定期进行核对，对现金、有价证券等有形资产和重要凭证及时进行盘点。
外包管理	（1）商业银行应当建立健全外包管理制度，明确外包管理组织架构和管理职责，并至少每年开展一次全面的外包业务风险评估。 （2）涉及战略管理、风险管理、内部审计及其他有关核心竞争力的职能不得外包。
客户投诉处理	商业银行应当建立健全客户投诉处理机制，制定投诉处理工作流程，定期汇总分析投诉反映事项，查找问题，有效改进服务和管理。

解读7 不相容职务通常包括可行性研究与决策审批、决策审批与执行、执行与监督检查等。

真考解读 属于常考点，一般会考1道题。

五、内部控制的监督与评价（掌握）

（一）内部控制的监督

项目	内容
监督检查体系的构建	商业银行内部审计部门、内控管理职能部门和业务部门均承担内部控制监督检查的职责，应根据分工协调配合，构建覆盖各级机构、各个产品、各个业务流程的监督检查体系。
内部控制监督结果报告	商业银行应当建立内部控制监督的报告和信息反馈制度、内部审计部门、内控管理职能部门、业务部门人员应将发现的内部控制缺陷，按照规定报告路线及时报告董事会、监事会、高级管理层或相关部门。
问题整改与责任追究	（1）董事会、高级管理层应当对内部控制的有效性分级负责，并对内部控制失效造成的重大损失承担管理责任。 （2）内部审计部门、内控管理职能部门应当对未适当履行监督检查和内部控制评价职责承担直接责任。 （3）业务部门应当对未执行相关制度、流程，未适当履行检查职责，未及时落实整改承担直接责任。
监管检查	（1）通过非现场监管和现场检查等方式，按年度组织对商业银行内部控制进行评估，提出监管意见，督促商业银行持续加以完善。 （2）对内部控制存在缺陷的商业银行，责成其限期整改；逾期未整改的，可以根据《银行业监督管理法》第三十七条有关规定采取监管措施。 （3）商业银行违反《商业银行内部控制指引》有关规定的，银行业监督管理机构可以根据《银行业监督管理法》有关规定采取监管措施。 （4）商业银行严重违反《商业银行内部控制指引》有关规定，或者拒绝执行《银行业监督管理法》第三十七条规定的措施的，银行业监督管理机构可以根据《银行业监督管理法》第四十六条、第四十八条的有关规定实施行政处罚等。

（二）内部控制的评价

项目		内容
概念		商业银行内部控制评价是指对商业银行内部控制体系建设、实施和运行结果独立开展的调查、测试、分析和评估等系统性活动。
具体要求	内部控制评价制度	商业银行应当建立内部控制评价制度，规定内部控制评价的实施主体、频率、内容、程序、方法和标准等，确保内部控制评价工作规范进行。
	内部控制评价组织实施	商业银行内部控制评价应当由董事会指定的部门组织实施，一般为内部控制牵头管理部门。

第九章 内部控制、合规管理与审计

续 表

项目		内容
具体要求	内部控制评价的范围	银行应当对纳入并表管理的机构进行内部控制评价,包括商业银行及其附属机构。
	内部控制评价的频率	(1)商业银行应当根据业务经营情况和风险状况确定内部控制评价的频率,至少每年开展一次。 (2)当商业银行发生重大的并购或处置事项、营运模式发生重大改变、外部经营环境发生重大变化,或其他有重大实质影响的事项发生时,应当及时组织开展内部控制评价。
	内部控制缺陷认定	商业银行应当制定内部控制缺陷认定标准,根据内部控制缺陷的影响程度和发生的可能性划分内部控制缺陷等级,并明确相应的纠正措施和方案。
	内部控制评价质量控制	商业银行应当建立内部控制评价质量控制机制,对评价工作实施全流程质量控制,确保内部控制评价客观公正。
	内部控制结果运用	商业银行应当强化内部控制评价结果运用,可将评价结果与被评价机构的绩效考评和授权等挂钩,并作为被评价机构领导班子考评的重要依据。
	内部控制评价结果运用	(1)商业银行年度内部控制评价报告经董事会审议批准后,于每年4月30日前报送国务院银行业监督管理部门或对其履行法人监管职责的属地银行业监督管理机构。 (2)商业银行分支机构应将其内部控制评价情况,按上述时限要求,报送属地银行业监督管理机构。

第二节 合规管理

一、合规管理概述（重点掌握）

真考解读 属于必考点,一般会考2道题以上。

（一）基本概念

项目	内容
合规	(1)概念:指商业银行的各项经营活动与法律、规则和准则相一致。 (2)前提:是界定和确认法律、规则与准则的范围。

续表

项目	内容
合规风险^{解读1}	（1）概念：指商业银行因没有遵守法律、规则和准则可能遭受法律制裁、监管处罚、重大财务损失和声誉损失的风险。 （2）所导致的损失后果的表现形式：①遭受到法律制裁；②监管处罚；③在财务上蒙受损失；④声誉蒙受损失。
合规管理	（1）概念：商业银行的合规管理实质上是围绕实现商业银行合规目标进行的一种管理活动。 （2）主要内容：识别、评估合规风险并制定合规管理规划和相关政策程序，组织、指导各相关部门实施合规管理的政策和程序，督促、监控银行的合规工作，定期对银行的合规工作进行考核评价，发现并纠正其中的偏差和不足等。 （3）目标：通过建立健全合规风险管理框架，实现对合规风险的有效识别和管理，促进全面风险管理体系建设，确保依法合规经营。因此，合规是合规管理的最终目标。

解读1 合规风险可能潜藏于银行运营过程的各个节点。

典型真题

【单选题】下列关于合规管理的说法中，错误的是（　　）。
A．合规是指商业银行的各项经营活动与法律、规则和准则相一致
B．商业银行的经营活动违反了法律、规则和准则可能遭受合规风险
C．商业银行合规管理职能应与内部审计职能分离
D．商业银行因经营活动不合规造成声誉损失的风险不属于合规风险
【答案】D【解析】合规风险是指商业银行因没有遵守法律、规则和准则可能遭受法律制裁、监管处罚、重大财务损失和声誉损失的风险。选项D说法错误。

（二）合规管理体系
1．基本要素
合规风险管理体系的基本要素包括合规政策、合规管理部门的组织结构和资源、合规风险管理计划、合规风险识别和管理流程、合规培训与教育制度。
2．董事会和管理层的管理职责

部门	合规管理职责
董事会^{解读2}	（1）审议批准商业银行的合规政策，并监督合规政策的实施。 （2）审议批准高级管理层提交的合规风险管理报告，并对商业银行管理合规风险的有效性作出评价，以使合规缺陷得到及时有效的解决。 （3）授权董事会下设的风险管理委员会、审计委员会或专门设立的合规管理委员会对商业银行合规风险管理进行日常监督。 （4）商业银行章程规定的其他合规管理职责。

解读2 商业银行的董事会对构建高效合规风险管理体系以确保银行合规负有最终责任。

第九章 内部控制、合规管理与审计

续 表

部门	合规管理职责
监事会	监督董事会和高级管理层合规管理职责的履行情况。
高级管理层	（1）制定书面的合规政策，并根据合规风险管理状况以及法律、规则和准则的变化情况适时修订合规政策，报经董事会审议批准后传达给全体员工。 （2）贯彻执行合规政策，确保发现违规事件时及时采取适当的纠正措施，并追究违规责任人的相应责任。 （3）任命合规负责人，并确保合规负责人的独立性。合规负责人全面协调商业银行合规风险的识别和管理，监督合规管理部门根据合规风险管理计划履行职责，定期向高级管理层提交合规风险评估报告。合规负责人不得分管业务条线。 （4）明确合规管理部门及其组织结构，为其履行职责配备充分和适当的合规管理人员，并确保合规管理部门的独立性。 （5）识别商业银行所面临的主要合规风险，审核批准合规风险管理计划，确保合规管理部门与风险管理部门、内部审计部门以及其他相关部门之间的工作协调。 （6）每年向董事会提交合规风险管理报告，报告应提供充分依据并有助于董事会成员判断高级管理层管理合规风险的有效性。 （7）及时向董事会或其下设委员会、监事会报告任何重大违规事件。 （8）合规政策规定的其他职责。

3．合规政策

（1）合规管理部门的功能和职责。

（2）合规管理部门的权限（包括享有与银行任何员工进行沟通并获取履行职责所需的任何记录或档案材料的权利）。

（3）合规负责人的合规管理职责。

（4）保证合规负责人和合规管理部门独立性的各项措施。

（5）合规管理部门与风险管理部门、内部审计部门等其他部门之间的协作关系。

（6）设立业务条线和分支机构合规管理部门的原则。

4．合规管理部门

项目	内容
合规管理部门的基本职责	合规管理部门应在合规负责人的管理下协助高级管理层有效识别和管理商业银行所面临的合规风险，并履行相关职责。 （1）持续关注法律、规则和准则的最新发展，正确理解法律、规则和准则的规定及其精神，准确把握法律、规则和准则对商业银行经营的影响，及时为高级管理层提供合规建议。

续表

项目	内容
合规管理部门的基本职责	（2）制订并执行风险为本的合规管理计划。合规管理计划包括特定政策和程序的实施与评价、合规风险评估、合规性测试、合规培训与教育等。 （3）审核评价商业银行各项政策、程序和操作指南的合规性，组织、协调和督促各业务条线和内部控制部门对各项政策、程序和操作指南进行梳理和修订，确保各项政策、程序和操作指南符合法律、规则和准则的要求。 （4）协助相关培训和教育部门对员工进行合规培训，并成为员工咨询有关合规问题的内部联络部门。 （5）组织制定合规管理程序以及合规手册、员工行为准则等合规指南，并评估合规管理程序和合规指南的适当性，为员工恰当执行法律、规则和准则提供指导。 （6）积极主动地识别和评估与商业银行经营活动相关的合规风险。 （7）收集、筛选可能预示潜在合规问题的数据，建立合规风险监测指标，按照风险矩阵衡量合规风险发生的可能性和影响，确定合规风险的优先考虑序列。 （8）实施充分且有代表性的合规风险评估和测试，并进行相应的调查。 （9）保持与监管机构日常的工作联系，跟踪和评估监管意见和监管要求的落实情况。
合规管理部门与内部审计部门的关系	（1）商业银行合规管理职能应与内部审计职能分离，合规管理职能的履行情况应受到内部审计部门定期的独立评价。 （2）内部审计部门应负责商业银行各项经营活动的合规性审计。内部审计方案应包括合规管理职能适当性和有效性的审计评价，内部审计的风险评估方法应包括对合规风险的评估。 （3）商业银行应明确合规管理部门与内部审计部门在合规风险评估和合规性测试方面的职责。内部审计部门应随时将合规性审计结果告知合规负责人。 （4）合规部门与内部审计部门的机构或者人员应彼此相对独立。

真考解读 考查不多，但考点较重要，考生需掌握。

二、合规管理的流程（掌握）

项目	内容
合规风险识别与评估	（1）合规风险识别是合规风险管理的第一个阶段，是对合规风险的定性分析，也是整个合规风险管理的基础。

第九章 内部控制、合规管理与审计

续 表

项目	内容
合规风险识别与评估	（2）合规风险评估与测试的目的：确定合规风险对银行影响的大小，以决定是否需要采取应对措施加以监控以及应对措施采取到何种程序最为适宜等重要问题。 （3）合规风险的识别和评估工作应当与银行设定的经营管理目标紧密结合，与银行的内部控制环境相匹配，并得到银行各业务部门或业务条线以及银行上下各个层面的配合和支持。
合规风险监测与测试	合规风险监测和测试就是要在银行内部对与合规法律、规则和准则有关的风险暴露进行追踪、核查，属于合规风险管理的验证阶段。
合规风险报告	（1）概念：合规风险报告是指合规管理部门等依照银行内部合规风险管理程序，并按规定的报告路线，及时、全面、完整地向管理层提供定性和定量描述的银行经营过程中所涉及的合规风险状况的报告。合规风险报告是银行合规部门的一项重要职责，合规负责人应定期就合规事项向银行高级管理层报告。 （2）特点：侧重于在内部及外部沟通合规风险状况，合规风险报告一般发生在合规风险管理部门内部、合规风险管理部门与业务部门和银行其他职能部门之间，以及合规风险管理部门与银行高层之间。 （3）作用：合规风险报告是银行合规风险管理框架中显而易见的、格外重要的纽带。

典型真题

【多选题】合规风险的识别和评估工作应当（　　）。
A. 与银行设定的经营管理目标紧密结合
B. 与银行的内部控制环境相匹配
C. 与银行的风险控制相结合
D. 得到银行各业务部门或业务条线以及银行上下各个层面的配合和支持
E. 紧紧围绕银行的中心工作
【答案】ABD　【解析】合规风险的识别和评估工作应当与银行设定的经营管理目标紧密结合，与银行的内部控制环境相匹配，并得到银行各业务部门或业务条线以及银行上下各个层面的配合和支持。

三、合规管理的基本机制（掌握）

基本机制	内容
合规绩效考核机制与合规问责机制	（1）合规管理的绩效考核与问责分为两个层面：①对经营管理部门管理层和工作人员的考核问责；②对合规部门管理层和工作人员的问责。 （2）作用：科学合理的合规管理绩效考核、严格及时的违规问责，有助于提升合规风险管理的独立性和有效性。

真考解读 属于常考点，一般会考1道题。

续 表

基本机制	内容
诚信举报机制	（1）概念：诚信举报机制是指通过制度安排、技术保障等措施，鼓励内部员工基于个人的良知、伦理与道德判断或公共利益的考虑，对其认为是违反了法律法规、监管规定或诚信道德准则的行为和主体进行举报。 （2）作用。 ①诚信举报机制是构建合规文化的重要制度之一，该项机制能使一些潜在的风险、不合规的行为被提前预知，使员工和管理者提高警惕，迅速采取补救措施，并潜移默化地使"主动合规"的意识深入人心。 ②建立诚信举报机制，有利于降低信息不对称所带来的道德风险，有利于员工之间的相互约束，有利于合规文化的形成。
合规培训与教育制度	（1）合规培训与教育可以分为两个方面：①对经营管理部门管理层和工作人员的教育与培训；②对合规部门职员的教育与培训。 （2）内容：对新员工的合规培训、对所有员工的定期合规培训；根据不同风险需求、员工层次以及监管要求等设计具有针对性的培训。 （3）组织方式：可以采取计算机或网络培训、电话会议培训、视频或案例研究、内部交流等，通过内网、互联网、刊物等媒体工具，多角度、全方位提升员工对企业文化和行为守则的认知。 （4）商业银行应为合规管理部门配备有效履行合规管理职能的资源，合规管理人员应具备与履行职责相匹配的资质、经验、专业技能和个人素质。

典型真题

【单选题】（　　）是构建合规文化的重要制度之一，该项机制能使一些潜在的风险、不合规的行为被提前预知。

A．合规绩效考核机制　　　　　　B．合规问责机制
C．诚信举报机制　　　　　　　　D．合规培训与教育机制

【答案】C【解析】诚信举报机制是构建合规文化的重要制度之一，该项机制能使一些潜在的风险、不合规的行为被提前预知。

真考解读 考点较重要，考生需重点关注合规文化实现应树立的理念。

四、合规文化建设（掌握）

项目	内容
特点	（1）合规文化的核心是法律意识。 （2）合规文化是银行的自身需求。 （3）合规文化体现了价值取向。 （4）合规文化必须通过制度传达。

续表

项目	内容
实现	合规文化的实现要求大家树立以下理念：（1）合规从高层做起；（2）主动合规；（3）合规人人有责；（4）合规创造价值；（5）有效互动。

第三节　反洗钱

一、反洗钱概述（熟悉）

真考解读 考查较少，熟悉即可。

项目	内容
工作的内涵和外延	反洗钱是指为了预防通过各种方式掩饰、隐瞒毒品犯罪、黑社会性质的组织犯罪、恐怖活动犯罪、走私犯罪、贪污贿赂犯罪、破坏金融管理秩序犯罪、金融诈骗犯罪等犯罪所得及其收益的来源和性质的洗钱活动，而采取的客户身份识别、客户身份资料和交易记录保存、大额交易和可疑交易报告等一系列预防和控制措施的行为。
反洗钱的义务主体	（1）金融机构，包括政策性银行、商业银行、农村合作银行、农村信用社、村镇银行、证券公司、期货公司、基金管理公司、保险公司、保险资产管理公司、保险专业代理公司、保险经纪公司、信托公司、金融资产管理公司、金融资产投资公司、企业集团财务公司、金融租赁公司、汽车金融公司、消费金融公司、货币经纪公司、贷款公司等。 （2）特定非金融机构，包括房地产行业、贵金属行业、会计师行业、律师行业等。

二、反洗钱的监管框架（掌握）

真考解读 属于重要考点，考生需掌握。

项目	内容
我国反洗钱监管的整体框架	（1）中国人民银行是国务院反洗钱行政主管部门，负责我国的反洗钱监督管理工作。国务院有关部门、机构在各自的职责范围内履行反洗钱监督管理职责。 （2）我国于2004年建立了由人民银行牵头，最高人民法院、最高人民检察院、外交部、公安部、原监察部、司法部、证监会、原银监会、原保监会等20多个部委参加的反洗钱工作部际联席会议，负责指导全国反洗钱工作。

续 表

项目	内容
金融机构反洗钱监管 解读1	（1）中国人民银行：①制定或者会同国务院有关金融监督管理机构制定金融机构反洗钱规章；②会同国务院有关金融监督管理机构制定客户身份识别制度、客户身份资料和交易记录保存制度的具体办法；③制定金融机构大额交易和可疑交易报告的具体办法；④监督、检查金融机构履行反洗钱义务的情况；⑤在职责范围内抽查可疑交易活动。 （2）国务院金融监督管理部门：①在市场准入中落实反洗钱要求，审批新设金融机构或者金融机构增设分支机构时，应当审查新机构反洗钱内部控制制度的方案，对于不符合规定的设立申请，不予批准；②对所监督管理的金融机构提出按照规定建立健全反洗钱内部控制制度的要求，对金融机构的反洗钱内部控制合规情况进行监管。
特定非金融机构反洗钱监管	特定非金融机构也是反洗钱义务的履行主体，在我国主要包括贵金属、房地产、会计师、律师等行业。

解读1 金融机构的反洗钱监管工作，由中国人民银行和金融监督管理机构共同负责。

真考解读 属于必考点，一般会考2道题以上。

三、反洗钱义务的主要内容（重点掌握）

（一）客户身份识别制度

项目	内容
客户身份识别的内容	（1）金融机构应该了解实际控制客户的自然人和交易的实际受益人，核对客户的有效身份证件或者其他身份证明文件，登记客户身份基本信息，并留存有效身份证件或者其他身份证明文件的复印件或者影印件。 （2）存在代理关系时，银行还应当核对代理人的有效身份证件或者身份证明文件，登记代理人的姓名或者名称、联系方式、身份证件或者身份证明文件的种类、号码。
客户身份识别的情形	（1）银行等机构以开立账户等方式与客户建立业务关系，为不在本机构开立账户的客户提供现金汇款、现钞兑换、票据兑付等一次性金融服务且交易金额单笔人民币1万元以上或者外币等值1 000美元以上的，应当识别客户身份。 （2）银行等为自然人客户办理人民币单笔5万元以上或者外币等值1万美元以上现金存取业务，应当识别客户身份。 （3）银行等金融机构提供保管箱服务时，应了解保管箱的实际使用人。

续 表

项目	内容
客户身份识别的情形	（4）银行等金融机构为客户向境外汇出资金时，应当登记汇款人的姓名或者名称、账号、住所和收款人的姓名、住所等信息，在汇兑凭证或者相关信息系统中留存上述信息，并向接收汇款的境外机构提供汇款人的姓名或者名称、账号、住所等信息。接收境外汇入款的金融机构，发现汇款人姓名或者名称、汇款人账号和汇款人住所三项信息中任何一项缺失的，应要求境外机构补充。 （5）信托公司在设立信托时，应当核对委托人的有效身份证件或者其他身份证明文件，了解信托财产的来源，登记委托人、受益人的身份基本信息，并留存委托人的有效身份证件或者其他身份证明文件的复印件或者影印件。 （6）非银行金融机构^{解读2}在与客户签订金融业务合同时，应当核对客户的有效身份证件或者其他身份证明文件，登记客户身份基本信息，并留存有效身份证件或者其他身份证明文件的复印件或者影印件。
持续识别要求	在与客户的业务关系存续期间，银行等金融机构应当采取持续的客户身份识别措施，关注客户及其日常经营活动、金融交易情况，及时提示客户更新资料信息。出现以下情况时，银行等金融机构应当重新识别客户。 （1）客户要求变更姓名或者名称、身份证件或者身份证明文件种类、身份证件号码、注册资本、经营范围、法定代表人或者负责人的。 （2）客户行为或者交易情况出现异常的。 （3）客户姓名或者名称与国务院有关部门、机构和司法机关依法要求金融机构协查或者关注的犯罪嫌疑人、洗钱和恐怖融资分子的姓名或者名称相同的。 （4）客户有洗钱、恐怖融资活动嫌疑的。 （5）金融机构获得的客户信息与先前已经掌握的相关信息存在不一致或者相互矛盾的。 （6）先前获得的客户身份资料的真实性、有效性、完整性存在疑点，以及金融机构认为应重新识别客户身份的其他情形。 【提示】客户先前提交的身份证件或者身份证明文件已过有效期的，客户没有在合理期限内更新且没有提出合理理由的，金融机构应中止为客户办理业务。
委托第三方进行客户身份识别	（1）能够证明第三方按反洗钱法律、行政法规和相关规定的要求，采取了客户身份识别和身份资料保存的必要措施。 （2）第三方为本金融机构提供客户信息，不存在法律制度、技术等方面的障碍。

解读2 非银行金融机构包括金融资产管理公司、金融资产投资公司、财务公司、金融租赁公司、汽车金融公司、货币经纪公司等。

续表

项目	内容
委托第三方进行客户身份识别	（3）本金融机构在办理业务时，能立即获得第三方提供的客户信息，还可在必要时从第三方获得客户的有效身份证件、身份证明文件的原件、复印件或者影印件。委托第三方代为履行识别客户身份的，金融机构应当承担未履行客户身份识别义务的责任。

典型真题

【单选题】商业银行为不在本机构开立账户的客户提供以下一次性金融服务时，应当识别客户身份，并核对客户的有效身份证件或者其他身份证明文件，登记客户身份基本信息，留存有效身份证件或者其他身份证明文件的复印件或影印件的是（　　）。

A. 将 1 000 美元现钞结汇　　　　B. 将 500 美元现钞结汇
C. 提取现金 4 万元　　　　　　　D. 张三从账户转账 15 万元到李四账户

【答案】C【解析】银行等机构以开立账户等方式与客户建立业务关系，为不在本机构开立账户的客户提供现金汇款、现钞兑换、票据兑付等一次性金融服务且交易金额单笔人民币 1 万元以上或者外币等值 1 000 美元以上的，应当识别客户身份。

（二）客户身份资料和交易记录保存制度 解读3

> 解读3 客户身份资料和交易记录的保存是客户尽职调查的补充和延伸。

项目	内容
保存范围	客户身份资料包括记载客户身份信息、资料以及反映金融机构开展客户身份识别工作情况的各种记录和资料，还包括关于每笔交易的数据信息、业务凭证、账簿以及有关规定要求的反映交易真实情况的合同、业务凭证、单据、业务函件和其他资料。
保存时限	（1）对于客户身份资料，自业务关系结束当年或者一次性交易记账当年计起至少保存5年。 （2）对于交易记录，自交易记账当年起至少保存5年。 （3）客户身份资料和交易记录涉及正在被反洗钱调查的可疑交易活动，且反洗钱调查工作在前款规定的最低保存期届满时仍未结束的，金融机构应将其保存至反洗钱调查工作结束。
保密要求	（1）对依法履行反洗钱职责或者义务获得的客户身份资料和交易信息，应当予以保密；非依法律规定，不得向任何单位和个人提供。 （2）银行业金融机构应采取必要管理措施和技术措施，防止客户身份资料和交易记录的缺失、损毁，防止泄露客户身份信息和交易信息。 （3）银行业金融机构及其工作人员应当履行法定义务，对客户资料和交易信息予以保密。

续表

项目	内容
资料移交	金融机构破产或者解散时，应当将客户身份资料和交易记录移交国务院银行业监督管理机构指定的机构。

（三）大额交易和可疑交易报告制度（反洗钱制度的核心）

1. 大额交易报告

项目	内容
报告时间	银行等金融机构应当在大额交易发生之日起5个工作日内以电子方式提交大额交易报告。
报告主体	（1）客户通过在境内金融机构开立的账户或者境内银行卡所发生的大额交易，由开立账户的金融机构或者发卡银行报告。 （2）客户通过境外银行卡所发生的大额交易，由收单机构报告。 （3）客户不通过账户或者银行卡发生的大额交易，由办理业务的金融机构报告。
报告适用情形	银行等金融机构应当向反洗钱监测中心报告下列大额交易。 （1）当日单笔或者累计交易人民币5万元以上（含5万元）、外币等值1万美元以上（含1万美元）的现金缴存、现金支取、现金结售汇、现钞兑换、现金汇款、现金票据解付及其他形式的现金收支。 （2）非自然人客户银行账户与其他的银行账户发生当日单笔或者累计交易人民币200万元以上（含200万元）、外币等值20万美元以上（含20万美元）的款项划转。 （3）自然人客户银行账户与其他的银行账户发生当日单笔或者累计交易人民币50万元以上（含50万元）、外币等值10万美元以上（含10万美元）的境内款项划转。 （4）自然人客户银行账户与其他的银行账户发生当日单笔或者累计交易人民币20万元以上（含20万元）、外币等值1万美元以上（含1万美元）的跨境款项划转。累计交易金额以客户为单位，按资金收入或者支出单边累计计算并报告。

2. 可疑交易报告

项目	内容
报告时间	金融机构应当在按本机构可疑交易报告内部操作规程确认为可疑交易后，及时以电子方式提交可疑交易报告，最迟不超过5个工作日。
交易监测标准	（1）银行等金融机构应当制定本机构的交易监测标准，并对其有效性负责。

续表

项目	内容
交易监测标准	（2）交易监测标准包括并不限于客户的身份、行为，交易的资金来源、金额、频率、流向、性质等存在异常的情形。
交易监测方式	（1）银行等金融机构应当对通过交易监测标准筛选出的交易进行人工分析、识别，并记录分析过程；不作为可疑交易报告的，应当记录分析排除的合理理由；确认为可疑交易的，应当在可疑交易报告理由中完整记录对客户身份特征、交易特征或行为特征的分析过程。 （2）可疑交易如果明显涉嫌洗钱、恐怖融资等犯罪活动，严重危害国家安全，影响社会稳定，具有其他情节严重或者情况紧急的，银行等金融机构应当在向中国反洗钱监测分析中心提交可疑交易报告的同时，以电子形式或书面形式向所在地中国人民银行或者其分支机构报告，并配合反洗钱调查。

第四节 内外部审计

一、内部审计（掌握）

真考解读 属于常考点，一般会考1道题以上。

（一）内部审计概述

项目	内容
概念	内部审计是对本单位及所属单位财政财务收支、经济活动、内部控制、风险管理实施独立、客观的监督、评价和建议，以促进单位完善治理、实现目标的活动。解读1
目标	（1）推动国家有关经济金融法律法规和监管规则的有效落实。 （2）促进商业银行建立并持续完善有效的风险管理、内控合规和公司治理架构。 （3）相关审计对象有效履职，共同实现本银行战略目标。
主要事项	（1）经营管理的合规性及合规部门工作情况。 （2）内部控制的健全性和有效性。 （3）风险状况及风险识别、计量、监控程序的适用性和有效性。 （4）信息系统规划设计、开发运行和管理维护的情况。 （5）会计记录和财务报告的准确性和可靠性。 （6）与风险相关的资本评估系统情况。 （7）机构运营绩效和管理人员履职情况等。

解读1 内部审计与国家审计（政府审计）、社会审计（事务所审计、独立审计）并列为三大类审计。

第九章 内部控制、合规管理与审计

（二）内部审计的组织架构和相关职权 解读2

项目	内容
董事会	（1）董事会对内部审计的适当性和有效性承担最终责任。 （2）职责：①根据本银行业务规模和复杂程度配备充足、稳定的内部审计人员；②提供充足的经费并列入财务预算；③负责建立和维护健全有效的内部审计体系；④批准内部审计章程、中长期审计规划和年度工作计划等；⑤为独立、客观开展内部审计工作提供必要保障；⑥对审计工作的独立性和有效性进行考核，并对内部审计质量进行评价。
审计委员会	（1）董事会应下设审计委员会，审计委员会对董事会负责。审计委员会负责人原则上应由独立董事担任。审计委员会成员不少于3人，多数成员应为独立董事。审计委员会成员应具有财务、审计和会计等专业知识和工作经验。 （2）职责：①授权审核内部审计章程等重要制度和报告；②审批中长期审计规划和年度审计计划；③指导、考核和评价内部审计工作。
高级管理层	（1）高级管理层职责：①支持内部审计部门独立履行职责，确保内部审计资源充足到位；②及时向审计委员会报告业务发展、产品创新、操作流程、风险管理、内控合规的最新发展和变化；③根据内部审计发现的问题和审计建议及时采取有效整改措施。 （2）总审计师或首席审计官。 ①商业银行可设立总审计师或首席审计官一名。总审计师或首席审计官由董事会负责聘任和解聘。总审计师或首席审计官对董事会及其审计委员会负责，定期向董事会及其审计委员会和监事会报告工作，并通报高级管理层。 ②职责：组织制定并实施内部审计章程、审计工作流程、作业标准、职业道德规范等内部审计制度，组织实施中长期审计规划和年度审计计划，并对内部审计的整体质量负责。 商业银行未设立总审计师或首席审计官的，由内部审计部门负责人承担总审计师的职责。
内部审计部门	（1）商业银行应设立独立的内部审计部门，内部审计部门向总审计师负责并报告工作。 （2）职责：审查评价并督促改善商业银行经营活动、风险管理、内控合规和公司治理效果，编制并落实中长期审计规划和年度审计计划，开展后续审计，评价整改情况，对审计项目的质量负责。 （3）内部审计人员。 ①商业银行应配备充足的内部审计人员，原则上不得少于员工总数的1%。 ②内部审计人员不得参与有利益关系的审计项目，不得利用职权谋取私利，不得隐瞒审计发现的问题，不做缺少证据支持的判断，不做误导性陈述。

解读2 银行建立的内部审计管理体系应当是独立垂直的，审计预算、人员薪酬、主要负责人任免由董事会或其专门委员会决定。

(三) 内部审计的章程、职责与权限

项目	内容
章程	内部审计章程应至少包括以下事项：①内部审计目标和范围；②内部审计地位、权限和职责；③内部审计部门的报告路径以及与高级管理层的沟通机制；④总审计师的责任和义务；⑤内部审计与风险管理、内部控制的关系；⑥内部审计活动外包的标准和原则；⑦内部审计与外部审计的关系；⑧对重点业务条线及风险领域的审计频率及后续整改要求；⑨内部审计人员职业准入与退出标准、后续教育制度和人员交流机制。
职责	（1）公司治理的健全性和有效性。 （2）经营管理的合规性和有效性。 （3）内部控制的适当性和有效性。 （4）风险管理的全面性和有效性。 （5）会计记录及财务报告的完整性和准确性。 （6）信息系统的持续性、可靠性和安全性。 （7）机构运营、绩效考评、薪酬管理和高级管理人员履职情况。 （8）监管部门监督检查发现问题的整改情况以及监管部门指定项目的审计工作等。
权限	（1）内部审计部门有权获取与审计有关的信息，列席或参加与内部审计职责有关的会议，参加相关业务培训。 （2）内部审计部门有权检查各类经营机构（含分支机构和附属机构）的各项业务和管理活动（含外包业务），及时、全面获取经营管理相关信息，并就有关问题向审计对象和行内相关人员进行调查、质询和取证。 （3）内部审计部门有权向董事会、高级管理层和相关部门提出处理和处罚建议。 （4）内部审计部门可就风险管理、内部控制等事项提供专业建议，但不得直接参与或负责内部控制设计和经营管理的决策与执行。

(四) 内部审计的主要工作方法

项目	内容
现场审计	现场审计是内部审计中最传统和最主要的工作方式，主要包括以下三个方面。 （1）全面审计：一般以3年为一个周期对分支机构开展一次全面审计。 （2）专项审计：按年度审计项目计划，对辖内分支机构的重点关注业务领域或项目有计划地进行专项审计。

第九章 内部控制、合规管理与审计

续 表

项目	内容
现场审计	（3）离任审计：对辖内离任董事和高级管理人员在任职期间所承担的经济责任履职情况进行审查、监督和总体评价。
非现场审计	（1）非现场审计具有全面性、时效性、低成本、高效率等优势，已成为内部审计的主要审计方式之一。 （2）监测范围主要包括管辖范围内的机构概览、业务异动分析、内部控制评价、内部控制报告、后续跟踪、日常信息收集与监测等。
现场走访	现场走访包括内部分行走访和监管机构走访。
自行查核	由内部审计部门确定全行自行查核关键风险点，各分支机构定期组织查核，对照整改。

（五）内部审计的工作流程

商业银行规范的内部审计工作流程应当包括审计计划、准备、实施、报告、结果运用、跟踪、沟通与确认、档案管理、质量评价等工作流程。

流程	内容
审计计划和准备	（1）内部审计部门应根据商业银行的内部审计章程、业务性质、风险状况、管理需求及审计资源的配置情况，确定审计范围、审计重点、审计频率，编制中长期审计规划和年度审计计划，并报审计委员会批准。 （2）商业银行的年度内部审计计划应充分考虑监管关注事项，包括但不限于全面风险管理、资本充足、流动性、内控合规、财务报告等。 （3）内部审计部门应根据年度审计计划，选派合格、胜任的审计人员组成审计组，收集和研究相关背景资料，了解审计对象的风险概况及内部控制，编制项目审计方案，组织审计前培训并在实施审计前向审计对象下发审计通知书 解读3。
审计方案实施	（1）内部审计人员应根据项目审计方案，综合运用审核、观察、访谈、调查、函证、鉴定、调节和分析等方法，获取审计证据，并将审计过程和结论记录于审计工作底稿。 （2）内部审计采取现场审计与非现场审计相结合的方式，并通过加强非现场审计系统建设，增强内部审计的广度与深度。 （3）内部审计部门应加强信息科技在审计工作中的运用，不断完善内部审计管理信息系统。在审计过程中，内部审计人员应做好与审计对象的沟通交流。

解读3 特殊情况下，审计通知书可以在实施审计时送达。

流程	内容
审计结论异议解决机制	（1）商业银行对审计对象提出异议的审计结论，应及时进行沟通确认，根据内部审计章程的规定，将沟通结果和审计结论报送至相关上级机构并归档保存。 （2）内部审计人员在实施必要的审计程序后，应征求审计对象意见并及时完成审计报告[解读4]。
审计报告及结果运用	（1）内部审计人员应将审计报告发送至审计对象，并上报审计委员会及董事会，同时根据内部审计章程的规定与高级管理层及时沟通审计发现。 （2）商业银行董事会及高级管理层应采取有效措施，确保内部审计结果得到充分利用，整改措施得到及时落实；对未按要求整改的，应追究相关人员责任。 （3）内部审计部门应跟进审计发现问题的整改情况。必要时可开展后续审计，评价审计发现问题的整改进度及有效性。
审计档案管理	内部审计部门应建立健全内部审计档案管理制度，妥善保管内部审计档案资料。
审计质量评价	商业银行应建立健全内部审计质量控制制度和程序，定期实施内部审计质量自我评价，并接受内部审计质量外部评估。

解读4 审计报告应包括审计目标和范围、审计依据、审计发现、审计结论、审计建议等内容。

（六）内部审计质量控制

（1）内部审计部门可就风险管理、内部控制等有关问题提供咨询服务，但为确保其独立性，不应直接参与或负责内部控制设计和经营管理决策与执行。

（2）内部审计部门应在年度风险评估的基础上确定审计重点，审计频率和程度应与银行业务性质、复杂程度、风险状况和管理水平相一致。对每一营业机构的风险评估每年至少1次，审计每2年至少1次。

（3）内部审计部门应加强科技手段和信息技术在审计工作中的运用，建立完善非现场内部审计监测体系及内部审计操作系统、信息管理系统。

（4）内部审计部门根据工作需要，经董事会批准后，可将部分内部审计项目外包，但须事先对外包机构的独立性、客观性和专业胜任能力进行评估。商业银行的战略管理、核心管理以及内部审计等职能不宜外包。

（5）董事会可聘请外部机构对内部审计部门的尽职情况进行评价，并保证外部检查人员独立于评价对象、具备专业胜任能力以及与评价对象没有利益冲突。

（七）内部审计的报告制度

项目	内容
内部	（1）审计委员会应按季度向董事会报告审计工作情况，并通报高级管理层和监事会。

续 表

项目	内容
内部	（2）首席审计官和内部审计部门应做到：①在审计事项结束后，及时向董事会和高级管理层主要负责人报送项目审计报告[解读5]；②按季度向董事会和高级管理层主要负责人报告审计工作情况；③每年至少1次向董事会提交包括履职情况、审计发现和建议等内容的审计工作报告。
外部	（1）银行董事会和高级管理层应建立、完善与银行业监督管理机构的沟通和报告制度，就重大审计发现及时报告。 （2）内部审计部门应就以下事项向国务院银行业监督管理机构或其派出机构报告：①向董事会提交的全面审计工作报告；②内部审计部门开展异地审计的，应同时将审计报告抄报审计对象所在地的国务院银行业监督管理机构派出机构；③内部审计部门发现重大问题并报告董事会后，在问题未得到认真查处整改的情况下，应直接向监督管理机构报告相关情况；④外部中介机构对银行的审计报告。

[解读5] 项目审计报告包括审计概况、审计依据、审计结论、审计决定、审计建议、审计对象反馈意见等。

（八）内部审计的考核与问责

项目	内容
内部审计的考核	（1）商业银行董事会和高级管理层应采取有效措施，确保内部审计成果得以充分利用。 （2）商业银行董事会应针对内部审计部门建立科学的激励约束机制，对内部审计相关各方的尽职、履职情况进行考核评价。 （3）内部审计部门定期对内部审计人员的专业胜任能力进行评价。 （4）内部审计人员的薪酬水平应不低于本机构其他部门同职级人员平均水平。 （5）内部审计结果和整改情况应作为审计对象绩效考评的重要依据。
内部审计的问责	（1）审计对象应积极配合内部审计工作。对于拒绝、妨碍内部审计工作及整改不力的行为，商业银行应及时制止并追究相关责任人的责任。 （2）建立内部审计责任制，明确规定内部审计人员履职尽责要求以及问责程序。 （3）董事会应对违反职业道德规范和其他违法行为的内部审计部门负责人和直接责任人追究责任。 （4）高级管理层对未按要求进行整改的问题，应督促整改，追究相关人员责任，并承担未对审计发现采取纠正措施所产生的责任和风险。 （5）经责任认定，内部审计部门和审计人员已勤勉尽职的，可减轻或免除其责任。

（九）银行分支机构高管人员及相关人员需关注的相关内部审计事项

（1）认真学习和遵守有关银行业经营活动的法律、行政法规、部门规章及文件、准则等，切实贯彻和执行本行的各项规章制度，做到依法合规经营。

（2）熟悉和掌握本行有关内部审计的组织框架和相关制度、流程，自觉接受和认真配合内部审计工作，及时、全面执行审计处理意见。对审计结论有异议的，可以向作出审计结论的审计机构的上级机构进行复议。

（3）认真执行相关规定，高级管理人员离任后，及时向其离任机构所在地监管机构报送离任审计报告。

（十）内部审计的监管评估

（1）商业银行内部审计部门应向监管部门提交以下报告：内部审计计划，重要审计发现及其整改情况，向董事会提交的全面审计工作报告，外部机构对银行的审计报告，监管部门监督检查发现问题的整改报告，内部审计质量自我评价报告，银行业监督管理机构^{解读6}要求的其他报告。

（2）银行业监督管理机构通过非现场监管、现场检查、监管会谈等方式，对商业银行内部审计的有效性进行评估。^{解读7}评估内容包括内部审计章程，内部审计的范围、频率和效果，确保内部审计职能充分发挥作用的公司治理机制，银行集团内部审计的有效性，内部审计人员的专业胜任能力，内部审计人员的薪酬机制，内部审计活动外包情况，内部审计报告及审计建议的整改落实情况，内部审计问责情况等。

二、外部审计（熟悉）

（一）外部审计概述

项目	内容
概念	外部审计是指独立于政府机关和企事业单位的国家审计机构所进行的审计，以及独立执行业务的会计师事务所接受委托进行的审计。
其他	（1）商业银行的董事会应对外部审计负最终责任，商业银行应当建立健全委托外审机构的相关规章制度。 （2）我国银行业监督管理部门对商业银行进行的检查不属于审计，只是经济监督。

（二）外部审计委托与质量控制

项目	内容
外部审计委托	《银行业金融机构外部审计监管指引》对外部审计委托^{解读8}作出了相关规定。 （1）对合格外审机构的评估包括但不限于以下因素^{解读9}：

解读6 银行业监督管理机构可要求商业银行内部审计部门完成指定项目的审计工作，并将审计结果报送监管部门。

解读7 银行业监督管理机构有权根据评估结果对商业银行内部审计工作提出监管意见，要求其限期整改并提交整改报告。

真考解读 考查相对较少，熟悉即可。

解读8 银行业金融机构应当委托具有独立性、专业胜任能力和声誉良好的外审机构从事审计业务。

解读9 外部审计机构的合格因素考生应多加关注。

第九章 内部控制、合规管理与审计

续 表

项目	内容
外部审计委托	①在形式和实质上均保持独立性； ②具有与委托银行业金融机构资产规模、业务复杂程度等相匹配的规模、资源和风险承受能力； ③拥有足够数量的具有银行业金融机构审计经验的注册会计师，具备审计银行业金融机构的专业胜任能力； ④熟悉金融法规、银行业金融机构业务及流程、内部控制制度以及各种风险管理政策； ⑤具有完善的内部管理制度和健全的质量控制体系； ⑥具有良好的职业声誉，无重大不良记录。 （2）外审机构存在下列情况之一的，银行业金融机构不宜委托其从事外部审计业务： ①专业胜任能力、从事银行业金融机构审计的经验、风险承受能力明显不足的； ②存在欺诈和舞弊行为，在执业经历中受过行政处罚、刑事处罚且未满3年的； ③与被审计机构存在关联关系，可能影响审计独立性的。
外部审计质量控制	（1）银行业金融机构应当了解外部审计程序及质量控制体系，配合外审机构开展审计工作，为外审机构实施适当的审计程序提供便利。 （2）银行业金融机构应当与外审机构充分沟通，了解审计进展情况，及时将审计过程中出现的重大事项报告银行业监管机构。 （3）银行业金融机构应当对外审机构的审计报告质量及审计业务约定书的履行情况进行评估。 （4）银行业监管机构可以对外审机构的审计报告质量进行评估，并对存在重大疑问的事项要求银行业金融机构委托其他外审机构进行专项审计。 （5）外审机构同一签字注册会计师对同一家银行业金融机构进行外部审计的服务年限不得超过5年；超过5年的，银行业金融机构应当要求外审机构更换签字注册会计师。 （6）银行业金融机构不宜委托负责其外部审计的外审机构提供咨询服务。

典型真题

【多选题】外审机构存在下列（　　）情况之一的，银行业金融机构不宜委托其从事外部审计业务。
A. 在形式和实质上均保持独立性
B. 具有良好的职业声誉，无重大不良记录

C. 专业胜任能力、从事银行业金融机构审计的经验、风险承受能力明显不足的

D. 存在欺诈和舞弊行为，在执业经历中受过行政处罚、刑事处罚且未满 3 年的

E. 与被审计机构存在关联关系，可能影响审计独立性的

【答案】CDE【解析】选项 A、选项 B 属于合格外部审计机构的要求，选项 C、选项 D、选项 E 属于银行业金融机构不宜委托外审机构从事外部审计业务的情况。

（三）外部审计结果的利用

（1）银行业金融机构应当在收到外审机构出具的审计报告和管理建议书后及时将副本报送银行业监管机构。

（2）银行业监管机构应当建立银行业金融机构外部审计结果、整改建议等审计信息系统，充分利用外部审计相关信息。

（3）银行业金融机构应当重视并积极整改外部审计发现的问题，并将整改结果报送银行业监管机构。

（四）与外审机构的沟通

（1）银行应健全委托外部审计的管理制度和流程，畅通与外部审计沟通交流的渠道和机制，重视外部审计的意见和建议，尤其应对外部审计的风险提示和对内部控制的意见进行认真分析和评估，并对相关问题及时进行整改。

（2）银行应积极配合外部审计工作，为外部审计机构提供必要的审计便利，不得阻碍外部审计工作正常开展，不得对外部审计出具审计意见施加影响，确保外部审计的独立性。银行的审计委员会应定期审阅外部审计报告，并与外部审计机构举行双方会谈，就审计情况进行充分沟通。

（3）银行应当完整保存委托外部审计机构过程中的档案，银行业监管机构可以对上述档案进行检查，可以对外审机构的审计报告质量进行评估，并对存在重大疑问的事项要求银行委托其他外审机构进行专项审计。

（4）银行发现外审机构如存在审计结果严重失实、严重舞弊行为以及严重违背中国注册会计师审计准则，存在应发现而未发现的重大问题的，可以要求银行立即评估委托该外审机构的适当性。对因上述原因被终止委托的外审机构，银行两年内不得委托其从事审计业务。

（5）银行或外审机构单方要求终止审计委托时，银行应当及时报告银行业监管机构，不得因外部审计机构出具保留意见、否定意见或无法出具审计意见等非标准审计意见而终止审计委托。银行业监管机构应对终止审计委托的情况进行相关调查，保证银行外部审计质量不因终止委托而受到影响，切实保护外部审计机构正常履行审计职责。

（6）银行应加强与外部审计机构的信息交流，定期举行三方会谈，及时交流有关信息，也可直接与外部审计机构进行沟通，及时发现和解决银行存在的相关问题。

第九章 内部控制、合规管理与审计

第五节 银行从业人员管理

一、银行从业人员范围（熟悉）

银行业金融机构从业人员（以下简称从业人员）是指按照《中华人民共和国劳动合同法》的规定，与银行业金融机构签订劳动合同的在岗人员，包括银行业金融机构董（理）事会成员、监事会成员及高级管理人员，以及银行业金融机构聘用或与劳务派遣机构签订协议从事辅助性金融服务的其他人员。

真考解读 考查相对较少，熟悉即可。

二、银行从业人员行为管理的治理架构和制度建设（掌握）

（一）银行从业人员行为管理的治理架构

真考解读 属于常考点，一般会考2道题左右。

项目	内容
董事会	银行业金融机构董事会对从业人员的行为管理承担最终责任。 （1）培育依法合规、诚实守信的从业人员行为管理文化。 （2）审批本机构制定的行为守则及其细则。 （3）监督高级管理层实施从业人员行为管理。 董事会可授权下设相关委员会履行其部分职责。
监事会	负责对董事会和高级管理层在从业人员行为管理中的履职情况进行监督评价。
高级管理层	高级管理层承担从业人员行为管理的实施责任，执行董事会决议。 （1）建立覆盖全面的从业人员行为管理体系，明确相关行为管理部门的职责范围。 （2）制定行为守则及其细则并确保实施。 （3）每年将从业人员行为评估结果向董事会报告。 （4）建立全机构从业人员管理信息系统。
从业人员管理部门	（1）银行业金融机构应明确从业人员行为管理的牵头部门，负责全机构从业人员的行为管理。 （2）除牵头部门外的风险管理、内控合规、内部审计、人力资源和监察部门等行为管理相关部门应根据从业人员行为管理的职责分工，积极配合牵头部门对从业人员的行为进行监测、识别、记录、处理和报告。

（二）银行从业人员行为管理的制度建设

项目	内容
行为守则和行为细则	（1）行为守则应包括但不限于从业人员的行为规范、禁止性行为及其问责处罚机制等。行为细则应符合不同业务条线的特点，突

续　表

项目	内容
行为守则和行为细则	出各业务条线中关键岗位的行为要求，并重点关注该业务条线中的不当行为可能带来的潜在风险。 　　（2）银行业金融机构制定的行为守则及其细则应要求全体从业人员遵守法律法规、恪守工作纪律，包括但不限于：①自觉抵制并严禁参与非法集资、地下钱庄、洗钱、商业贿赂、内幕交易、操纵市场等违法行为；②不得在任何场所开展未经批准的金融业务；③不得销售或推介未经审批的产品；④不得代销未持有金融牌照机构发行的产品；⑤不得利用职务和工作之便谋取非法利益；⑥未经监管部门允许不得向社会或其他单位和个人泄露监管工作秘密信息等。
评估和监测	（1）银行业金融机构的行为管理牵头部门应每年制定从业人员行为的年度评估规划，定期评估全体从业人员行为，并将评估结果向高级管理层报告。 　　①针对评估中发现的从业人员不当行为及其风险隐患，应予以记录并及时提出处理建议。 　　②针对评估中发现的共性问题，应提出有效的整改计划，并持续对行为守则及其细则进行完善。 　　（2）银行业金融机构的行为管理牵头部门应完善从业人员行为的长期监测机制，并建立针对重点问题、关键岗位的不定期排查机制。针对监测和排查中发现的问题，应予以记录并及时提出处理建议。
招聘和任职	（1）银行业金融机构应将从业人员行为评估结果作为薪酬发放和职位晋升的重要依据。 　　（2）银行业金融机构应在从业人员招聘和任职程序中评估与业务相关的行为，重点考察是否有不当行为记录。 　　（3）银行业金融机构在招录董事（理事）和高级管理人员时，应向银行业监督管理机构申请在银行业金融机构从业人员处罚信息系统中查询有关行政处罚信息。
从业人员管理信息系统	银行业金融机构应建立与本机构业务复杂程度相匹配的从业人员管理信息系统，持续收集从业人员的基本情况、行为评价、处罚等相关信息，支持对从业人员行为开展动态监测。
举报和问责	（1）银行业金融机构应建立举报制度，鼓励从业人员积极抵制、堵截和检举各类违法违规违纪和危害所在机构声誉的行为。 　　（2）银行业金融机构应及时对违反行为守则及其细则的从业人员进行处理和责任追究，并视情况追究负有管理职责的相关责任人的责任。 　　（3）对于涉嫌刑事犯罪的行为，银行业金融机构应及时移送司法机关，不得以纪律处分代替法律制裁。

三、银行从业人员行为管理的监管要求（掌握）

（1）银行业金融机构应将从业人员行为守则及评估报告报送银行业监督管理机构。

（2）银行业金融机构应当根据《银行业金融机构从业人员处罚信息管理办法》的相关要求，将本机构从业人员受刑事处罚、行政处罚、纪律处分及其他处罚等惩戒措施情况报告监管机构。

（3）银行业监督管理机构应加强银行业金融机构从业人员行为管理的评估、监管和信息收集。

（4）对于不能满足从业人员行为管理相关要求的银行业金融机构，银行业监督管理机构可以要求其制订整改方案，责令限期改正，并视情况采取相应的监管措施。

真考解读 考点较重要，考生需掌握。

四、银行从业人员行为规范（熟悉）

（1）银行从业人员应严格遵守各项法律法规，坚持依法合规办事，自觉抵制各种违法违规行为，维护国家利益和金融安全；履行法律义务，保守国家机密和商业秘密；尊重创造，保护知识产权和专利；实事求是，客观、真实反映银行活动信息，严禁作假。

（2）从业人员应积极履行各项行规行约，坚持将行规行约的学习与日常业务制度学习相结合，不断提高服务意识和服务水平。

（3）从业人员应树立保密观念，增强保密意识，严格遵守保密法规，自觉履行保密责任，做到不泄密、不失密，确保银行经营安全和客户的资金、信息安全。

（4）从业人员应规范操作，认真执行上级指令。执行中如发现可能发生违章违纪行为，或可能导致风险时，应立即向上级报告或越级报告。从业人员应熟练掌握业务技能，取得任职岗位应具备的资格。

（5）从业人员应遵循公平竞争、客户自愿原则。自觉抵制低价倾销、诋毁同业、虚假宣传等不正当竞争行为；做到客户至上，诚实守信，优质服务；执行首问负责制，热情接待，语言文明，举止大方；尊重隐私，不因客户性别、肤色、民族、身份等差异而优待或歧视。

（6）从业人员应热心公益，奉献爱心，公私分明，勤俭节约。从业人员遇到利益冲突，应主动回避。办理授信、资信调查、融资等业务的从业人员，在涉及亲属关系或利害关系人时，应主动提出回避。从业人员不应从事与本机构有利害关系的第二职业。

（7）从业人员应自觉抵制内幕交易，不得利用内幕信息牟取个人利益，不得将内幕信息以明示或暗示的形式告知他人。从业人员应履行反洗钱义务，拒绝洗钱，及时报告大额交易和可疑交易。

真考解读 考查相对较少，熟悉即可。

(8) 从业人员应遵守相关法律法规，不得利用内幕信息买卖有关联关系的上市公司股票；不得挪用公款和客户资金买卖股票；不得用本人消费贷款、信用卡透支变现买卖股票。

(9) 从业人员应自觉抵制欺诈、非法集资及商业贿赂，拒绝"黄、赌、毒、黑"。在社会交往和商业活动中，从业人员应廉洁自律，不得接受或给予客户任何形式的非法利益。

章节练习

一、单选题（以下各小题所给出的四个选项中，只有一项符合题目的要求，请选择相应选项，不选、错选均不得分）

1. 下列选项中，不属于商业银行合规管理机制的是(　　)。
   A. 合规问责机制　　　　　　　　B. 合规绩效考核机制
   C. 诚信举报机制　　　　　　　　D. 公平竞争机制

2. 接收境外汇入款的银行在办理汇入汇款业务时，如发现汇款人姓名或者名称、汇款人账号和(　　)三项信息中任何一项缺失的，应要求境外机构补充。
   A. 汇款人住所　　　　　　　　　B. 汇款行地址
   C. 汇款人工作单位　　　　　　　D. 汇款人身份证明文件

二、多选题（以下各小题所给出的五个选项中，有两项或两项以上符合题目的要求，请选择相应选项，多选、少选、错选均不得分）

1. 商业银行合规文化的实现途径有(　　)。
   A. 树立"合规从高层做起"的理念　　B. 树立"主动合规"的理念
   C. 树立"合规人人有责"的理念　　　D. 树立"合规创造价值"的理念
   E. 树立"有效互动"的理念

2. 下列情况中，商业银行应重新识别客户的有(　　)。
   A. 客户行为异常　　　　　　　　B. 客户提出销户
   C. 客户要求变更姓名或者名称　　D. 客户有洗钱嫌疑
   E. 先前获得的客户身份资料的真实性存在疑点

三、判断题（请对以下各项描述做出判断，正确的为A，错误的为B）

1. 合规风险报告是银行合规部门的一项重要职责，合规负责人应不定期就合规事项向银行高级管理层报告。(　　)
   A. 正确　　　　　　B. 错误

2. 客户身份资料和交易记录涉及正在被反洗钱调查的可疑交易活动，且反洗钱调查工作在规定的最低保存期届满时仍未结束的，金融机构应将其保存至反洗钱调查工作结束。(　　)
   A. 正确　　　　　　B. 错误

第九章 内部控制、合规管理与审计

答案详解

一、单选题

1. D【解析】商业银行合规管理的基本机制：①合规绩效考核机制与合规问责机制；②诚信举报机制；③合规培训与教育制度。

2. A【解析】接收境外汇入款的金融机构，发现汇款人姓名或者名称、汇款人账号和汇款人住所三项信息中任何一项缺失的，应要求境外机构补充。

二、多选题

1. ABCDE【解析】商业银行合规文化的实现要求大家树立以下理念：①合规从高层做起；②主动合规；③合规人人有责；④合规创造价值；⑤有效互动。

2. ACDE【解析】出现以下情况时，银行等金融机构应当重新识别客户：①客户要求变更姓名或者名称、身份证件或者身份证明文件种类、身份证件号码、注册资本、经营范围、法定代表人或者负责人的；②客户行为或者交易情况出现异常的；③客户姓名或者名称与国务院有关部门、机构和司法机关依法要求金融机构协查或者关注的犯罪嫌疑人、洗钱和恐怖融资分子的姓名或者名称相同的；④客户有洗钱、恐怖融资活动嫌疑的；⑤金融机构获得的客户信息与先前已经掌握的相关信息存在不一致或者相互矛盾的；⑥先前获得的客户身份资料的真实性、有效性、完整性存在疑点的，以及金融机构认为应重新识别客户身份的其他情形。

三、判断题

1. B【解析】合规风险报告是银行合规部门的一项重要职责，合规负责人应定期就合规事项向银行高级管理层报告。

2. A【解析】客户身份资料和交易记录涉及正在被反洗钱调查的可疑交易活动，且反洗钱调查工作在规定的最低保存期届满时仍未结束的，金融机构应将其保存至反洗钱调查工作结束。

第十章 经营绩效管理

🔍 应试分析

本章主要介绍了银行经营与管理中的经营绩效管理，包括市场营销、绩效管理、薪酬管理、财务管理、盈利管理五个方面的内容。本章在考试中涉及的分值约为5分，考试难度不大，考生学习时可以参考每个考点的应试分析有侧重点地进行学习。

🏠 思维导图

经营绩效管理
- 市场营销
  - 市场定位的相关内容（熟悉）
    - 目标市场
    - 市场定位
  - 客户管理的主要方式和客户的风险管理（熟悉）
  - 银行产品开发管理与市场营销的方法（熟悉）
    - 产品的开发管理
    - 市场营销
  - 银行市场营销方面的相关监管要求（熟悉）
    - 机构设置和网点建设
    - 客户信息管理
    - 规范产品销售
- 绩效管理
  - 银行绩效管理的方法与原则（熟悉）
  - 银行绩效考评指标体系的设计与结果运用（重点掌握）
  - 银行绩效管理的监管要求（熟悉）
- 薪酬管理
  - 薪酬管理概述（熟悉）
  - 对稳健薪酬的监管要求（熟悉）
- 财务管理
  - 银行财务管理的内涵（掌握）
  - 银行财务会计制度的主要内容（熟悉）
  - 新会计准则对银行的影响（熟悉）
- 盈利管理
  - 商业银行盈利管理概况（熟悉）
  - 主要盈利指标及杜邦分析法（熟悉）
  - 对盈利管理的监管要求（熟悉）
  - 相关计算方法和数据分析（熟悉）
    - 资产利润率
    - 资本利润率
    - 成本收入比
    - 风险资产利润率
    - 净息差、非利息收入比例

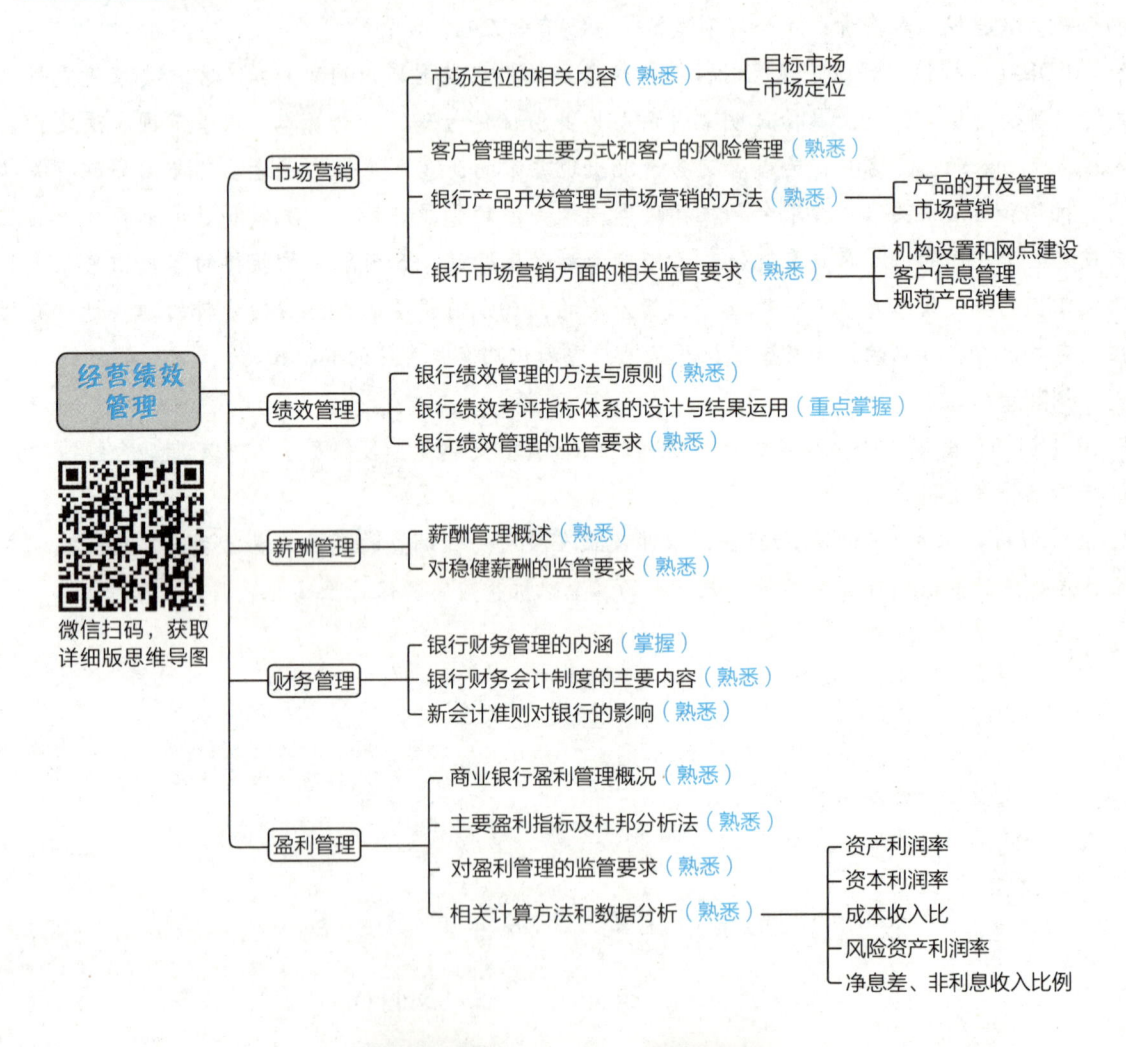

知识精讲

第一节　市场营销

真考解读 考查相对较少，熟悉即可。

一、市场定位的相关内容（熟悉）

（一）目标市场

项目	内容
含义	目标市场是指银行为满足现实或潜在的客户需求，在市场细分的基础上将重点开展营销活动的特定细分市场。
目标市场分析	（1）地位：是商业银行制定产品政策、客户管理和营销政策的前提。 （2）目标市场中，银行营销活动的目的是满足客户特定的需求。它可以是一个细分市场，也可以是多个细分市场。
市场细分	（1）概念：营销者通过市场调研，根据整体市场上客户需求的差异性，以影响客户需求和欲望的某些因素为依据，把某一产品的市场整体划分为若干个消费者群的市场分类过程。 （2）地位：市场细分是目标市场确定的前提和基础，而选择合适的目标市场则是市场细分的目的。

典型真题

【多选题】下列关于市场细分的说法中，正确的有（　　）。
A. 根据整体市场上客户需求的差异性划分
B. 以影响客户需求和欲望的某些因素为依据
C. 把某一产品的市场整体划分为若干个消费者群的市场分类过程
D. 以影响客户需求和收益的某些因素为依据
E. 把不同产品的市场整体划分为若干个消费者群的市场分类过程
【答案】ABC　【解析】市场细分就是营销者通过市场调研，根据整体市场上客户需求的差异性，以影响客户需求和欲望的某些因素为依据，把某一产品的市场整体划分为若干个消费者群的市场分类过程。

（二）市场定位

项目	内容
分类	产品定位和银行形象定位。

续 表

项目	内容
步骤 解读1	市场定位的步骤：①识别重要属性，即识别影响目标市场客户购买决策的重要因素；②制作定位图，并在定位图上标出本银行和竞争者所处的位置；③定位选择，主要有主导式定位、追随式定位和补缺式定位三种选择；④执行定位。

解读1 市场定位的分类和步骤考查较多，考生需重点记忆。

二、客户管理的主要方式和客户的风险管理（熟悉）

真考解读 考查较少，熟悉即可。

项目	内容
主要方式	（1）建立客户追踪制度。 （2）扩大销售。作为一种关系策略，扩大销售的明显优势在于它能够减少客户寻求其他金融机构服务的需求，排斥竞争者，赢得客户对银行的忠诚。 （3）维护访问。
客户的风险管理	（1）建立客户风险管理机制。 ①收集和整理客户系统信息，建立起完备系统的客户管理信息档案。 ②及时把握客户需求的变化。 ③建立客户风险管理负责制度。 ④建立专业化的信息与风险研究机构。 （2）完善客户风险管理手段。 ①风险预防，指通过识别、分析和消除可能导致客户风险发生的各种直接因素和间接因素，达到防患于未然的目的。 ②风险化解，指采取一定的手段来分散、消减和转移风险。

三、银行产品开发管理与市场营销的方法（熟悉）

真考解读 考查相对较少，熟悉即可。

（一）产品的开发管理

项目	内容
目标	（1）提高现有市场的份额。 （2）吸引现有市场之外的新客户。 （3）以更低的成本提供同样或类似的产品。
方法 解读2	（1）仿效法，指以原有某信贷产品为模式，结合本行以及目标市场的实际情况和条件实行必要的调整、修改和补充，从而开发出新的公司信贷产品的方法。 （2）交叉组合法，指对两个或多个现有产品加以重新组合或改

解读2 产品开发管理的三种方法需要考生准确区分并熟练掌握。

续表

项目	内容
方法	进,将几种产品组合在一起,提供给具有特殊需要的细分市场的客户一种新产品。 (3) 创新法,指依据市场上出现的新需求,开发出能满足这种需求的新产品。

典型真题

【单选题】下列选项中,不属于商业银行产品开发方法的是( )。
A. 仿效法　　　B. 交叉组合法　　C. 低成本法　　D. 创新法
【答案】C【解析】商业银行产品开发的方法:①仿效法;②交叉组合法;③创新法。

(二)市场营销

1. 营销策略

项目	内容
低成本策略	(1) 概念:强调降低银行成本,使银行保持令人满意的边际利润,同时成为一个低成本竞争者。 (2) 特点:在客户对价格十分敏感的情况下,竞争基本上是在价格上展开的,成本领先战略较为奏效。
产品差异策略	(1) 概念:以差异性为基础,力求在客户的心目中树立一种独特性的观念,并以这种独特性为基础,将它运用到市场竞争中。 (2) 特点:当银行运用对客户需求有价值的方法将自己区别于竞争对手,而且竞争对手使用的差异化服务的数目少于有效的差异性服务的数目时,产品差异策略就较为奏效。
专业化策略	(1) 概念:旨在专注于某个服务领域,瞄准特定细分市场,针对特定地理区域。 (2) 特点:当一家银行的实力范围狭窄、资源有限,或是面对强大的竞争对手时,专业化策略可能就是它唯一可行的选择。
大众营销策略	(1) 概念:银行的产品和服务满足大众化需求,适宜所有的人群。 (2) 特点:目标大、针对性不强、效果差。
单一营销策略	(1) 概念:针对每一个客户的个体需求而设计不同的产品或服务,有条件地满足单个客户的需要。 (2) 特点:针对性强,适宜少数高端客户,能够为客户提供需要的个性化服务,但营销渠道狭窄,营销成本太高。
情感营销策略	(1) 概念:在单一营销的基础上注入人性化的营销理念。 (2) 特点:不局限于满足客户的一次性需要,而是用情感打动客户,提高客户的忠诚度。

续 表

项目	内容
分层营销策略	（1）概念：研究的是某一层面所有的需求，介于大众营销和单一营销之间，用相对少的资源满足这一批客户的需求。 （2）特点：分层营销是现代营销最基本的方法。
交叉营销策略	（1）概念：基于银行同客户的现有关系，向客户推荐银行的其他产品。 （2）特点：交叉营销的立足点不是放在争取新客户上，而是把工夫花在挽留老客户上，增强客户黏性。

典 型 真 题

【单选题】当一家银行的实力范围狭窄、资源有限，或是面对强大的竞争对手时，（ ）可能就是它唯一可行的选择。

A．低成本策略　　　　　　　　B．产品差异策略
C．专业化策略　　　　　　　　D．单一营销策略

【答案】C【解析】当一家银行的实力范围狭窄、资源有限，或是面对强大的竞争对手时，专业化策略可能就是它唯一可行的选择。

2．营销渠道（分销渠道）

按营销渠道模式分类，营销渠道可分为以下几种。

（1）自营营销渠道^{解读3}，指银行将产品直接销售给最终需求者，不通过任何中介。其模式就是银行产品直接销售给银行客户。

（2）代理营销渠道，指客户代理行的介入，转变了银行产品的提供方式，加快了银行产品的分销速度，有利于银行拓展市场，降低营业费用。

（3）合作营销渠道^{解读4}。按营销渠道场所分类，合作营销可分为以下几种。

①网点机构营销。网点机构是银行人员面对面向客户销售产品的场所，也是银行形象的载体，网点机构营销目前仍然是银行最重要的营销渠道。主要包括全方位网点机构营销渠道、专业性网点机构营销渠道、高端化网点机构营销渠道和法人网点机构营销渠道四类。

②电子银行营销。电子银行业务已成为全球银行业服务客户、赢得竞争的重要渠道之一。

③登门拜访营销。银行在面对一些重要的大客户时通常采取登门拜访的营销方式，由客户经理登门拜访，了解客户需求，向客户推销合适的产品。

3．促销策略

银行的促销方式包括广告^{解读5}、人员促销、公共宣传、公共关系、销售促进^{解读6}。

解读3 自营营销渠道如果运用得当，可降低银行的流通费用，加快银行产品的流通速度，增加收益。但当银行达到一定规模时，会占用较多的人力、物力和财力。

解读4 银团贷款就是典型的合作营销。

解读5 产品的广告要突出差异化策略。

解读6 销售促进的方式包括专有利益、配套服务和促销策略联盟等。

四、银行市场营销方面的相关监管要求（熟悉）

项目	内容
机构设置和网点建设	（1）商业银行要制定科学合理的机构设置规划，减少费用开支，降低成本，提高效益。 （2）商业银行要集中优势力量，促进经营规模的扩大和服务层次的提高。 （3）商业银行要特别注意金融富集区同质化竞争激烈、经济欠发达地区金融服务不充分、区域机构发展不均衡的问题。 （4）商业银行要坚持服务实体经济和社会责任导向，实施正向激励，支持小微企业、"三农"、科技创新等重点、新兴领域发展。
客户信息管理	（1）商业银行要充分了解自己的客户。"了解你的客户""了解你的业务"和"尽职调查"，合称商业银行"展业三原则"。^{解读7} （2）商业银行要防止客户信息泄露。
规范产品销售	（1）商业银行要加强产品体系的梳理，特别对理财等重点产品要加强管理。 （2）商业银行对代理销售（如代理保险业务、代理基金业务）要加强管理。 （3）商业银行在固定营业场所以外，由外部营销人员向消费者推介个人银行业务或零售银行业务的各类产品和服务的外部营销业务也应向所在地监管机构报告。

真考解读 考查相对较少，熟悉即可。

解读7 "展业三原则"已日益成为监管机构对商业银行开展业务、控制风险、宏观审慎监管的基本指导原则。

第二节　绩效管理

一、银行绩效管理的方法与原则（熟悉）

项目	内容
核心	绩效管理的核心是绩效考评和激励管理。
工具方法	一般包括关键绩效指标法（KPI）、经济增加值法、平衡计分卡（BSC）、股权激励计划（EIP）等。
绩效考评的基本原则	（1）稳健经营原则。 （2）合规引领原则。 （3）战略导向原则。^{解读1} （4）综合平衡原则。 （5）统一执行原则。

真考解读 考查相对较少，熟悉即可。

解读1 绩效考评应当以发展战略为导向。

解读2 绩效评价标准是指判断评价对象业绩优劣的基准。选择什么标准作为考评的基准取决于考评的目的。

真考解读 属于必考点，至少会考1道题。银行绩效考评指标体系的设计考查得较多。

续 表

项目	内容
绩效考评的基本要素	绩效考评包含五个基本要素：①评价目标；②评价对象；③评价指标；④评价标准^{解读2}；⑤评价报告。其中，评价对象包括银行本身和银行管理者，两者既有联系又有区别。

二、银行绩效考评指标体系的设计与结果运用（重点掌握）

（一）银行绩效考评指标体系的设计

项目	内容
银行绩效考评指标	（1）合规经营类指标。用于评价银行业金融机构遵守相关法律法规和规章制度、内部控制建设及执行的情况，包括合规执行、内控评价、违规处罚等。 （2）风险管理类指标。用于评价银行业金融机构风险状况及变动趋势，包括信用风险指标、操作风险指标、流动性风险指标、市场风险指标和声誉风险指标等。在计算风险管理类指标时，银行业金融机构应当充分考虑考评对象风险分类、识别和计量的准确性。 （3）经营效益类指标。用于评价银行业金融机构经营成果、经营效率和价值创造能力，包括利润指标、成本控制指标、风险调整后收益指标等。在经营效益类指标中，银行业金融机构应以风险调整后收益指标为核心，确定合理的分值和权重。 （4）发展转型类指标。用于评价银行业金融机构根据宏观经济政策、结构调整及自身需要，推动业务发展和战略转型的情况，包括业务及客户发展指标、资产负债结构调整指标、收入结构调整指标等。对于以贷转存、以贷收费和转嫁成本等不规范经营的考评对象，应当调低发展转型类指标的考评得分。 （5）社会责任类指标。用于评价银行业金融机构提供金融服务、支持节能减排和环境保护、提高社会公众金融意识的情况，包括服务质量和公平对待消费者、绿色信贷、公众金融教育等。 【提示】商业银行应正确处理业务发展和合规管理、风险管理的关系，不断完善考核机制，合理确定或适当提高合规和风险管理指标在考核体系中的占比，合规经营类和风险管理类指标权重应当明显高于其他类指标。
核心指标的设置	（1）经济增加值（EVA）是商业银行目前考评体系中风险绩效评价法的核心指标。 （2）经济增加值＝风险调整后利润－经济资本占用×资本预期回报率。

项目	内容
指标权重的设置	（1）某一指标的权重是指该指标在整体评价中的相对重要程度。 （2）权重表示在评价过程中，对评价对象不同侧面的重要程度的定量分配，由于不同评价对象有不同的特点，决定计算权重时要反映出这些特点，适应各种变化。
评价标准的设置	（1）评价标准是指判断评价对象绩效优劣的基准，实务中也被称为指标值或目标值。 （2）常见的评价标准有内部和外部之分，内部标准有历史标准、预算标准、经验标准等；外部标准有行业标准、竞争对手标准、标杆标准等。

典型真题

【单选题】用于评价银行业金融机构遵守相关法律法规和规章制度、内部控制建设及执行的情况的绩效考评指标是（   ）。
A. 发展转型类指标　　　　　B. 合规经营类指标
C. 社会责任类指标　　　　　D. 经营效益类指标
【答案】B【解析】合规经营类指标用于评价银行业金融机构遵守相关法律法规和规章制度、内部控制建设及执行的情况，包括合规执行、内控评价、违规处罚等。

（二）绩效考评体系的结果运用

项目	内容
战略目标审视	根据年度经营考评结果，对照战略目标的年度分解标准值，审视战略目标的实现程度，分析其关键原因，作为战略质询及战略调整的重要信息输入，也是年度目标计划制订的重要依据。
资源配置	在具体分配过程中，通常将经营费用分为标准费用和绩效费用。其中，标准费用是指维持一家银行在目前现有经营规模情况下，进行简单再生产所需的费用，即开门费用。
人力资源管理应用	绩效考评结果主要应用于人力资源规划、薪酬管理（奖金分配、薪酬级档调整）、员工激励、培训与发展、素质模型、绩效考评指标变动及其岗位调整等方面。
制度建设及企业文化建设方面的应用	银行需要定期根据全部绩效考评结果及考评实施过程遇到的问题，对银行相应的管理制度，尤其是绩效管理制度进行重新审视并做出相应的调整。绩效与企业文化是相辅相成的关系，所以也需要根据绩效结果及各层次绩效考评结果对企业文化建设的成果进行检测与反省，以评估企业文化建设的实际效果。

三、银行绩效管理的监管要求（熟悉）

> 真考解读 考查相对较少，熟悉即可。

项目	内容
考评指标	（1）加强存款的基础性工作，强化存款日均贡献考评，不得设立时点性规模考评指标。 （2）不得在综合绩效考评指标体系外设定单项或临时性考评指标。 （3）不得设定没有具体目标值、单纯以市场份额或市场排名为要求的考评指标。 （4）加强对分支机构的绩效考评管理，合理分解考评任务，分支机构不得自行制定考评办法或层层加码提高考评标准及相关要求。
考评机制	（1）评定等级行、确定管理授权。 （2）分配信贷资源和财务费用。 （3）核定绩效薪酬总额，评价高级管理人员和确定其绩效薪酬。
监督管理	（1）在激励约束机制方面，是否建立健全对董事和监事的履职评价体系、明确董事和监事的履职标准，高级管理人员绩效考核标准、程序等激励约束机制是否公正透明，绩效考核的标准能否体现保护存款人和投资人利益原则，确保银行短期利益与长期利益相一致，是否对高管违反法律、规章及本行章程造成损失建立问责制度。 （2）年度经营计划的审慎性以及绩效考评目标与年度经营计划的吻合性。 （3）绩效考评指标设置与上级机构考评要求的一致性。 （4）业务归属和会计核算的准确性。 （5）财务数据和管理信息的规范性。 （6）是否将绩效考评管理纳入内部审计，法人机构应每年至少组织开展一次绩效考评专项审计。 （7）是否将商业银行绩效考评实施情况纳入年度监管评价，并与设立机构、开办新业务、高级管理人员任职资格核准等监管激励措施挂钩。

第三节　薪酬管理

一、薪酬管理概述（熟悉）

（一）薪酬结构体系

> 真考解读 考查相对较少，熟悉即可。

项目	内容
基本薪酬	基本薪酬是指商业银行为保障员工基本生活而支付的基本报酬，包括津补贴。

续　表

项目	内容
绩效薪酬	绩效薪酬是商业银行支付给员工的业绩报酬和增收节支报酬。
福利性收入	福利性收入包括商业银行为员工支付的社会保险费、住房公积金等。

（二）绩效考评和薪酬管理

（1）从绩效考评的实施方式来看，绩效考评主要包括对机构的考核和对人员的考核两方面，考核频度主要有月度考核、季度考核、年度考核。绩效考评方式为定量考核与定性考核相结合，一般由绩效考评小组对重要经营管理指标完成情况进行考核评分，评分结果和绩效薪酬挂钩。

（2）从绩效考评结果的应用来看，绩效考评结果已成为各商业银行薪酬发放的主要依据，除了物质报酬之外，很多商业银行也将绩效考评结果同时作为员工个人培训、奖惩、晋升的重要参考，或作为对被考核单位或部门授权调整、资源分配的依据。

二、对稳健薪酬的监管要求（熟悉）

真考解读 考查较少，熟悉即可。

项目	内容
制定稳健薪酬的机制	薪酬机制应坚持的原则： （1）薪酬机制与银行公司治理要求相统一。 （2）薪酬激励与银行竞争能力及银行持续能力建设相兼顾。 （3）薪酬水平与风险成本调整后的经营业绩相适应。 （4）短期激励与长期激励相协调。
薪酬结构及相关要求	（1）薪酬结构。商业银行薪酬由固定薪酬、可变薪酬福利性收入等构成。 （2）相关要求。 ①商业银行应确保可变薪酬总额不会弱化本行持续增强资本基础的能力。 ②商业银行支付给员工的年度薪酬总额要综合考虑当年人员总量、结构以及企业财务状况、经营成果、风险控制等多种因素，并参考上年薪酬总额占上年业务管理费的比例确定。
薪酬支付方式	（1）薪酬支付期限应与相应业务的风险持续时期保持一致。 （2）商业银行应合理确定一定比例的绩效薪酬。 （3）商业银行高级管理人员以及对风险有重要影响岗位上的员工，其绩效薪酬的40%以上应采取延期支付的方式，且延期支付期限一般不少于3年。 （4）商业银行应制定绩效薪酬延期追索、扣回规定。

续表

项目	内容
薪酬管理的内容	明确了商业银行绩效考评指标体系应该包括经济效益指标、风险成本控制指标和社会责任指标。
薪酬监管的监管重点	(1) 着力解决薪酬机制的问题。 (2) 着力解决法人层面的问题。 (3) 着力解决薪酬与风险挂钩的问题。 (4) 着力解决市场纪律约束的问题。

第四节 财务管理

一、银行财务管理的内涵（掌握）

真考解读 本考点较重要，考生需要掌握。

（一）银行财务管理概述

解读 银行的损益管理主要包括财务收入管理、财务支出管理、成本费用管理等。

项目	内容
分类	(1) 财产管理。(2) 银行内部资金管理。(3) 银行的损益管理。
原则	(1) 平衡原则。(2) 弹性原则。(3) 比例原则。(4) 优化原则。

典型真题

【多选题】商业银行财务管理的原则包括（　　）。
A. 平衡原则　　B. 相等原则　　C. 弹性原则
D. 比例原则　　E. 优化原则
【答案】ACDE 【解析】商业银行财务管理的原则：①平衡原则；②弹性原则；③比例原则；④优化原则。

（二）银行财务管理的核心及内容

项目	内容
核心	商业银行价值最大化。
财务报告制度	(1) 财务报表。财务报表用来反映在特定日期（月末、季末、年末）的财务状况和在一定会计期间（月份、年度等）内的经营成果。 (2) 财务分析。 ①含义：是对商业银行在某一时点的财务状况和某一时期的经营成果及其原因所做的分析工作。 ②方法：比率分析法、百分比分析法、趋势分析法、比较分析法、因素分析法等。

二、银行财务会计制度的主要内容（熟悉）

真考解读 考查相对较少，熟悉即可。

（一）金融会计概述

项目	内容
功能	（1）核算功能。（2）经营管理功能。
特点	（1）核算内容具有广泛的社会性。 （2）核算方法具有独特性。 （3）监督具有政策性。 （4）内部控制具有严密性。内部控制制度包括统一授信制度，审查与审批制度，不相容职务分离制度，交易动态和实时监控制度，"印、押、证"三分管制度，计算机信息系统风险防范制度以及账务处理方面的复核与盘点制度，定期对账制度，双线核算与双线核对制度，当日记账与当日结账制度，按日提供报表制度等。

典型真题

【单选题】下列不属于金融企业内部控制制度的是（　　）。
A．统一授信制度　　　　　　　B．"印、押、证"三分管制度
C．不相容职务分离制度　　　　D．单线核算、单线核对制度
【答案】D　【解析】金融企业内部控制制度不包括单线核算、单线核对制度。

（二）金融会计制度的主要内容

项目	内容
《企业会计准则第22号——金融工具确认和计量》	（1）金融资产和金融负债的计量。金融资产分为以摊余成本计量的金融资产、以公允价值计量且其变动计入其他综合收益的金融资产、以公允价值计量且其变动计入当期损益的金融资产。 （2）金融资产减值损失的计量。引入"预期损失"理念，将资产减值确认范围由表内资产扩展到贷款承诺、财务担保等表外信贷资产。新准则要求考虑金融资产未来预期信用损失情况，从而更加及时、足额地计提金融资产减值准备，便于揭示和防控金融资产信用风险。
《企业会计准则第23号——金融资产转移》	明确金融资产转移及其终止确认的判断原则，进一步满足了金融资产转移创新业务的实际需要，进一步反映了金融工具分类和计量的最新变化的影响。
《企业会计准则第24号——套期会计》	强调套期会计与企业风险管理活动的有机结合。在拓宽套期工具和被套期项目的范围、以定性的套期有效性要求取代现行准则的定量要求、允许通过调整套期工具和被套期项目的数量实现套期关系的"再平衡"等方面实现突破。

续 表

项目	内容
《企业会计准则第37号——金融工具列报》	（1）增加了金融工具的分类，并补充了金融负债和权益工具、特殊金融工具的区分。 （2）对企业实施过程中新旧准则的衔接进行了明确的规定，对于本准则施行之前存在的金融工具，其会计处理与本准则规定不一致的，明确应当按照《企业会计准则第28号——会计政策、会计估计变更和差错更正》的规定采用追溯调整法进行处理。

真考解读 考查相对较少，熟悉即可。

三、新会计准则对银行的影响（熟悉）

（1）有利于银行加强金融资产和负债管理，夯实资产质量，切实保护投资者和债权人利益。

（2）有利于推动银行加强风险管理，及时预警银行面临的金融风险，有效防范和化解金融风险。

（3）有利于促进银行战略、业务、风控和会计管理的有机融合，全面提升银行管理水平和效率，促进银行转型升级。

（4）有利于提高金融市场透明度，强化金融监管，提升监管效能。

第五节　盈利管理

真考解读 考查较少，熟悉即可。

一、商业银行盈利管理概况（熟悉）

解读1 利息收入是商业银行收入的最主要来源。

项目	内容
收入部分	（1）利息收入^{解读1}。利息收入可细分为贷款利息收入、证券投资利息收入以及存放同业、同业拆出、进行证券回购所得利息收入等。 （2）非利息收入。非利息收入包括所有其他来源的收入，主要包括手续费和佣金收入、投资收益、汇兑损益公允价值变动损益、其他业务收入等。
支出部分	（1）利息支出^{解读2}。主要部分是银行的存款利息支出和借款利息支出。 （2）资产减值损失。资产减值损失是银行按规定提取的贷款损失和其他各项资产损失。 （3）业务及管理费。业务及管理费支出包括支付给经营管理人员和职工的工资、奖金、养老金、退休金、医疗和健康服务开支等支出，还包括银行缴纳的失业保险费、社会保险费、医疗保险费等支出，房屋与设备的折旧费和房屋设备的租赁费用及相应税款开支等。

解读2 利息支出是商业银行最主要的营业支出。

续 表

项目	内容
支出部分	（4）其他营业支出。其他营业支出包括业务费用、广告费用、办公用品开支等。
利润部分	（1）营业利润。营业利润是银行收支相抵后的余额。营业利润扣除免税收入即为应税所得。 （2）税前利润。营业利润加上营业外收入减去营业外支出即为税前利润。 （3）净利润。税前利润扣除所得税之后的余额为净利润。

二、主要盈利指标及杜邦分析法（熟悉）

项目	内容
盈利指标	资本收益率（ROE）＝税后净收入/股本总额 资产收益率（ROA）＝税后净收入/总资产 每股盈利（EPS）＝税后净收入/发行在外的普通股股数 净利息收益（NIM）＝净利息收入/总资产
杜邦分析法	在分析银行收益时，可以分为以下三步。 （1）计算银行的资本收益率指标。 资本收益率＝税后净收入/股本总额 （2）将银行的ROA分解为利润率（PM）和资产使用率（AU）。 利润率（PM）＝税后净收入/总收入 资产使用率（AU）＝总收入/总资产 （3）分析具体影响银行利润水平的因素。

真考解读 考查相对较少，熟悉即可。

三、对盈利管理的监管要求（熟悉）

（一）盈利的真实性、稳定性

项目	内容
真实性	（1）银行是否严格按照会计准则和会计制度真实、准确核算成本费用和收入，有无虚增和虚减利润，或将利息收入计入中间业务收入从而变相提高非利息收入比例等现象；内审部门对银行经营成果真实性的评价结果如何。 （2）银行是否按照监管机构的规定充足提取各项准备金，特别是要通过考察银行资产分类准确性和提取拨备的充足性，来衡量银行是否做实利润。
稳定性	（1）盈利结构是否合理。（2）盈利水平是否稳定。（3）盈利效率是否良好。

真考解读 考查相对较少，熟悉即可。

（二）风险覆盖性、可持续性

项目	内容
盈利的风险覆盖性	（1）风险定价能力如何，银行定价是否充分考量了业务和客户的风险。 （2）是否考虑各种风险因素，运用风险调整后的资本收益率和经济增加值进行绩效评价的结果如何。
盈利的可持续性	（1）银行长期发展战略是否有利于优化盈利结构，提高盈利水平；利润结构变化是否与银行的发展战略保持一致，银行战略中的重点条线和产品的利润贡献度是否持续增加。 （2）利润的增长方式是依赖单纯的规模扩张，还是主要来源于资产利用率、净息差和非利息收入比例的提高。 （3）经济环境、利率波动、政策调整对银行收入和成本的影响。

（三）财务管理的有效性

（1）是否建立健全预决算体系；是否建立必要的财务管理制度，财务管理制度是否符合国家法律法规，并与银行的业务复杂程度、财务风险控制等相适应；财务管理制度是否得到合理有效的执行，能否为银行实现财务战略、财务目标发挥促进和保障作用。

（2）是否开发和运用包括财务核算、成本管理、业绩评价和资产负债比例管理的财务管理信息系统，能否提供管理会计信息；能否运用经济资本进行财务核算和资本分配。

（3）是否采用标准的会计准则，外部审计机构报告对银行会计制度和执行情况评价如何。

真考解读 考查相对较少，熟悉即可。

四、相关计算方法和数据分析（熟悉）

项目	内容
资产利润率	（1）公式： 资产利润率＝税后利润/资产平均余额×100% 其中，资产平均余额＝（年初资产余额＋年末资产余额）÷2。 （2）资产利润率指标体现了商业银行的资产获利能力，反映了商业银行使用经济资源的效益和效率，是体现其经营效益和管理水平的重要综合性指标。
资本利润率	（1）公式： 资本利润率＝税后利润/（所有者权益＋少数股东权益）平均余额×100% 其中，（所有者权益＋少数股东权益）平均余额＝（年初所有者权益

续 表

项目	内容
资本利润率	与少数股东权益余额+年末所有者权益与少数股东权益余额）÷2。 （2）资本利润率是衡量商业银行所有者投入资本所形成权益的获利水平。从股东或投资者的角度看，资本利润率反映商业银行资本的增值能力。
成本收入比 解读3	（1）成本收入比=（营业支出－营业税金及附加）/营业收入×100%。 （2）成本收入比反映出银行每一单位的收入需要支出多少成本，该数值越低，说明银行单位收入的成本支出越低，银行获取收入的能力越强。
风险资产利润率	（1）《商业银行资本管理办法（试行）》发布后，实施新办法的银行业金融机构将填报新的报表，实施旧办法的银行业金融机构仍填报旧报表，相应指标也分别按新、旧公式进行计算。 新：风险资产利润率=税后利润/应用风险底线后的加权风险资产平均值×折年系数×100% 旧：风险资产利润率=税后利润/（风险加权资产+12.5倍的市场风险资本）平均值×折年系数×100% 其中，加权风险资产=表内风险加权资产+表外风险加权资产。 （2）风险资产利润率是用来衡量商业银行收益与风险的关系。风险资产利润率指标是从商业银行经营风险的角度来评价银行的收益，是正向指标。
净息差、非息收入比例	（1）净息差。 ①公式： 净息差=（利息净收入+债券投资利息收入）/生息资产平均余额×100%×折年系数 生息资产平均余额=（年初生息资产余额+年末生息资产余额）÷2 ②净息差用以衡量商业银行生息资产获取净利息收入的能力。净息差越高，反映商业银行运用生息资产的效率越高。 （2）非利息收入比例。 ①公式： 非利息收入比例=非利息收入/营业净收入×100% ②非利息收入比例是银行获利能力的标志，也反映出银行的经营管理效率。

解读3 成本收入比是衡量银行盈利能力与成本控制能力的重要指标。

银行管理

章节练习

一、单选题（以下各小题所给出的四个选项中，只有一项符合题目的要求，请选择相应选项，不选、错选均不得分）

1. 商业银行市场定位的步骤是（　）。
   A. 识别重要属性→定位选择→制作定位图→执行定位
   B. 定位选择→制作定位图→识别重要属性→执行定位
   C. 识别重要属性→制作定位图→定位选择→执行定位
   D. 定位选择→识别重要属性→制作定位图→执行定位

2. 绩效管理的工具方法不包括（　）。
   A. 关键绩效指标法
   C. 股权激励计划
   B. 经济增加值法
   D. 奖金激励法

3. 金融会计的特殊性中，统一授信制度、审查与审批制度等属于（　）。
   A. 核算方法的独特性
   B. 监督的政策性
   C. 内部控制的严密性
   D. 核算内容的社会性

二、多选题（以下各小题所给出的五个选项中，有两项或两项以上符合题目的要求，请选择相应选项，多选、少选、错选均不得分）

1. 商业银行"展业三原则"是指（　）。
   A. "了解你的员工"
   B. "了解你的客户"
   C. "了解你的业务"
   D. "尽职调查"
   E. "了解你的产品"

2. 银行市场定位主要包括（　）。
   A. 产品定位
   B. 银行形象定位
   C. 销售目标定位
   D. 行业差别定位
   E. 行业形象差异定位

答案详解

一、单选题

1. C【解析】商业银行市场定位的步骤：①识别重要属性；②制作定位图；③定位选择；④执行定位。

2. D【解析】绩效管理所应用的工具方法，一般包括关键绩效指标法、经济增加值法、平衡计分卡、股权激励计划等。

3. C【解析】内部控制制度包括统一授信制度、审查与审批制度、不相容职务分离制度、交易动态和实时监控制度、"印、押、证"三分管制度等。

二、多选题

1. BCD【解析】"了解你的客户""了解你的业务"和"尽职调查"，合称商业银行"展业三原则"。

2. AB【解析】银行市场定位主要包括产品定位和银行形象定位。

第十一章　开发性金融机构和政策性银行业务与监管

🔍 应试分析

本章主要介绍了开发性金融机构和政策性银行业务与监管的相关内容，包括开发性金融机构和政策性银行的改革历程、职能定位、业务经营、管理要求、监管要求等。本章在考试中涉及的分值约为 3 分，重要性程度较低，考生在学习时可以有侧重点地进行学习。

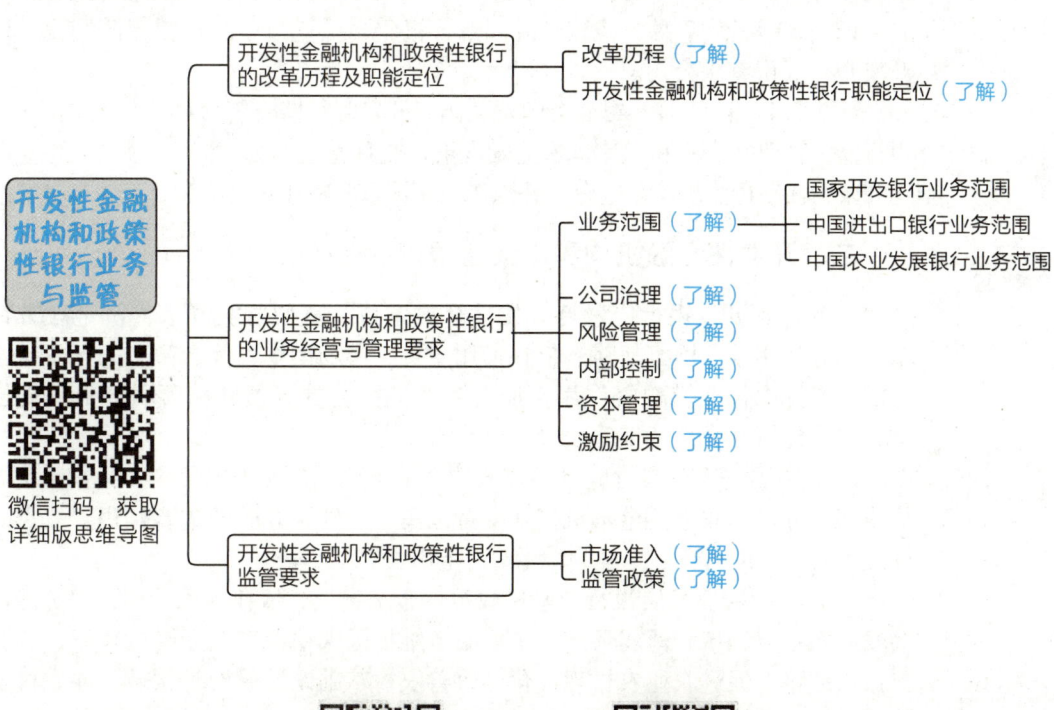

🏠 思维导图

- 开发性金融机构和政策性银行业务与监管
  - 开发性金融机构和政策性银行的改革历程及职能定位
    - 改革历程（了解）
    - 开发性金融机构和政策性银行职能定位（了解）
  - 开发性金融机构和政策性银行的业务经营与管理要求
    - 业务范围（了解）
      - 国家开发银行业务范围
      - 中国进出口银行业务范围
      - 中国农业发展银行业务范围
    - 公司治理（了解）
    - 风险管理（了解）
    - 内部控制（了解）
    - 资本管理（了解）
    - 激励约束（了解）
  - 开发性金融机构和政策性银行监管要求
    - 市场准入（了解）
    - 监管政策（了解）

知识精讲

第一节 开发性金融机构和政策性银行的改革历程及职能定位

一、改革历程（了解）

（1）为解决国家专业银行身兼两任的问题，1994年，国家开发银行、中国进出口银行和中国农业发展银行三家政策性银行先后组建成立。

（2）2007年1月召开的全国金融工作会议决定，根据三家政策性银行的不同情况和特点，按照"分类指导、一行一策"的改革原则，推进政策性银行改革。

（3）2008年12月，经国务院同意，银监会批复国家开发银行改制设立国家开发银行股份有限公司。

（4）2017年11月，银监会印发《国家开发银行监督管理办法》《中国进出口银行监督管理办法》和《中国农业发展银行监督管理办法》，填补了开发性金融机构和政策性银行法规体系空白，并强调三家银行应坚守开发性和政策性金融定位。

二、开发性金融机构和政策性银行职能定位（了解）

（1）国家开发银行应坚持开发性金融定位，贯彻落实国家经济金融方针政策，充分运用服务国家战略、依托信用支持、市场运作、保本微利的开发性金融功能，发挥中长期投融资作用，加大对经济社会重点领域和薄弱环节的支持力度，促进经济社会持续健康发展。

（2）中国进出口银行应坚持政策性金融定位，依托国家信用，紧紧围绕国家战略，充分发挥政策性金融机构在支持国民经济发展方面的重要作用，重点支持外经贸发展、对外开放、国际合作、"走出去"等领域。

（3）中国农业发展银行应坚持政策性金融定位，依托国家信用，服务经济社会发展的重点领域和薄弱环节，主要服务维护国家粮食安全、脱贫攻坚、实施乡村振兴战略、促进农业农村现代化、改善农村基础设施建设等领域，在农村金融体系中发挥主体和骨干作用。

第二节 开发性金融机构和政策性银行的业务经营与管理要求

一、业务范围（了解）

项目	内容
国家开发银行业务范围	国家开发银行的经营范围：①吸收对公存款；②发放短期、中期和长期贷款；③委托贷款；④依托中小金融机构发放转贷款；⑤办理国内外结算；⑥办理票据承兑与贴现；⑦发行金融债券和其他

第十一章 开发性金融机构和政策性银行业务与监管

续　表

项目	内容
国家开发银行业务范围	有价证券；⑧代理发行，代理兑付，承销政府债券、金融债券和信用债券；⑨买卖政府债券、金融债券、信用债券；⑩从事同业拆借；⑪买卖、代理买卖外汇；⑫办理结汇、售汇业务；⑬开展自营和代客衍生品业务；⑭提供信用证服务及担保；⑮代理收付款项及代理保险业务；⑯提供保管箱服务；⑰资产管理业务；⑱资产证券化业务；⑲顾问咨询；⑳海外分支机构在开发银行授权范围内经营当地法律许可的银行业务；㉑子行（子公司）依法开展投资和投资管理、证券、金融租赁、银行、资产管理等业务；㉒经国务院银行业监督管理机构批准的其他业务。
中国进出口银行业务范围^{解读}	中国进出口银行的经营范围：①经批准办理配合国家对外贸易和"走出去"领域的短期、中期和长期贷款，含出口信贷、进口信贷、对外承包工程贷款、境外投资贷款、中国政府援外优惠贷款和优惠出口买方信贷等；②办理国务院指定的特种贷款；③办理外国政府和国际金融机构转贷款（转赠款）业务中的三类项目及人民币配套贷款；④吸收授信客户项下存款；⑤发行金融债券；⑥办理国内外结算和结售汇业务；⑦办理保函、信用证、福费廷等其他方式的贸易融资业务；⑧办理与对外贸易相关的委托贷款业务；⑨办理与对外贸易相关的担保业务；⑩办理经批准的外汇业务；⑪买卖、代理买卖和承销债券；⑫从事同业拆借、存放业务；⑬办理与金融业务相关的资信调查咨询、评估、见证业务；⑭办理票据承兑与贴现；⑮代理收付款项及代理保险业务；⑯买卖、代理买卖金融衍生产品；⑰资产证券化业务；⑱企业财务顾问服务；⑲组织或参加银团贷款；⑳海外分支机构在总行授权范围内经营当地法律许可的银行业务；㉑按程序经批准后以子公司形式开展股权投资及租赁业务；㉒经国务院银行业监督管理机构批准的其他业务。
中国农业发展银行业务范围	中国农业发展银行的经营范围：①办理粮食、棉花、油料、食糖、猪肉、化肥等重要农产品收购、储备、调控和调销贷款，办理农业农村基础设施和水利建设、流通体系建设贷款，办理农业综合开发、生产资料和农业科技贷款，办理棚户区改造和农民集中住房建设贷款，办理易地扶贫搬迁、贫困地区基础设施、特色产业发展及专项扶贫贷款，办理县域城镇建设、土地收储类贷款，办理农业小企业、产业化龙头企业贷款，组织或参加银团贷款，办理票据承兑和贴现等信贷业务；②吸收业务范围内开户企事业单位的存款，吸收县域范围内的单位存款，吸收财政存款，发行金融债券；③办理结算、结售汇和代客外汇买卖业务，按规定设立财政支农资金专

解读　董事会应当每3年或必要时制订业务范围及业务划分调整方案，按规定履行相关程序。

项目	内容
中国农业发展银行业务范围	户并代理拨付有关财政支农资金，买卖、代理买卖和承销债券，从事同业拆借、存放，代理收付款项及代理保险，资产证券化，企业财务顾问服务，经批准后可通过与租赁公司、涉农担保公司和涉农股权投资公司合作等方式开展涉农业务；④经国务院银行业监督管理机构批准的其他业务。

二、公司治理（了解）

真考解读 考查较少，了解即可。

（1）开发性金融机构和政策性银行应当按照现代金融企业制度，结合开发性金融和政策性金融机构特点，遵循各治理主体独立运作、有效制衡、相互合作、协调运转的原则，构建决策科学、执行有力、监督有效的公司治理机制。

（2）开发性金融机构和政策性银行不设股东会。

（3）开发性金融机构和政策性银行董事会由执行董事、非执行董事组成。

①执行董事指在开发性金融机构和政策性银行担任董事长、行长和其他高级管理职务的董事。

②非执行董事指在开发性金融机构和政策性银行不担任除董事外其他职务的董事，包括部委董事和股权董事。部委董事由相关部委指派的部委负责人兼任，股权董事由股东单位负责选派。

（4）开发性金融机构和政策性银行高级管理层由行长、副行长、董事会秘书及国务院银行业监督管理机构行政许可的其他高级管理人员组成，可根据实际需要设置首席财务官、首席风险官、首席审计官、首席信息官等高级管理人员职位。高级管理层按照本行章程及董事会授权开展经营管理活动，对董事会负责。

三、风险管理（了解）

真考解读 考查较少，了解即可。

（1）开发性金融机构和政策性银行应当建立适应全面风险管理的组织体系，明确董事会、高级管理层、业务部门、风险管理部门和内部审计部门在风险管理中的职责，由专门部门负责全面风险管理，执行风险管理战略，实施风险管理政策，定期评估风险管理情况。

（2）开发性金融机构和政策性银行应当遵循风险管理实质性原则，充分考虑金融业务和金融风险的相关性，按照相关规定确定会计并表、资本并表和风险并表管理范围，并将各类表内外、境内外、本外币业务纳入并表管理范围。

（3）开发性金融机构和政策性银行应当建立与业务性质、规模和复杂程度相适应的市场风险管理体系，充分识别、准确计量、持续监测和有效控制各项业务的市场风险，确保可持续经营所承担的市场风险水平应当与市场风险管理能力和资本实力相匹配。

(4) 开发性金融机构和政策性银行应当建立与业务性质、规模和复杂程度相适应的操作风险管理体系，制定规范员工行为和道德操守的相关制度，加强员工行为管理和案件防控，确保有效识别、评估、监测和控制操作风险。

(5) 开发性金融机构和政策性银行应当监测分析市场流动性情况，合理安排政策性金融债券发行计划和信贷投放计划，控制资产负债期限错配，建立并完善适合本行资金来源和资金运用特点的流动性风险管理体系。

(6) 开发性金融机构和政策性银行应当主动、有效防范声誉风险，制订完善声誉风险监测机制应急预案和处置措施。

(7) 开发性金融机构和政策性银行应当建立与经营范围、组织结构和业务规模相适应的合规管理体系，明确专门部门负责合规管理，制定合规管理政策，优化合规管理流程，强化合规培训和合规文化建设。

(8) 开发性金融机构和政策性银行应当建立压力测试体系，定期开展压力测试。

四、内部控制（了解）

真考解读 考查较少，了解即可。

(1) 开发性金融机构和政策性银行应当强化内控管理、风险管理、合规管理、内部审计部门的职能，保障其履职独立性。建立内部控制问题整改机制，明确整改责任部门，规范整改工作流程，确保整改措施有效落实。

(2) 开发性金融机构和政策性银行应当结合业务特点，按照内控先行原则，对各项业务活动和管理活动制定全面、系统、规范的业务制度和管理制度，明确各项业务活动和管理活动的风险控制点，执行标准统一的业务流程和管理流程，采取适当的控制措施，确保规范有效运作。

(3) 开发性金融机构和政策性银行应当根据经营管理需要，合理确定部门、岗位的职责及权限明确业务流程和管理活动中的重要岗位和不相容岗位。实行重要岗位轮岗或强制休假制度和不相容岗位分离制度。

(4) 开发性金融机构和政策性银行应当按照统一管理、差别授权、动态调整、权责一致的原则，建立有利于管控风险和开展政策性业务的授权体系。

(5) 内部审计部门应当对董事会负责，按照规定及时向董事会报告工作和审计情况。开发性金融机构和政策性银行应当向银行业监督管理机构报送审计工作情况和审计报告。

(6) 开发性金融机构和政策性银行应当结合机构层级、人员分布、业务特点等因素，建立内部控制评价制度，明确内部控制评价的实施主体、频率、内容、程序、方法和标准等。内部控制评价由董事会指定的部门组织实施，至少每年开展一次，年度内部控制评价报告应当报送银行业监督管理机构。

(7) 开发性金融机构和政策性银行应当加强分支机构及人员管理，认真执行各项规章制度，加强对分支机构内控制度执行情况的检查监督，提升内部控制有效性。

五、资本管理（了解）

（1）开发性金融机构和政策性银行应当在充分计提贷款损失准备等各项减值准备的基础上计算并表和未并表的资本充足率，执行银行业监督管理机构有关资本充足率监管要求。

（2）资本规划应当经董事会批准后实施并定期审查。开发性金融机构和政策性银行应当建立稳健的内部资本充足评估程序。内部资本充足评估应当至少每年开展一次。

（3）开发性金融机构和政策性银行应当建立内源性资本积累与外源性资本补充相结合的动态资本补充机制。当资本充足率不足时，应当通过优化资产结构、盘活资产存量、减少或免予分红利润转增资本、国家追加注资、发行符合监管要求的各类资本补充工具等措施，确保资本充足率达到监管标准。

六、激励约束（了解）

（1）对于开发性或政策性业务，应当侧重对依法合规、履职尽责、服务国家战略成效的考核；对于商业性或自营性业务，应当侧重对风险管理、合规经营以及可持续发展能力的考核。绩效考核指标至少包括落实国家政策类、合规经营类和风险管理类，上述三类指标权重应当高于其他类型指标。

（2）开发性金融机构和政策性银行应当结合本行业务特点，建立健全有利于发挥开发性金融机构和政策性银行功能的激励约束机制，对高级管理人员以及对风险有重要影响的岗位应当实行薪酬延期支付（国家另有规定的除外）和追索、扣回制度。

（3）开发性金融机构和政策性银行应当建立科学有效的责任追究制度和问责机制，明确问责牵头部门、职责划分和问责流程，对违法违规行为的直接责任人和相应的管理人员进行严肃问责。

第三节 开发性金融机构和政策性银行监管要求

一、市场准入（了解）

银行业监督管理机构依照相关行政许可规定对开发性金融机构和政策性银行的机构设立机构变更、机构终止、业务范围以及董事和高级管理人员任职资格等事项实施行政许可。

二、监管政策（了解）

银行业监督管理机构对开发性金融机构和政策性银行及其附属机构实行并表监管，综合运用定量方法和定性方法，重点关注开发性金融机构和政策性银行及其附属

第十一章 开发性金融机构和政策性银行业务与监管

机构的整体资本、财务和风险情况，密切关注跨业经营以及内部交易带来的风险。

银行业监督管理机构对开发性金融机构和政策性银行实施持续的非现场监管。包括但不限于：

（1）依法收集董事会会议记录和决议等文件，要求开发性金融机构和政策性银行报送各类报表、经营管理资料、内控评价报告、风险分析报告、内审工作计划、内审工作报告、整改报告、外部审计报告以及监管需要的其他资料，派员列席经营管理工作会议和其他重要会议。

（2）对开发性金融机构和政策性银行的经营状况、风险特点和发展趋势进行监测分析，实现对各类风险的及早发现、及时预警和有效监管。

（3）建立监管评估制度和机制，对开发性金融机构和政策性银行执行国家政策、公司治理、风险管理、内部控制、资本管理以及问题整改等情况开展专项或综合评估。

（4）通过审慎监管会谈、监管通报、监管意见书等形式向开发性金融机构和政策性银行反馈监管情况，提出监管要求，并对整改情况进行后续评估。

（5）定期对非现场监管工作进行总结，对开发性金融机构和政策性银行的经营状况、风险特点和发展趋势进行分析，形成监管报告。

章节练习

一、单选题（以下各小题所给出的四个选项中，只有一项符合题目的要求，请选择相应选项，不选、错选均不得分）

1. 开发性金融机构和政策性银行的绩效考核指标不包括（　　）。
   A. 合规经营类　　　　　　　　B. 落实国家政策类
   C. 市场管理类　　　　　　　　D. 风险管理类

2. 开发性金融机构和政策性银行不设（　　）。
   A. 董事会　　　　　　　　　　B. 监事会
   C. 股东会　　　　　　　　　　D. 高级管理层

二、多选题（以下各小题所给出的五个选项中，有两项或两项以上符合题目的要求，请选择相应选项，多选、少选、错选均不得分）

1. 开发性金融机构和政策性银行应当按照现代金融企业制度，结合开发性金融和政策性金融机构特点，遵循（　　）的原则，构建决策科学、执行有力、监督有效的公司治理机制。
   A. 各治理主体独立运作　　　　B. 有效制衡
   C. 相互合作　　　　　　　　　D. 协调运转
   E. 合理的激励

2. 开发性金融机构和政策性银行高级管理层由（　　）组成。
   A. 行长　　　　　　　　　　　B. 董事会秘书
   C. 副行长　　　　　　　　　　D. 董事
   E. 监事

三、判断题（请对以下各项描述做出判断，正确的为 A，错误的为 B）

1. 开发性金融机构和政策性银行应当建立科学有效的责任追究制度和问责机制，明确问责牵头部门、职责划分和问责流程，对违法违规行为的直接责任人和相应的管理人员进行严肃问责。（　　）

    A. 正确 B. 错误

2. 中国农业发展银行的董事会应当每年或必要时制订业务范围及业务划分调整方案，按规定履行相关程序。（　　）

    A. 正确 B. 错误

答案详解

一、单选题

1. C【解析】开发性金融机构和政策性银行的绩效考核指标至少包括落实国家政策类、合规经营类和风险管理类，上述三类指标权重应当高于其他类型指标。

2. C【解析】开发性金融机构和政策性银行不设股东会。

二、多选题

1. ABCD【解析】开发性金融机构和政策性银行应当按照现代金融企业制度，结合开发性金融和政策性金融机构特点，遵循各治理主体独立运作、有效制衡、相互合作、协调运转的原则，构建决策科学、执行有力、监督有效的公司治理机制。

2. ABC【解析】开发性金融机构和政策性银行高级管理层由行长、副行长、董事会秘书及国务院银行业监督管理机构行政许可的其他高级管理人员组成，可根据实际需要设置首席财务官、首席风险官、首席审计官、首席信息官等高级管理人员职位。

三、判断题

1. A【解析】开发性金融机构和政策性银行应当建立科学有效的责任追究制度和问责机制，明确问责牵头部门、职责划分和问责流程，对违法违规行为的直接责任人和相应的管理人员进行严肃问责。

2. B【解析】中国农业发展银行的董事会应当每 3 年或必要时制订业务范围及业务划分调整方案，按规定履行相关程序。

第十二章　金融资产管理公司和金融资产投资公司业务与监管

应试分析

本章主要介绍了金融资产管理公司和金融资产投资公司业务与监管的相关内容。本章在考试中所占分值约为 4 分。重点关注金融资产管理公司的监管要求以及金融资产投资公司的业务范围和监管规则。本章内容不多，且在考试中考查较少，考生做到熟悉即可。

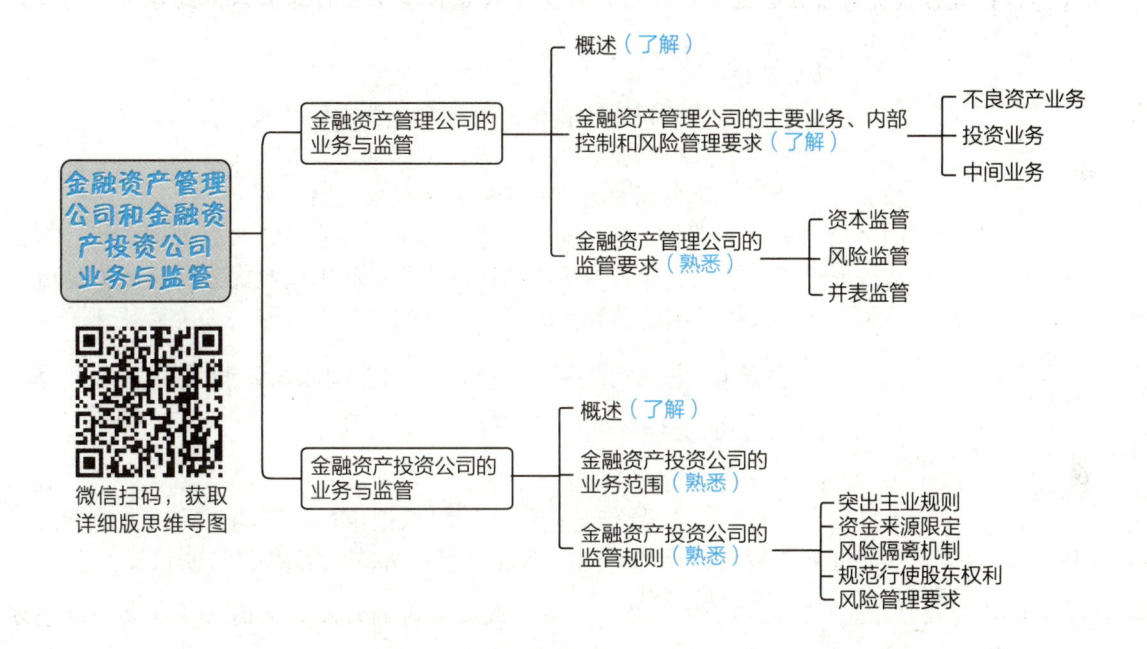

思维导图

金融资产管理公司和金融资产投资公司业务与监管
- 金融资产管理公司的业务与监管
  - 概述（了解）
  - 金融资产管理公司的主要业务、内部控制和风险管理要求（了解）
    - 不良资产业务
    - 投资业务
    - 中间业务
  - 金融资产管理公司的监管要求（熟悉）
    - 资本监管
    - 风险监管
    - 并表监管
- 金融资产投资公司的业务与监管
  - 概述（了解）
  - 金融资产投资公司的业务范围（熟悉）
  - 金融资产投资公司的监管规则（熟悉）
    - 突出主业规则
    - 资金来源限定
    - 风险隔离机制
    - 规范行使股东权利
    - 风险管理要求

📖 知识精讲

第一节　金融资产管理公司的业务与监管

一、概述（了解）

真考解读 考查较少，了解即可。

（一）金融资产管理公司的概念

金融资产管理公司，是指经国务院决定设立的收购国有银行不良贷款，管理和处置因收购国有银行不良贷款形成的资产的国有独资非银行金融机构。

金融资产管理公司包括<u>中国信达资产管理公司、中国东方资产管理公司、中国长城资产管理公司和中国华融资产管理公司</u>（以下分别简称信达公司、东方公司、长城公司和华融公司）。

（二）功能定位

（1）金融资产管理公司是不良资产管理和处置市场的培育者。
（2）金融资产管理公司是各类存量资产的盘活者。
（3）金融资产管理公司是多元化金融服务的实践者。
（4）金融资产管理公司作为金融体系中专业的不良资产经营处置机构，需紧扣服从服务于经济社会发展和供给侧结构性改革，利用专业优势和技能，盘活存量、化解风险，发挥金融救助和逆周期工具功能。

二、金融资产管理公司的主要业务、内部控制和风险管理要求（了解）

真考解读 考查较少，了解即可。

（一）不良资产业务 ^{解读1}

1. 概念

不良资产业务是指金融资产管理公司^{解读2}根据市场原则购买转让方的不良资产，并通过资产转让、资产重组、追加投资等方式，对收购的债权资产进行经营、管理和处置，最终实现价值提升。

2. 分类

按照收购资产的来源，不良资产业务可以大致分为金融类不良资产业务和非金融类不良资产业务。

项目	内容
金融类不良资产经营模式	（1）金融类不良资产是指处于不良状态的资产，所谓不良状态，就是在现实条件下不能给持有者带来预期收益的资产状况。金融类不良资产包含除银行不良资产^{解读3}、证券、保险、信托等非银行金融机构形成的不良资产。 （2）与正常的金融资产相比，金融类不良资产具有低收益和低流动性、加速贬值、价值实现具有一定的条件性等特征。 （3）对于金融类不良资产，金融资产管理公司一般采取对账面原值进行打折收购并择机处置以回收现金这一传统的不良资产经营模式，主要包括收购、管理及处置三个环节。

解读1 不良资产业务是金融资产管理公司的传统业务和核心业务。

解读2 金融资产管理公司根据不良资产的特点采用经营模式的不同，主要包括两类：传统类不良资产经营模式和附重组条件类不良资产经营模式。

解读3 银行不良资产指贷款利息不能按时足额回收，甚至本金都难以回收或无法回收的资产。

续表

项目	内容	
非金融类不良资产经营模式	（1）非金融类不良资产主要指非金融机构所有，但不能为其带来经济利益，或带来的经济利益低于账面价值，已经发生价值贬损的资产，以及各类金融机构作为中间人受托管理其他法人或自然人财产形成的不良资产等其他经监管部门认定的不良资产。从资产形态来讲，主要包括债权^{解读4}、股权和实物资产。 （2）2015年6月，财政部与银监会联合印发《金融资产管理公司开展非金融机构不良资产业务管理办法》，允许信达公司之外的其他三家金融资产管理公司开展非金融类不良资产收购业务。 （3）金融资产管理公司借鉴金融类不良资产债务重组等手段，重点发展了重组型不良资产收购业务模式。重组型不良资产收购业务模式是在确认债权债务关系的基础上，由金融资产管理公司与原债权和债务企业达成协议，向原债权企业收购债权，同时与债务企业达成重组协议，通过对还款时间、还款金额、还款方式、担保措施、违约责任等一系列履约条件的重新安排，以及日常运营监管措施的实施，实现债权回收目标收益。	解读4 实践中以债权类不良资产为主，通常包括因提供商品、劳务形成的材料款、工程款，企业间形成的往来款以及其他应收款等。

（二）投资业务^{解读5}

1. 不良资产相关投资业务

项目	内容	
分类	（1）与不良资产相关的投资业务主要包括在处置不良资产过程中获取的股权、不良资产追加投资及银行业监督管理机构规定或认可的其他形式投资业务。 （2）处置不良资产过程中获取的股权业务，主要包括不良债权转股权、主动实施的以股抵债、司法裁定的被动以股抵债等方式。 （3）不良资产追加投资^{解读6}，是指为提升所收购的不良资产处置价值或使所收购的不良资产对应的企业脱离困境，在满足相关条件下，金融资产管理公司在存量资产基础上开展的投资业务。	解读5 投资业务是金融资产管理公司区别于商业银行的一类特色业务。
监管要求	（1）关于处置不良资产过程中获取的股权。 ①金融资产管理公司在处置不良资产时，可通过置换、以股抵债等方式获取股权，最典型的即市场化债转股业务。 ②在处置该类股权时应优先考虑通过招标、拍卖等方式处置变现，对于难以变现或立即变现损失较大的，金融资产管理公司可阶段性持有，但需明确退出的方式和期限。 ③获取或处置该类股权时，具备评估条件的应进行评估，参考评估结论进行定价，司法拍卖、法院裁定抵债等情形除外。	解读6 追加投资的方式主要包括为问题机构提供短期流动性支持、追加股权投资等。

续 表

项目	内容
监管要求	（2）关于不良资产追加投资业务。 ①金融资产管理公司应当审慎开展追加投资业务，并确保追加投资用于项目建设或企业恢复正常生产经营。 ②以流动性支持形式开展的追加投资业务，即金融资产管理公司在符合监管要求的前提下，为问题企业提供的短期流动性支持。 ③以股权形式开展的风险机构追加投资业务，即金融资产管理公司为控制项目风险或降低风险机构杠杆率，通过投资企业股权的方式开展的追加投资业务。 （3）关于通过投资特殊目的实体（以下简称 SPV）开展不良资产业务。为丰富金融资产管理公司开展不良资产投资业务的渠道，可通过设立 SPV 开展相关业务，但需满足以下条件。 ①金融资产管理公司通过 SPV 募集外部资金用于不良资产收购和投资业务，需严格遵守《金融资产管理公司监管办法》中关于特殊目的实体的监管规定。 ②需充分论证设立 SPV 的必要性，通过 SPV 募集的资金只能用于不良资产收购和相关投资业务，业务终结后原则上应在一个月内清理关闭，内审部门需定期对 SPV 业务开展和关闭情况进行审计。 ③金融资产管理公司需对 SPV 实施穿透管理，明确各参与方的风险承担责任，对外部资金来源进行审查，确保资金来源于合格的机构投资者；不得通过嵌套等方式直接或变相引入个人投资者资金，不得对外部资金承担刚性兑付或兜底义务。 ④不得通过 SPV 为金融机构规避资产质量监管提供通道，不得通过 SPV 掩盖风险。

2. 财务性投资业务

项目	内容
分类	按照监管部门要求，金融资产管理公司的财务性投资业务主要包括财务性股权投资和其他财务性投资业务。 （1）财务性股权投资是指金融资产管理公司为获取财务收益，不以控制为目的，运用自有资金对金融机构进行的股权类投资。 （2）其他财务性投资业务是指金融资产管理公司基于流动性管理目的而开展的标准化债权投资业务。
监管要求	（1）金融资产管理公司开展财务性股权投资的对象仅限于金融机构，不得投资非金融企业股权（与不良资产相关业务除外）。基于收益最大化原则，需做好成本收益分析，同时，此类业务需经行政许可。

续表

项目	内容
监管要求	（2）金融资产管理公司开展其他财务性投资业务，也应严格遵守相关监管法规，统筹考虑流动性和收益目标，以保障流动性安全为优先目标。 【提示】投资范围仅限于标准化产品^{解读7}，包括国债、中央银行票据、地方政府债券、政府支持机构债券、金融债券、非金融企业债务融资工具、公司债券、企业债券、国际机构债券、同业存单、信贷资产支持证券、资产支持票据、证券交易所挂牌交易的资产支持证券、固定收益类公开募集证券投资基金及银行业监督管理机构认可的其他资产。 （3）为加强对投资业务的监管和管理，金融资产管理公司需根据自身发展战略、风险管理水平和内控能力，制订年度投资计划，合理确定投资业务规模和增速，建立科学有效的决策流程和激励约束机制，有效防控投资业务相关风险。 （4）金融资产管理公司还需制定投资产品目录，并按目录范围开展投资业务，投资产品目录需向银行业监督管理机构报告。超出目录范围的投资应作为新产品或新业务进行评估、合规评审，相关情况及时报告银行业监督管理机构，涉及准入事项的还需履行行政许可程序。

解读7 原则上不得开展与不良资产主业无关的非标准化金融产品投资业务。

（三）中间业务

项目	内容
定义	金融资产管理公司中间业务是指代理客户办理委托事项而收取手续费的业务，金融资产管理公司不需动用自己的资金，依托不良资产业务牌照、技术、机构、信誉和人才等优势，以中间人的身份代理客户承办的委托事项，提供各种金融服务并据以收取手续费。
业务范围	依据现行的有关政策法规，受托代理业务主要范围包括金融监管部门批准的金融机构关闭清算业务；财政部、中国人民银行和国有银行委托的不良资产管理与处置业务；其他金融机构及企业委托的不良资产管理与处置业务；经主管部门批准的其他中间业务。
托管清算^{解读8}	托管清算是指接受监管部门、地方政府、企业或者破产法院的委托，对高风险金融机构或者非金融企业等实施整体托管经营、清算和停业整顿等工作，包括根据委托方的要求参与部分委托清算工作。 （1）托管。主要包括：①整体托管；②部分委托；③行政托管。 （2）清算。主要包括：①行政清算；②司法清算；③股东清算。 （3）行政清理。 （4）托管清算。 （5）停业整顿。

解读8 目前市场上参与托管清算的受托机构较多，主要有四类：①同业从业机构，即一家正常经营的金融机构去托管清算另一家风险金融机构；②专业中介机构，如律师事务所、会计师事务所等；③特定金融机构，包括金融资产管理公司、中国建银投资有限公司、中国证券投资保护基金有限公司等；④法院指定的破产清算组。

续 表

项目	内容
受托代理 解读9	（1）受托代理是指金融资产管理公司接受委托方的委托，按双方约定，代理委托方对其资产进行管理和处置的业务。 （2）金融资产管理公司接受委托方委托，代理管理和处置不良资产，资产所有权不变更，资产处置损失由委托方承担，金融资产管理公司按代理业绩收取代理费用。
财务顾问	（1）财务顾问是指金融资产管理公司以其专业知识、行业经验、系统资源等为基础，接受企业、各级政府等客户委托，为其在不良资产交易、并购重组、投融资、财务管理、企业管理等领域提供的咨询顾问服务。 （2）财务顾问包括独立开展的财务顾问业务和与资产管理、投资和信用使用等业务配套开展的财务顾问业务。 （3）按服务期间和服务内容划分，财务顾问业务可分为专项财务顾问和常年财务顾问两种服务方式。

> 解读9 受托代理业务是一种无负债、低风险、收益相对固定的中间业务。

> 真考解读 考查较少，熟悉即可。

三、金融资产管理公司的监管要求（熟悉）

（一）资本监管

（1）设定适宜的资本监管标准。

①在集团层面，未使用合并资本充足率作为监管指标，而代之以集团超额资本，要求集团超额资本不得低于0。

②在法人层面，与商业银行基本保持一致，集团母公司总资本包括核心一级资本、其他一级资本和二级资本（不再区分为核心资本和附属资本），各级资本充足率最低监管要求分别为核心一级资本充足率不得低于9％，一级资本充足率不得低于10％，资本充足率不得低于12.5％。

（2）明确提出第二支柱附加资本要求。《金融资产管理公司资本管理办法（试行）》第六十八条规定，除最低资本要求外，国务院银行业监督管理机构有权根据日常监管和现场检查情况提出更审慎的附加资本要求，确保资本充分覆盖风险。

（3）按照"相对集中，突出主业"的原则，设定差异化的信用风险加权资产风险权重，引导金融资产管理公司调整优化业务布局和结构。包括适当降低了与不良资产主业相关业务的风险权重，如批量收购金融不良资产形成的债权风险权重为50％（商业银行一般债权资产为100％），围绕不良资产开展的追加投资业务风险权重由200％调整为150％；适当提高了与主业无关业务的风险权重，如与不良资产无关的其他债权的风险权重由100％调整为150％，对工商企业的其他股权投资（不含债转股业务）的风险权重由200％调整为400％。

第十二章 金融资产管理公司和金融资产投资公司业务与监管

（4）将非金融子公司纳入集团资本监管范围，消除监管套利空间。集团内未受监管但具有投融资功能、杠杆率较高的非金融子公司需纳入集团资本监管范围^{解读10}，并相应明确了非金融子公司资本计量规则应参照集团母公司的相关标准执行。

（二）风险监管

项目	内容
集团战略风险	（1）向金融集团方向发展或已具备集团发展特征的金融资产管理公司应当对集团发展战略进行规范。集团母公司及各附属法人机构应关注集团关键资源能力、集团文化、协同和考核机制能否支持业务发展战略。 （2）为确保金融资产管理公司的集团战略风险能被识别、评估、监测、控制和报告，集团母公司应要求附属法人机构的战略目标的设定符合监管导向，并与集团的定位、价值、文化及风险承受能力等相一致。
集团集中度风险	（1）集团集中度风险是指单个风险暴露或风险暴露组合可能带来大到足以威胁集团整体偿付能力或财务状况，导致集团风险状况发生实质性变化的风险。 （2）金融资产管理公司要建立全面的集中度风险管理框架，至少应当包括完备的集中度风险管理制度，有效的识别、计量、监测和控制集中度风险的方法，集中度风险限额管理体系，定期的集中度风险报告和审查制度，压力测试制度。
集团流动性风险	（1）金融资产管理公司及其附属法人机构应建立与其业务规模、性质、复杂程度和经营范围相适应的流动性风险管理体系，从而维持足以覆盖其所承担或可能承担的流动性风险性质及水平的资金需求。 （2）集团流动性风险管理体系的关键要素：健全的流动性风险管理治理结构；用于管理和缓解流动性风险的适当策略、政策和程序；与复杂程度及业务活动相当的流动性风险计量、压力测试、监测体系；现有资金来源及潜在未来资金来源的适当多样化组合；充足且无法律、监管或运营阻碍的高流动性有价证券（可以在压力情况下用于满足流动性需求）；足以解决潜在不良流动性事件和应急现金流需求的综合性应急融资计划；足以确定流动性风险管理流程充分性的内部控制及内部审计程序。
集团声誉风险^{解读11}	（1）金融资产管理公司应该将声誉风险纳入并表范围，关注自身及其子公司所产生的风险对集团声誉的影响，制定声誉风险的应急预案。

解读10 例外规定：对"金融资产占总资产的比重低于50%"或"资产负债率低于70%"的附属非金融机构，可不纳入集团资本监管范围。

解读11 集团声誉风险主要涉及因市场人士知悉，或是媒体报道确实与集团经营活动相关的风险事项，或是不实谣言，以及恶意诽谤而使得集团商誉受损而致的有形或无形损失。

项目	内容
集团声誉风险	（2）金融资产管理公司应建立统一的集团声誉风险管理体系，持续、有效监控声誉风险管理的总体状况和有效性，防范声誉风险、应对声誉事件，以减少其对社会公众造成的负面影响或损失。 （3）集团应配备与集团业务规模及复杂程度相适应的声誉风险管理资源。同时，识别影响集团母公司及各附属法人机构的声誉或业务，以及引起高级管理人员高度重视的主要风险，建立声誉风险或潜在问题的预警指标，及时应对声誉事件，进行声誉风险排查，制订相应的声誉风险应急预案，进行声誉事件分类分级管理等。

（三）并表^{解读12}监管（集团监管）

解读12 这里的"并表"属于广义的概念，不仅包括会计意义上的合并报表，也包括资本监管方面的并表资本计量，还包括对金融资产管理公司集团范围内的管理和监管要求。

项目	内容
公司治理	（1）公司治理框架。从金融集团公司治理的特殊性角度出发，提出集团统一平衡机制、集团组织管理结构适当性、集团母公司在集团管理中的适当性、内部利益冲突管理以及内部控制、风险管理等核心要素。 （2）集团组织架构方面。金融资产管理公司可以根据自身特点自主设定其职能部门、集团层级、业务条线、区域单位等组织结构，但必须满足基本的审慎监管要求。 （3）母公司对子公司的管控要求。金融资产管理公司集团管控的基本原则是要在《中华人民共和国公司法》的大框架下，以尊重附属法人机构独立法人地位为前提，合理合规地加强对附属法人机构的管理。 （4）同集团运营相匹配的董事和高级管理人员任职资格要求。集团母公司的董事和高级管理人员应具备同集团运营复杂的组织和业务结构相匹配的任职资格。 （5）集团激励约束机制。金融资产管理公司除参照《商业银行公司治理指引》《商业银行稳健薪酬监管指引》等相关规定建立自身的激励约束机制之外，还要在集团层面建立目标一致的激励约束机制。
集团内部交易	（1）金融资产管理公司的集团内部交易是指集团母公司与附属法人机构以及附属法人机构之间发生的包括资产、资金、服务等资源或义务转移的行为，不包括集团母公司及各附属法人机构与对其有直接或间接控制、共同控制、实际控制或重大影响的其他股东之间的交易。

第十二章 金融资产管理公司和金融资产投资公司业务与监管

续　表

项目	内容
集团内部交易	（2）金融资产管理公司集团内部交易主要按照资产、资金和中间服务作为分类标准，其中，以资产为基础的内部交易主要有资产买卖与委托（代理）处置、资产重组（置换）、资产租赁等；以资金为基础的内部交易主要有投资、授信、融资（借贷、买卖公司债券、股东存款及提供担保等）、理财业务、财务公司存贷款等；以中间服务为基础的内部交易主要有提供评级、评估、审计、法律顾问、拍卖、咨询、业务代理、中介服务等。 （3）金融资产管理公司集团内部交易应遵循诚信、公允、审慎、透明的原则，确保内部交易的必要性、合理性、合规性^{解读13}。 （4）金融资产管理公司的内部交易不得存在以下行为：①在集团母公司层面，不得利用其控股地位损害附属法人机构、附属法人机构的其他股东和客户的合法权益；②禁止通过内部交易产生监管套利，对集团稳健经营造成负面影响。
特殊目的实体管理	（1）特殊目的实体是指为特殊目的而建立的法人和其他经济组织。 （2）金融资产管理公司应对特殊目的实体加强管理，在特殊目的实体从事各项业务时，有效识别、计量、监测和控制相关风险。同时，应设立评估流程，根据特殊目的实体与集团关系的性质，确定是否全部或部分纳入并表监管，评估特殊目的实体所带来的风险传染。 （3）集团应评估特殊目的实体在交易过程中所承担的所有风险和商业目的，区分风险转移与风险转化，并格外注意风险随时间的变化。集团应确保评估持续进行，且管理层对这些风险具有充分的了解。集团应评估加总、评价和报告所有特殊目的实体的风险敞口，并将其与集团内其他所有实体的风险共同考虑。
信息资源管理	（1）信息资源管理是指对信息内容及与信息内容相关的资源如应用系统、设备、技术、信息科技人员等进行管理的过程，包括规划整合相关资源、建设应用系统、建立管理体系、提供信息服务等。 （2）信息资源管理主要包括金融资产管理公司集团数据管理、信息科技治理、信息系统建设和信息安全管理四个方面。 （3）金融资产管理公司应建立与其经营战略相适应的集团信息化规划，提升数据管理能力和信息技术服务能力，建立集团管理信息数据库和集团管控信息系统，满足监管、集团内部管理和综合化经营对信息资源的要求。

解读13 必要性是指内部交易应符合集团及各附属法人机构的战略发展目标；合理性是指内部交易应符合商业原则、行业和市场惯例，交易价格应当公允，内部交易不能增加客户的成本，产生负的外部性；合规性是指内部交易应遵守国家法律法规以及相关行业的监管规定。

第二节 金融资产投资公司的业务与监管

一、概述（了解）

（1）金融资产投资公司是指经银行业监督管理机构批准，在中华人民共和国境内设立的，主要从事银行债权转股权及配套支持业务的非银行金融机构。

（2）目前，银行业监督管理机构已先后批准五家大型银行设立，建信金融资产投资有限公司、农银金融资产投资有限公司、工银金融资产投资有限公司、中银金融资产投资有限公司、交银金融资产投资有限公司。

二、金融资产投资公司的业务范围（熟悉）

《金融资产投资公司管理办法（试行）》规定，经国务院银行业监督管理机构批准，金融资产投资公司可以经营下列部分或者全部业务：以债转股为目的收购银行对企业的债权，将债权转为股权并对股权进行管理；对于未能转股的债权进行重组、转让和处置；以债转股为目的投资企业股权，由企业将股权投资资金全部用于偿还现有债权；依法依规面向合格投资者募集资金，发行私募资产管理产品支持实施债转股；发行金融债券；通过债券回购、同业拆借、同业借款等方式融入资金；对自营资金和募集资金^{解读1}进行必要的投资管理，自营资金可以开展存放同业、拆放同业、购买国债或其他固定收益类证券等业务，募集资金使用应当符合资金募集约定用途；与债转股业务相关的财务顾问和咨询业务；经国务院银行业监督管理机构批准的其他业务。

三、金融资产投资公司的监管规则（熟悉）

规则	内容
突出主业规则	《金融资产投资公司管理办法（试行）》第二十三条除了限定金融资产投资公司业务范围外，还明确规定其中第（一）、（二）、（三）、（四）项业务为其主业，要求全年主营业务占比或者主营业务收入占比原则上不应低于总业务或者总收入的50%，避免新设立的金融资产投资公司偏离债转股主业，盲目追求规模扩张和利润增长。
资金来源限定	（1）金融资产投资公司可以充分利用各种市场化方式和渠道筹集资金，但需遵守以下规则：①发行私募资产管理产品的对象需为合格投资者；②发行私募股权投资基金需通过设立附属机构，并向基金业协会申请成为私募股权投资基金管理人；③发行金融债券募集的资金应当主要用于流动性管理和收购银行债权；④使用银行理财资金需确保资产洁净转让和真实出售，并依法依规用于交叉实施债转股。

真考解读 考查较少，了解即可。

真考解读 考查较少，熟悉即可。

解读1 自营资金可以开展存放同业、拆放同业、购买国债或其他固定收益类证券等业务；募集资金的使用应当符合资金募集约定用途，原则上应当用于债转股业务。

真考解读 考查较少，熟悉即可。

第十二章 金融资产管理公司和金融资产投资公司业务与监管

续 表

规则	内容	
资金来源限定	（2）发行债转股投资计划需遵循以下监管要求。 ①资金投向主要为市场化债转股资产，包括以实现市场化债转股为目的的债权、可转换债券、债转股专项债券、普通股、优先股、债转优先股等资产。 ②确保债转股投资计划财产的独立性，需独立于管理人、托管机构的自有资产。 ③金融资产投资公司应当加强投资者适当性管理，确保发行对象为合格投资者。 ④关于销售方式，金融资产投资公司可以自行销售债转股投资计划，也可以委托商业银行等银行业监督管理机构认可的机构代理销售或者推介。 ⑤关于机构投资者范围，金融资产管理公司、保险资产管理机构、国有资本投资运营公司等各类市场化债转股实施机构和符合规定的各类机构，可以在依法合规前提下使用自有资金、合法筹集或管理的专项资金投资债转股投资计划^{解读2}。 ⑥关于投资品种，债转股投资计划可以投资单笔市场化债转股资产，也可以采用资产组合方式进行投资。在资产组合投资中，市场化债转股资产原则上不低于债转股投资计划净资产的60%。债转股投资计划可以投资的其他资产包括合同约定的存款（包括大额存单）、标准化债权类资产等。 ⑦关于投资期限，债转股投资计划应当为封闭式产品，自产品成立日至终止日期间，投资者不得进行认购或者赎回。 ⑧关于资产管理产品的分类，债转股投资计划原则上应当为权益类产品或混合类产品，权益类产品的分级比例不得超过1:1，混合类产品的分级比例不得超过2:1。分级债转股投资计划不得直接或间接对优先级份额认购者提供保本保收益安排。同时，债转股投资计划的发行和管理还需符合《关于规范金融机构资产管理业务的指导意见》（银发〔2018〕106号）等监管规定。	解读2 金融资产投资公司不得使用受托管理的资金投资本公司债转股投资计划。
风险隔离机制^{解读3}	（1）坚持通过市场机制发现合理价格，洁净转让、真实出售，有效实现风险隔离。防止商业银行与金融资产投资公司串通，以债转股为名义，按照虚高的价格收购不良资产，美化商业银行报表。 （2）金融资产投资公司应当与其股东银行及其关联机构建立防止利益冲突和利益输送的机制。对于使用募集资金开展业务的，应当主要用于交叉实施债转股。股东银行对金融资产投资公司所投资企业不得降低授信标准，债权出让方银行不得提供直接或间接融资，不得承担显性或者隐性回购义务，防止虚假交易，掩盖不良资产。	解读3 金融资产投资公司在开展债转股业务过程中，既要防范业务经营中的固有风险，也要防范道德风险。

续表

规则	内容
风险隔离机制	（3）鼓励对发展前景良好但遇到暂时困难的优质企业实施债转股，禁止对扭亏无望、已失去生存发展前景的"僵尸"企业、有恶意逃废债行为的失信企业、债权债务关系复杂且不明晰的企业以及金融企业等实施债转股。 （4）金融资产投资公司要建立全面规范的业务经营制度，明确尽职调查、审查审批与决策流程，建立严格的关联交易管理制度，明确重大关联交易认定标准，遵循商业原则，防止掩盖风险、规避监管和监管套利，同时加强对所收购债权的管理，切实维护自身合法权益。
规范行使股东权利	（1）金融资产投资公司要建立和完善股权管理制度，明确持股目的和策略，确定合理持股份额。考虑到金融资产投资公司实际经营能力以及债转股业务的阶段性持股目的，原则上不应当控股债转股企业，确有必要的，可以制定合理的过渡期限。 （2）金融资产投资公司应当派员参加企业股东（大）会、董事会、监事会，依法行使股东权利，参与公司治理和重大经营决策，督促企业持续改进经营管理。 （3）由于债转股企业出现杠杆率过高的原因较为复杂，部分国有企业资产负债率管理意识较弱，金融资产投资公司应当与相关主体在债转股协议中对企业未来债务融资行为进行规范，共同制定合理的债务安排和融资规划，对企业资产负债率作出明确约定，防止企业由于盲目扩张导致杠杆率再次超出合理水平，影响到降杠杆的整体效果。 （4）对损害股东权益的行为，金融资产投资公司应当依法采取措施予以制止，当持股企业因管理、环境等因素发生不利变化，导致或可能导致持股风险显著增大时，应及时采取有效措施保障自身合法权益。
风险管理要求	（1）在公司治理方面，金融资产投资公司要建立组织健全、职责清晰的公司治理结构，明确股东（大）会、董事会、监事会、高级管理层等职责分工，建立与其业务规模、复杂程度、风险状况相匹配的有效风险管理框架。 （2）在风险隔离机制方面，金融资产投资公司应当与股东银行建立"防火墙"，在资金、人员、业务方面有效隔离，防范风险传染，对附属机构应进行并表管理。

第十二章 金融资产管理公司和金融资产投资公司业务与监管

续表

规则	内容
风险管理要求	（3）在资本管理方面，金融资产投资公司应当建立资本管理体系，确立资本补充和约束机制，有关资本充足率、杠杆率和财务杠杆率水平要求参照金融资产管理公司的相关规定执行。 （4）在信用风险管理方面，金融资产投资公司应当对所持有的债权资产进行准确分类，足额计提风险减值准备，确保真实反映风险状况。 （5）在流动性风险管理方面，金融资产投资公司应当确保其资产负债结构与流动性管理要求相匹配，提高融资来源的多元性、稳定性和可持续性，合理控制期限错配，制订有效的流动性风险应急计划。

章节练习

一、单选题（以下各小题所给出的四个选项中，只有一项符合题目的要求，请选择相应选项，不选、错选均不得分）

1. 为积极稳妥地发展不良资产收购业务，金融资产管理公司借鉴金融类不良资产债务（　　）等手段，重点发展了重组型不良资产收购业务模式。
   A. 接管　　　　　　　　　　　　B. 重组
   C. 处置　　　　　　　　　　　　D. 收购

2. （　　）是金融资产管理公司的传统业务和核心业务。
   A. 不良资产业务　　　　　　　　B. 负债业务
   C. 理财业务　　　　　　　　　　D. 投资业务

3. 金融资产管理公司集团管控的基本原则是要在（　　）的大框架下，以尊重附属法人机构独立法人地位为前提，合理合规地加强对附属法人机构的管理。
   A. 《中华人民共和国公司法》　　　B. 《监管办法》
   C. 《中华人民共和国经济法》　　　D. 《中华人民共和国会计法》

二、多选题（以下各小题所给出的五个选项中，有两项或两项以上符合题目的要求，请选择相应选项，多选、少选、错选均不得分）

1. 非金融类不良资产从资产形态来讲，主要包括（　　）资产。
   A. 实物　　　　　B. 股权　　　　　C. 期权
   D. 债权　　　　　E. 所有权

2. 金融资产投资公司的监管规则主要包括（　　）。
   A. 规范行使股东权利　　　　　　B. 风险管理要求
   C. 风险隔离机制　　　　　　　　D. 突出主业规则
   E. 资金来源限定

三、判断题（请对以下各项描述做出判断，正确的为 A，错误的为 B）

1. 集团集中度风险是指多个风险暴露或风险暴露组合可能带来大到足以威胁集团整体偿付能力或财务状况，导致集团风险状况发生实质性变化的风险。（　　）

    A. 正确　　　　　　　　　　　　　　B. 错误

2. 在资产组合投资中，市场化债转股资产原则上不低于债转股投资计划净资产的 80%。

    A. 正确　　　　　　　　　　　　　　B. 错误

➡ 答案详解

一、单选题

1. B【解析】金融资产管理公司借鉴金融类不良资产债务重组等手段，重点发展了重组型不良资产收购业务模式。

2. A【解析】不良资产业务是金融资产管理公司的传统业务和核心业务。

3. A【解析】金融资产管理公司集团管控的基本原则是要在《中华人民共和国公司法》的大框架下，以尊重附属法人机构独立法人地位为前提，合理合规地加强对附属法人机构的管理。

二、多选题

1. ABD【解析】非金融类不良资产从资产形态来讲，主要包括债权、股权和实物资产。

2. ABCDE【解析】金融资产投资公司的监管规则主要包括五个方面：突出主业规则、资金来源限定、风险隔离机制、规范行使股东权利及风险管理要求。

三、判断题

1. B【解析】集团集中度风险是指单个风险暴露或风险暴露组合可能带来大到足以威胁集团整体偿付能力或财务状况，导致集团风险状况发生实质性变化的风险。

2. B【解析】在资产组合投资中，市场化债转股资产原则上不低于债转股投资计划净资产的 60%。

第十三章 信托公司业务与监管

🔍 应试分析

本章主要介绍了非银行金融机构业务经营与监管中的信托公司业务与监管，包括信托概述、信托公司的主要业务与管理和监管要求。本章在考试中所占分值约为6分。本章内容不多，且在考试中考查较少，考生可以有侧重点地进行学习。

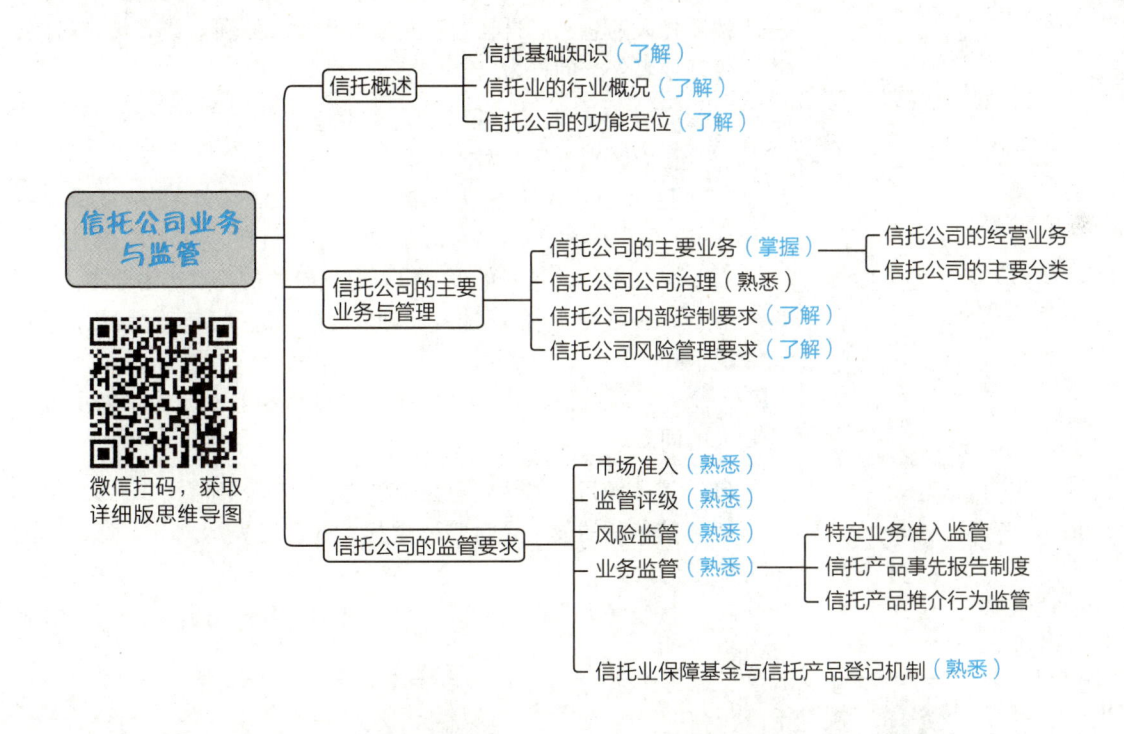

🏠 思维导图

信托公司业务与监管
- 信托概述
  - 信托基础知识（了解）
  - 信托业的行业概况（了解）
  - 信托公司的功能定位（了解）
- 信托公司的主要业务与管理
  - 信托公司的主要业务（掌握）
    - 信托公司的经营业务
    - 信托公司的主要分类
  - 信托公司公司治理（熟悉）
  - 信托公司内部控制要求（了解）
  - 信托公司风险管理要求（了解）
- 信托公司的监管要求
  - 市场准入（熟悉）
  - 监管评级（熟悉）
  - 风险监管（熟悉）
  - 业务监管（熟悉）
    - 特定业务准入监管
    - 信托产品事先报告制度
    - 信托产品推介行为监管
  - 信托业保障基金与信托产品登记机制（熟悉）

微信扫码，获取详细版思维导图

微信扫码关注 畅享在线做题

微信扫码关注 获取免费直播课

知识精讲

第一节 信托概述

真考解读 考查较少，了解即可。

一、信托基础知识（了解）

项目	内容
概念	《中华人民共和国信托法》（以下简称《信托法》）规定，信托是指委托人基于对受托人的信任，将其财产权委托给受托人，由受托人按委托人的意愿以自己的名义，为受益人的利益或者特定目的，进行管理或者处分的行为。
构成要素	(1) 信托当事人。信托当事人至少包括委托人、受托人和受益人三方，从而区别于只有两方当事人的委托关系。 (2) 信托目的。《信托法》要求，信托目的具有合法性，只能在法律许可的范围内管理运用财产，不允许利用信托去实现非法的目的。 (3) 信托财产。信托的设立以具有确定的信托财产为前提。 (4) 信托行为。《信托法》允许以合同、遗嘱和其他法定书面方式设定信托。以合同方式设立信托的，则委托人和受托人是信托合同的当事人；以遗嘱方式设立信托，因遗嘱是单方行为，则不需要受托人的同意。
基本分类	(1) 按信托目的的性质划分：私益信托和公益信托。 (2) 按信托的设立是否需要委托人的意思表示划分：意定信托和非意定信托。 (3) 按受托人是否为营业性信托机构划分：民事信托^{解读}和营业信托。

解读 民事信托是以非营业性信托机构或个人作为受托人所从事的信托活动。

典型真题

【单选题】以合同方式设立信托的，信托合同的当事人是(　　)。
A. 委托人和受益人　　　　　　B. 受托人和受益人
C. 委托人、受托人和受益人　　D. 委托人和受托人
【答案】D【解析】以合同方式设立信托的，则委托人和受托人是信托合同的当事人。

真考解读 考查较少，了解即可。

二、信托业的行业概况（了解）

项目	内容
发展初期	(1) 主要开展类银行业务，通过吸收信托存款、拆借以及海外发债等各种渠道融资，向企业发放贷款。

续表

项目	内容
发展初期	（2）信托公司也从事进出口贸易、房地产开发、租赁等投资经营活动，作为投融资的窗口。
改革	2007年，实施新的《信托公司管理办法》和《信托公司集合资金信托计划管理办法》，进一步明确了信托公司功能定位，从制度上解决了长期困扰行业发展的关联交易等一系列问题。

三、信托公司的功能定位（了解）

（1）在经济新常态下，向管理要效益、向风控要效益、向服务要效益已成为金融企业转型新方向。

（2）信托公司转型发展要正确把握综合化方向与专业化方向的关系。

（3）信托公司经营和监管要坚持服务实体经济的本质要求，以提升实体经济发展的质量和效益为中心。

（4）信托公司要回归主业，向直接金融、资产管理等收费型业务转型。

第二节 信托公司的主要业务与管理

一、信托公司的主要业务（掌握）

（一）信托公司的经营业务

根据《信托公司管理办法》的规定，信托公司可以申请经营下列部分或者全部本外币业务：①资金信托；②动产信托；③不动产信托；④有价证券信托；⑤其他财产或财产权信托；⑥作为投资基金或者基金管理公司的发起人从事投资基金业务；⑦经营企业资产的重组、购并及项目融资、公司理财、财务顾问等业务；⑧受托经营国务院有关部门批准的证券承销业务；⑨办理居间、咨询、资信调查等业务；⑩代保管及保管箱业务；⑪法律法规规定或银行业监督管理机构批准的其他业务。

（二）信托公司的主要分类 解读1

1. 信托业务

项目	内容
含义	《信托公司管理办法》规定，信托业务是指信托公司以营业和收取报酬为目的，以受托人身份承诺信托和处理信托事务的经营行为。
分类	（1）资产服务信托。按照服务内容和特点，分为财富管理服务信托、行政管理服务信托、资产证券化服务信托、风险处置服务信托及新型资产服务信托五类共19个业务品种。

真考解读 考查较少，了解即可。

真考解读 属于常考点，一般会考1道题。

解读1 信托公司业务主要分为信托业务和固有业务两大类。

续 表

项目	内容
分类	（2）资产管理信托。资产管理信托可分为固定收益类信托计划、权益类信托计划、商品及金融衍生品类信托计划和混合类信托计划共 4 个业务品种。 （3）公益慈善信托^{解读2}。按照信托目的，分为慈善信托和其他公益信托共 2 个业务品种。
信托财产管理运用或处分的方式	（1）信托公司不得以卖出回购方式管理运用信托财产。 （2）信托公司管理运用或者处分信托财产，必须恪尽职守，履行诚实、信用、谨慎、有效管理的义务，维护受益人的最大利益。 （3）信托公司在处理信托事务时应当避免利益冲突，在无法避免时，应向委托人、受益人予以充分的信息披露，或拒绝从事该项业务。 （4）信托公司应当亲自处理信托事务，信托文件另有约定或有不得已事由时，可委托他人代为处理，但信托公司应尽足够的监督义务，并对他人处理信托事务的行为承担责任。 （5）信托公司对委托人、受益人以及所处理信托事务的情况和资料负有依法保密的义务，但法律法规另有规定或者信托文件另有约定的除外。 （6）信托公司应当妥善保存处理信托事务的完整记录，定期向委托人、受益人报告信托财产及其管理运用、处分及收支的情况。 （7）信托公司应当将信托财产与其固有财产分别管理、分别记账，并将不同委托人的信托财产分别管理、分别记账。 （8）信托公司应当依法建账，对信托业务与非信托业务分别核算，并对每项信托业务单独核算。 （9）信托业务部门应当独立于公司的其他部门，其人员不得与公司其他部门的人员相互兼职，业务信息不得与公司的其他部门共享。
信托业务的禁止性规定	（1）利用受托人地位谋取不当利益。（2）将信托财产挪用于非信托目的的用途。（3）承诺信托财产不受损失或者保证最低收益。（4）以信托财产提供担保。（5）法律法规和银行业监督管理机构禁止的其他行为。
集合资金信托计划的管理要求	（1）信托公司设立信托计划，应当符合以下要求：①委托人为合格投资者；②参与信托计划的委托人为唯一受益人；③单个信托计划的自然人人数不得超过 50 人，但单笔委托金额在 300 万元以上的自然人投资者和合格的机构投资者数量不受限制；④信托期限不少于 1 年；⑤信托资金有明确的投资方向和投资策略，且符合国家产业政策以及其他有关规定；⑥信托受益权划分为等额份额的信托

解读 2 公益慈善信托的信托财产及其收益，不得用于非公益目的。

续 表

项目	内容
集合资金信托计划的管理要求	单位；⑦信托合同应约定受托人报酬，除合理报酬外，信托公司不得以任何名义直接或间接以信托财产为自己或他人牟利；⑧银行业监督管理机构规定的其他要求。 （2）信托公司管理信托计划，应当遵守以下规定：①不得向他人提供担保；②向他人提供贷款不得超过其管理的所有信托计划实收余额的30%，但监管机构另有规定的除外；③不得将信托资金直接或间接运用于信托公司的股东及其关联人，但信托资金全部来源于股东或其关联人的除外；④不得以国有财产与信托财产进行交易；⑤不得将不同信托财产进行相互交易；⑥不得将同一公司管理的不同信托计划投资于同一项目。
主流信托业务	（1）基础设施信托业务。业务模式：①基础设施贷款信托模式；②基础设施股权投资信托模式；③基础设施财产权信托模式；④基础设施产业基金模式。 （2）房地产信托业务。业务模式：①房地产债权融资信托模式；②房地产权益投资信托模式；③基金化房地产信托模式；④房地产投资信托基金（REITs）^{解读3}。 （3）证券投资信托业务。业务模式：①阳光私募证券投资信托产品；②结构化证券投资信托产品；③TOT产品。 （4）银信类业务，资产证券化业务，慈善信托业务，风险处置类信托。

2. 固有业务

项目	内容
概念	固有业务是指信托公司运用资本金开展的业务。
业务品种	（1）信托公司固有业务项下可以开展存放同业、拆放同业、贷款、租赁和投资等业务^{解读4}。 （2）信托公司不得以固有财产进行实业投资（银行业监督管理机构另有规定的除外）。 （3）信托公司不得开展除同业拆入业务以外的其他负债业务，且同业拆入余额不得超过其净资产的20%，银行业监督管理机构另有规定的除外。 （4）信托公司可以开展对外担保业务，但对外担保余额不得超过其净资产的50%。
禁止性规定	（1）向关联方融出资金或转移财产。 （2）为关联方提供担保。 （3）以股东持有的本公司股权作为质押进行融资。

解读3 根据投资业务的不同，REITs主要分为权益型、抵押型和混合型三种类型，具有专业化管理、组合投资、风险分散、流动性强的特点。

解读4 投资业务限定为金融类公司股权投资、金融产品投资和自用固定资产投资。

典型真题

【单选题】 信托公司固有投资业务不可开展的投资类型是( )。
A. 金融类公司股权投资　　　　B. 自用固定资产投资
C. 实业投资　　　　　　　　　D. 金融产品投资
【答案】 C　**【解析】** 信托公司不得以固有财产进行实业投资（银行业监督管理机构另有规定的除外）。

二、信托公司公司治理（熟悉）

项目	内容
原则	（1）受益人利益最大化原则。（2）治理组织完备原则。（3）治理制度完备原则。（4）全面风险管理原则。（5）优化治理结构原则。（6）合规管理原则。
股东禁止行为	（1）虚假出资、出资不实、抽逃出资或变相抽逃出资。 （2）利用股东地位牟取不当利益。 （3）直接或间接干涉信托公司的日常经营管理。 （4）要求信托公司作出最低回报或分红承诺。 （5）要求信托公司为其提供担保。 （6）与信托公司违规开展关联交易。 （7）挪用信托公司固有财产或信托财产。 （8）通过股权托管、信托文件、秘密协议等形式处分其出资。 （9）损害信托公司、其他股东和受益人合法权益的其他行为。

三、信托公司内部控制要求（了解）

（1）自营业务和信托业务必须相互分离。
（2）分别建立自营业务和信托业务的授权体系。
（3）按照职责分离的原则设立相应的工作岗位。
（4）公司固有财产应当与信托财产分开管理，分别核算；对公司管理的每项信托业务，应分别核算。
（5）设立相对独立的内部稽核监督部门。对公司所有业务每半年至少进行一次稽核，对公司自营业务和信托业务分离情况按季进行稽核，对终止或结束的业务要在一个月内进行稽核，对业务开展过程中发现的问题要随时进行稽核。
（6）建立业务的风险责任制和尽职问责制。

四、信托公司风险管理要求（了解）

（1）区分固有业务和信托业务，实施不同的风险管理策略。
（2）信托产品的风险收益与投资者风险偏好要匹配。
（3）风险揭示和信息披露。

第三节 信托公司的监管要求

一、市场准入（熟悉）

（1）境内非金融机构作为信托公司出资人，应当具备以下条件：①依法设立，具有法人资格；②具有良好的公司治理结构或有效的组织管理方式；③具有良好的社会声誉、诚信记录和纳税记录；④经营管理良好，最近2年内无重大违法违规经营记录；⑤财务状况良好且最近2个会计年度连续盈利；⑥最近1个会计年度末净资产不低于资产总额的30%；⑦入股资金为自有资金，不得以委托资金、债务资金等非自有资金入股；⑧单个出资人及其关联方投资入股信托公司不得超过2家，其中绝对控股不得超过1家；⑨承诺5年内不转让所持有的信托公司股权（银行业监督管理机构依法责令转让的除外）、不将所持有的信托公司股权进行质押或设立信托，并在拟设公司章程中载明；⑩银行业监督管理机构规章规定的其他审慎性条件。

（2）信托公司申请投资设立、参股、收购境外机构^{解读1}，应当符合以下条件：①具有良好的公司治理结构，内部控制健全有效，业务条线管理和风险管控能力与境外业务发展相适应；②具有清晰的海外发展战略；③具有良好的并表管理能力；④符合审慎监管指标要求；⑤权益性投资余额原则上不超过其净资产的50%；⑥最近2个会计年度连续盈利；⑦具备与境外经营环境相适应的专业人才队伍；⑧最近2年无严重违法违规行为和因内部管理问题导致的重大案件；⑨银行业监督管理机构规章规定的其他审慎性条件。

真考解读 考查相对较少，熟悉内容即可。

解读1 信托公司申请投资设立、参股、收购境外机构由所在地银监局受理、审查并决定。银监局自受理之日起6个月内作出批准或不批准的书面决定，并抄报银行业监督管理机构。

二、监管评级（熟悉）

项目	内容
概念	信托公司监管评级是指监管机构结合日常监管掌握的情况以及其他相关信息，对信托公司的整体状况作出评价判断的监管过程，是实施分类监管的基础。
要素构成	信托公司的监管评级要素由定量和定性两部分组成^{解读2}，包括资本要求、资产质量、风险治理、盈利能力、跨业纪律、从属关系、投资者关系和外部评价等内容。
组织实施	信托公司的监管评级周期为1年，评价期间为上一年1月1日至12月31日，评级工作原则上应于每年6月底前完成。
分类监管	信托公司的监管评级结果分为创新类（A+、A-）、发展类（B+、B-）和成长类（C+、C-）三大类六个级别。其中，监管评级最终得分在90分（含）以上为A+，85分（含）至90分为A-；80分（含）至85分为B+，70分（含）至80分为B-；60分（含）至70分为C+，60分以下为C-。

真考解读 考查相对较少，熟悉内容即可。

解读2 信托公司监管评级满分为100分，定量和定性评价要素（限制性条款除外）各占50%的权重。

三、风险监管（熟悉）

（1）健全风险治理体系，完善全面风险管理框架。

（2）信用风险监管：①完善资产质量管理；②加强重点领域信用风险防控；③提升风险处置质效。

（3）流动性风险监管：①实现流动性风险防控全覆盖^{解读3}；②加强信托业务流动性风险监测。

（4）市场风险监管：①加强固有业务市场风险防控；②加强信托业务市场风险防控。

（5）操作风险监管：①完善操作风险防控机制；②强化从业人员管理。

（6）跨行业、跨市场的交叉产品风险监管：①建立交叉产品风险防控机制；②提高复杂信托产品透明度。

（7）拨备和资本监管：①足额计提拨备^{解读4}；②加强资本管理。

> **真考解读** 考查相对较少，熟悉内容即可。
>
> **解读3** 既要持续监测传统的表内流动性风险指标，也要关注表外担保业务及信托业务带来的流动性管理压力。
>
> **解读4** 信托公司应当根据"穿透"原则对承担信用风险的表内外资产足额计提风险拨备。

典型真题

【多选题】信托公司的信用风险监管方法包括（　　）。
A. 完善资产质量管理　　B. 加强重点领域信用风险防控
C. 提升风险处置质效　　D. 加强固有业务市场风险防控
E. 加强信托业务市场风险防控
【答案】ABC　【解析】信托公司的信用风险监管：①完善资产质量管理；②加强重点领域信用风险防控；③提升风险处置质效。

四、业务监管（熟悉）

项目	内容
特定业务准入监管	信托公司申请调整业务范围，增加以下业务资格，应当向银行业监督管理机构提交申请：①企业年金基金管理业务资格；②特定目的受托机构资格；③受托境外理财业务资格；④股指期货交易等衍生品交易业务资格；⑤发行金融债券、次级债券；⑥开办其他新业务。
信托产品事先报告制度	凡新入市的产品都必须按程序和统一要求在入市前10天逐笔向监管部门报告。
信托产品推介行为监管	（1）信托公司应在产品说明书中明确，投资人不得违规汇集他人资金购买信托产品，违规者要承担相应责任及法律后果。 （2）信托公司推介集合资金信托计划不得公开宣传，不得通过手机短信等方式向不特定客户发送产品信息。 （3）信托公司应当切实履行"卖者尽责"义务，在产品营销时向投资人充分揭示风险，不得存在虚假披露、误导性销售等行为。

> **真考解读** 考查相对较少，熟悉内容即可。

第十三章 信托公司业务与监管

续 表

项目	内容
信托产品推介行为监管	（4）信托公司异地推介信托产品，应当**提前10日**向属地银行业监督管理机构和推介地银行业监督管理机构同时报送《信托公司固有业务、信托项目事前报告表》^{解读5}。

解读5 按属地监管原则，属地银行业监督管理机构对信托公司异地推介承担最终监管责任。

真考解读 考查相对较少，熟悉内容即可。

五、信托业保障基金与信托产品登记机制（熟悉）

项目	内容
信托业保障基金	（1）保障基金现行认购执行下列统一标准，条件成熟后再依据信托公司风险状况实行差别认购标准。①信托公司按净资产余额的1%认购，每年4月底前以上年度末的净资产余额为基数动态调整。②资金信托按新发行金额的1%认购，其中，属于购买标准化产品的投资性资金信托的，由信托公司认购；属于融资性资金信托的，由融资者认购。在每个资金信托产品发行结束时，缴入信托公司基金专户，由信托公司按季向保障基金公司集中划缴。③新设立的财产信托按信托公司收取报酬的5%计算，由信托公司认购。 （2）具备下列情形之一的，保障基金公司可以使用保障基金：①信托公司因资不抵债，在实施恢复与处置计划后，仍需重组的；②信托公司依法进入破产程序，并进行重整的；③信托公司因违法违规经营，被责令关闭、撤销的；④信托公司因临时资金周转困难，需要提供短期流动性支持的；⑤需要使用保障基金的其他情形。保障基金有效化解了行业流动性风险，初步发挥了行业"压舱石""稳定器"的作用。
信托产品登记机制	信托登记包括预登记、初始登记、变更登记、终止登记和更正登记，信托登记公司接受信托登记申请，依法办理信托登记业务。

章节练习

一、单选题（以下各小题所给出的四个选项中，只有一项符合题目的要求，请选择相应选项，不选、错选均不得分）

1. 信托公司可以开展对外担保业务，但对外担保余额不得超过其净资产的（　　）。
   A. 50%　　　　B. 40%　　　　C. 30%　　　　D. 45%
2. 下列行为中，不属于信托业务禁止性规定的是（　　）。
   A. 对他人处理信托事务的行为承担责任　　B. 将信托财产挪用于非信托目的的用途
   C. 利用受托人地位谋取不当利益　　D. 以信托财产提供担保

二、多选题（以下各小题所给出的五个选项中，有两项或两项以上符合题目的要求，请选择相应选项，多选、少选、错选均不得分）

1. 信托设立的构成要素至少包括( )。
   A. 信托收益　　B. 信托财产　　C. 信托目的
   D. 信托当事人　　E. 信托行为

2. 信托当事人至少包括( )，从而区别于只有两方当事人的委托关系。
   A. 委托人　　B. 保险人　　C. 被保险人
   D. 受益人　　E. 受托人

3. 保障基金公司可以使用保障基金的情形有( )。
   A. 信托公司因资不抵债，在实施恢复与处置计划后，仍需重组的
   B. 信托公司依法进入破产程序，并进行重整的
   C. 信托公司因违法违规经营，被责令关闭、撤销的
   D. 信托公司因临时资金周转困难，需要提供短期流动性支持的
   E. 需要使用保障基金的其他情形

三、判断题（请对以下各项描述做出判断，正确的为 A，错误的为 B）

1. 信托公司不得以卖出回购方式管理运用信托财产。( )
   A. 正确　　B. 错误

2. 信托公司不得开展除同业拆入业务以外的其他负债业务，且同业拆入余额不得超过其净资产的20%，银行业监督管理机构另有规定的除外。( )
   A. 正确　　B. 错误

➡ 答案详解

一、单选题

1. A【解析】信托公司可以开展对外担保业务，但对外担保余额不得超过其净资产的50%。
2. A【解析】信托公司开展信托业务，不得有下列行为：①利用受托人地位谋取不当利益；②将信托财产挪用于非信托目的的用途；③承诺信托财产不受损失或者保证最低收益；④以信托财产提供担保；⑤法律法规和银行业监督管理机构禁止的其他行为。

二、多选题

1. BCDE【解析】信托的设立至少包括四个构成要素：信托当事人、信托目的、信托财产、信托行为。
2. ADE【解析】信托当事人至少包括委托人、受托人和受益人三方，从而区别于只有两方当事人的委托关系。
3. ABCDE【解析】具备下列情形之一的，保障基金公司可以使用保障基金：①信托公司因资不抵债，在实施恢复与处置计划后，仍需重组的；②信托公司依法进入破产程序，并进行重整的；③信托公司因违法违规经营，被责令关闭、撤销的；④信托公司因临时资金周转困难，需要提供短期流动性支持的；⑤需要使用保障基金的其他情形。

三、判断题

1. A【解析】信托公司不得以卖出回购方式管理运用信托财产。
2. A【解析】信托公司不得开展除同业拆入业务以外的其他负债业务，且同业拆入余额不得超过其净资产的20%，银行业监督管理机构另有规定的除外。

第十四章 企业集团财务公司业务与监管

应试分析

本章主要介绍了非银行金融机构业务经营与监管中的企业集团财务公司业务与监管，包括企业集团财务公司经营、管理与监管。本章内容较少，在考试中所占分值约为 4 分，以记忆性知识点为主。

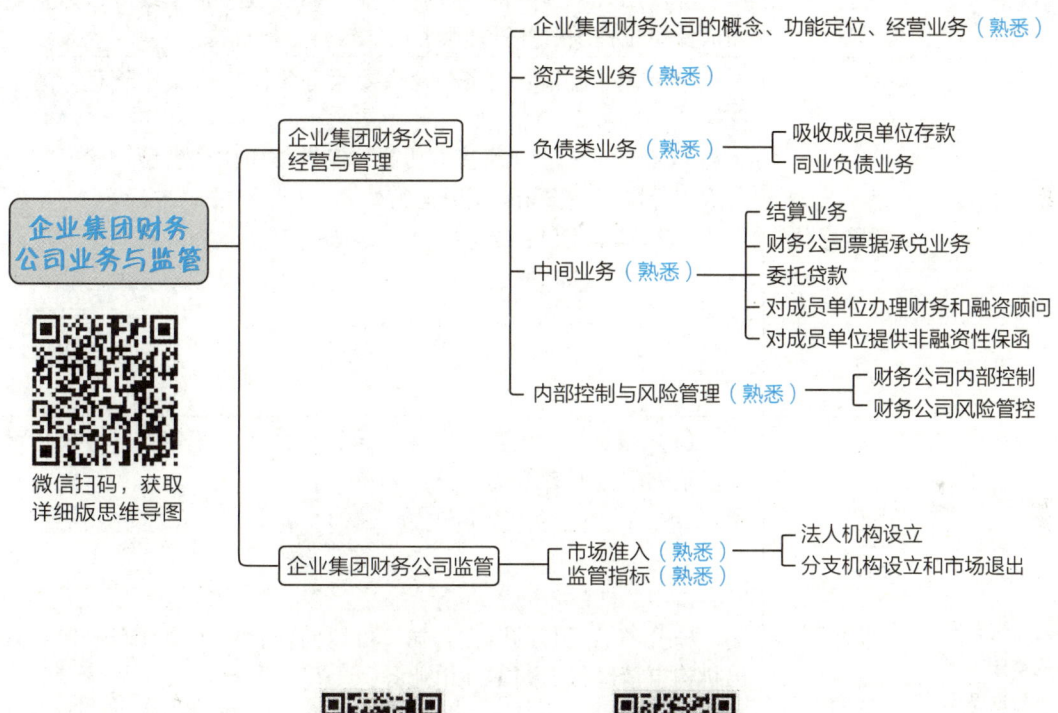

思维导图

企业集团财务公司业务与监管
- 企业集团财务公司经营与管理
  - 企业集团财务公司的概念、功能定位、经营业务（熟悉）
  - 资产类业务（熟悉）
  - 负债类业务（熟悉）
    - 吸收成员单位存款
    - 同业负债业务
  - 中间业务（熟悉）
    - 结算业务
    - 财务公司票据承兑业务
    - 委托贷款
    - 对成员单位办理财务和融资顾问
    - 对成员单位提供非融资性保函
  - 内部控制与风险管理（熟悉）
    - 财务公司内部控制
    - 财务公司风险管控
- 企业集团财务公司监管
  - 市场准入（熟悉）
  - 监管指标（熟悉）
    - 法人机构设立
    - 分支机构设立和市场退出

· 233 ·

知识精讲

第一节 企业集团财务公司经营与管理

真考解读 考查相对较少，熟悉即可。

一、企业集团财务公司的概念、功能定位、经营业务（熟悉）

项目	内容
概念	《企业集团财务公司管理办法》规定，企业集团财务公司（以下简称"财务公司"）是指以加强企业集团资金集中管理和提高企业集团资金使用效率为目的，依托企业集团、服务企业集团，为企业集团成员单位提供财务管理服务的非银行金融机构。
功能定位	（1）基本功能：财务公司主要服务集团资金集中管理，通过发挥"集团资金归集平台、集团资金结算平台、集团资金监控平台、集团金融服务平台"等基本功能，促进集团优化资源配置，节约财务成本保障资金安全，提升运行效率。 （2）基本定位：①通过作为内部银行的金融机构地位，提高企业集团内部资金融通的效率，最大限度地降低财务费用；②紧紧围绕成员单位业务和产品，促进成员单位业务的拓展和产品的销售；③利用自身金融机构在信息、资金等方面的优势，为成员单位提供全方位的顾问服务。
可经营的业务 解读1	（1）根据《企业集团财务公司管理办法》规定，财务公司可以经营下列部分或者全部业务：①吸收成员单位存款；②办理成员单位贷款；③办理成员单位票据贴现；④办理成员单位资金结算与收付；⑤提供成员单位委托贷款、债券承销、非融资性保函、财务顾问、信用鉴证及咨询代理业务。 （2）符合条件的财务公司，可以向银行业监督管理机构及其派出机构申请经营下列本外币业务：①从事同业拆借；②办理成员单位票据承兑；③办理成员单位产品买方信贷和消费信贷；④从事固定收益类有价证券投资；⑤从事套期保值类衍生产品交易；⑥银行业监督管理机构批准的其他业务。

解读1 财务公司不得从事除中国人民银行或国家外汇管理局政策规定之外的离岸业务或资金跨境业务。财务公司不得发行金融债券，不得向金融机构和企业投资。

典型真题

【多选题】企业集团财务公司的基本功能主要包括（　　）。
A. 集团资金监控平台　　B. 集团资金筹集平台
C. 集团资金结算平台　　D. 集团资金归集平台
E. 集团金融服务平台

【答案】ACDE【解析】财务公司主要服务集团资金集中管理，通过发挥"集团资金归集平台、集团资金结算平台、集团资金监控平台、集团金融服务平台"等基本功能，促进集团优化资源配置，节约财务成本保障资金安全，提升运行效率。

二、资产类业务（熟悉）

项目	内容
对成员单位办理贷款	（1）对成员单位办理贷款指财务公司按一定利率和必须归还等条件向成员单位出借贷款资金的一种信用活动形式。 （2）财务公司可以向成员单位开展全部种类本外币的贷款业务。
办理成员单位产品的买方信贷	买方信贷是指成员单位与买方企业（经销商）签订购销合同后，应买方申请及成员单位的推荐，由财务公司向购买成员单位产品的买方提供贷款，仅用于购买成员单位产品的信贷业务。
办理成员单位产品的消费信贷业务	财务公司办理成员单位产品的消费信贷业务是财务公司向消费者发放的以消费成员单位产品为目的的贷款。
同业业务	主要包括同业拆出^{解读2}和买入返售。
投资业务	投资业务是财务公司资产业务的一部分，是财务公司主业的延伸和派生，可投资标的为固定收益类有价证券。

真考解读 考查相对较少，熟悉即可。

解读2 同业拆出是指财务公司通过同业拆借市场拆出资金的行为。

三、负债类业务（熟悉）

项目	内容
吸收成员单位存款	吸收成员单位存款是财务公司主要负债，也是财务公司货币资金主要来源之一。品种包括单位活期存款、单位定期存款、单位通知存款和单位协定存款四个品种。
同业负债业务	主要包括同业拆入^{解读3}和卖出回购。

真考解读 考查相对较少，熟悉即可。

解读3 财务公司拆入资金的最长期限为7天，最高拆入限额和最高拆出限额均不得超过实收资本的100%。

四、中间业务（熟悉）

项目	内容
结算业务	结算业务包括内部结算业务和外部结算业务。内部结算业务包括内部转账、委托收款和资金归集。外部结算业务包括代理收付款、信用证结算和托收承付结算。
财务公司票据承兑业务	财务公司票据承兑是指财务公司作为汇票付款人，承诺在汇票到期日支付汇票金额给收款人或持票人的票据行为。
委托贷款	委托贷款是指财务公司作为受托人，根据委托人（成员单位A）的委托，在委托人存放财务公司的资金额度内，向委托人指定的借款人（成员单位B），按照委托人指定的贷款用途、期限、利率和金额等代为发放、到期协助收回贷款本息的业务。

真考解读 考查相对较少，熟悉即可。

续 表

项目	内容
对成员单位办理财务和融资顾问	对成员单位办理财务和融资顾问是指财务公司根据成员单位的需求，为成员单位的投融资资本运作、资产管理和债务管理等活动提供咨询、分析、方案设计等服务。
对成员单位提供非融资性保函	非融资性保函^{解读4}是指财务公司应贸易项下、合约关系、经济关系等交易中一方当事人的要求，向交易的另一方担保该交易项下某种责任或义务的履行所作出的在一定时期内承担一定金额支付责任或经济赔偿责任的书面付款保证承诺。

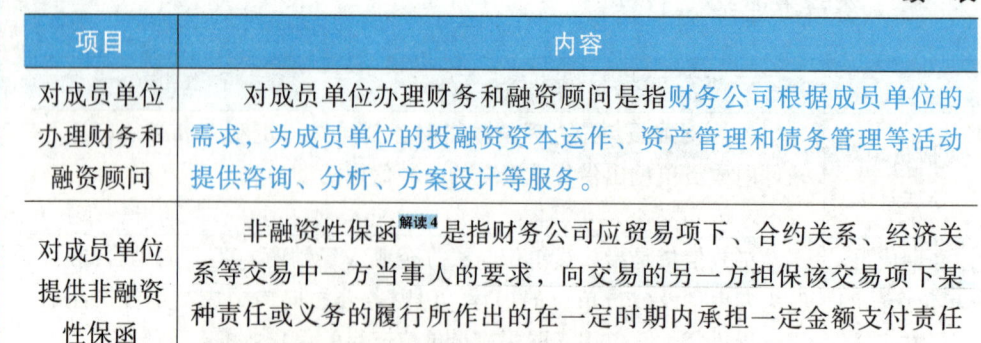

解读4 非融资性保函包括预付款保函、履约保函、投标保函、质量保函及维修保函等。

真考解读 考查相对较少，熟悉即可。

五、内部控制与风险管理（熟悉）

（一）财务公司内部控制

项目	内容
基本原则	全面性、审慎性、有效性、独立性、制衡性。
基本要求	（1）建立完善的法人治理结构。 （2）建立科学、有效的绩效评价机制。 （3）建立涵盖各项业务的、全系统的风险管理系统。 （4）制定全面、系统、成文的各项业务的政策、制度和程序。 （5）建立内部控制的后评价制度。 （6）明确划分各机构、部门、各岗位的任务、职责和权限，建立职责分离、横向纵向相互监督制约的机制。 （7）建立完整的授权体系^{解读5}。

解读5 董事会对高级管理层的授权；董事长对总经理、风险控制委员会的授权；总经理对副总经理、部门经理的授权；部门经理对工作人员的授权等。

（二）财务公司风险管控

项目	内容
风险管控体系	（1）在完善集团风险管理和内部控制体系的基础上，将财务公司纳入集团风险管理和内部控制体系。 （2）实施有效的审计稽核。 （3）根据集团发展实际和财务公司发展阶段，合理规划资本、业务及利润增长目标。
全面风险管理	设计完善的风险管理架构，建立包括风险识别、计量、分析、评估、报告、控制等内容的风险管理流程，运用先进的风险管理方法，强化业务、职能、审计三道防线，保障公司经营稳健与中央企业资金安全。
内控合规体系建设	以有效的公司治理结构和完善的规章制度为基础，构建面向全员、覆盖全部业务品种、囊括业务全过程的内控合规体系。

第十四章 企业集团财务公司业务与监管

第二节　企业集团财务公司监管

真考解读 考查相对较少，熟悉即可。

一、市场准入（熟悉）

（一）法人机构设立

项目	应具备的条件
设立财务公司法人机构	（1）确属集中管理企业集团资金的需要，经合理预测能够达到一定的业务规模。 （2）有符合《中华人民共和国公司法》和监管规定的公司章程。 （3）有符合规定条件的出资人。 （4）注册资本为一次性实缴货币资本，最低限额为10亿元人民币或等值的可自由兑换货币，银行业监督管理机构根据财务公司的发展情况和审慎监管的需要，可以调整财务公司注册资本金的最低限额。 （5）有符合任职资格条件的董事、高级管理人员，并且在风险管理、资金管理、信贷管理、结算等关键岗位上至少各有1名具有3年以上相关金融从业经验的人员。 （6）财务公司从业人员中从事金融或财务工作3年以上的人员应当不低于总人数的2/3、5年以上的人员应当不低于总人数的1/3，且至少引进1名具有5年以上银行业从业经验的高级管理人员。 （7）建立了有效的公司治理、内部控制和风险管理体系。 （8）建立了与业务经营和监管要求相适应的信息科技体系，具有支撑业务经营的必要、安全且合规的信息管理系统，具备保障业务持续运营的技术与措施。 （9）有与业务经营相适应的营业场所、安全防范措施和其他设施。 （10）银行业监督管理机构规章规定的其他审慎性条件。
成员单位作为财务公司出资人	（1）依法设立，具有法人资格。 （2）具有良好的公司治理结构或有效的组织管理方式。 （3）具有良好的社会声誉、诚信记录和纳税记录。 （4）经营管理良好，最近2年无重大违法违规行为。 （5）财务状况良好，最近2个会计年度连续盈利；作为财务公司控股股东的，最近3个会计年度连续盈利。 （6）最近1个会计年度末净资产不低于总资产的30%；作为财务公司控股股东的，最近1个会计年度末净资产不低于总资产的40%。

· 237 ·

续 表

项目	应具备的条件
成员单位作为财务公司出资人	(7) 入股资金为自有资金，不得以委托资金、债务资金等非自有资金入股。 (8) 权益性投资余额原则上不得超过本企业净资产的50%（含本次投资金额）；作为财务公司控股股东的，权益性投资余额原则上不得超过本企业净资产的40%（含本次投资金额）；国务院规定的投资公司和控股公司除外。 (9) 该项投资符合国家法律法规规定。 (10) 银行业监督管理机构规章规定的其他审慎性条件。
成员单位以外的投资者作为财务公司出资人，应为境内外法人金融机构	(1) 依法设立，具有法人资格。 (2) 有3年以上资金集中管理经验。 (3) 资信良好，最近2年未受到境内外监管机构的重大处罚。 (4) 具有良好的公司治理、内部控制机制和健全的风险管理体系。 (5) 满足所在国家或地区监管当局的审慎监管要求。 (6) 财务状况良好，最近2个会计年度连续盈利。 (7) 入股资金为自有资金，不得以委托资金、债务资金等非自有资金入股。 (8) 权益性投资余额原则上不得超过本企业净资产的50%（含本次投资金额），国务院规定的投资公司和控股公司除外。 (9) 作为主要股东自取得股权之日起5年内不得转让所持有的股权（经银行业监督管理机构批准采取风险处置措施、银行业监督管理机构责令转让、涉及司法强制执行或者在同一出资人控制的不同主体间转让股权等特殊情形除外）并在公司章程中载明。 (10) 投资者为境外金融机构的，其最近2年长期信用评级为良好及以上，其所在国家或地区金融监管当局已经与银行业监督管理机构建立良好的监督管理合作机制。 (11) 银行业监督管理机构规章规定的其他审慎性条件。

（二）分支机构设立和市场退出

项目	内容
分支机构设立	财务公司发生合并与分立、跨省级派出机构迁址，或者所属集团被收购或重组的，根据业务需要，可申请在成员单位集中且业务量较大的地区设立分公司。
市场退出	财务公司的市场退出方式，包括解散、撤销、接管、重组、破产等。

第十四章 企业集团财务公司业务与监管

二、监管指标（熟悉）

应当遵守的监管指标要求：①资本充足率不低于银行业监督管理机构的最低监管要求；②流动性比例不得低于25%；③贷款余额不得高于存款余额与实收资本之和的80%；④集团外负债总额不得超过资本净额；⑤票据承兑余额不得超过资产总额的15%；⑥票据承兑余额不得高于存放同业余额的3倍；⑦票据承兑和转贴现总额不得高于资本净额；⑧承兑汇票保证金余额不得超过存款总额的10%；⑨投资总额不得高于资本净额的70%；⑩固定资产净额不得高于资本净额的20%；⑪银行业监督管理机构规定的其他监管指标。

真考解读 考查相对较少，熟悉即可。

章节练习

一、单选题（以下各小题所给出的四个选项中，只有一项符合题目的要求，请选择相应选项，不选、错选均不得分）

1. 财务公司的基本定位不包括（　　）。
    A. 通过作为内部银行的金融机构地位，提高企业集团内部资金融通的效率，最大限度地降低财务费用
    B. 通过作为内部银行的金融机构地位，提供企业集团内部资金融通的效率，最大限度地提高经济效益
    C. 利用自身金融机构在信息、资金等方面的优势，为成员单位提供全方位的顾问服务
    D. 紧紧围绕成员单位业务和产品，促进成员单位业务的拓展和产品的销售

2. 关于成员单位作为财务公司出资人的条件，下列说法错误的是（　　）。
    A. 具有良好的公司治理结构或有效的组织管理方式
    B. 具有良好的社会声誉、诚信记录和纳税记录
    C. 入股资金为自有资金
    D. 经营管理良好，最近1年无重大违法违规行为

二、多选题（以下各小题所给出的五个选项中，有两项或两项以上符合题目的要求，请选择相应选项，多选、少选、错选均不得分）

1. 财务公司的负债业务包括（　　）。
    A. 吸收成员单位存款
    B. 同业负债业务
    C. 办理成员单位产品的买方信贷
    D. 投资业务
    E. 财务公司票据承兑业务

2. 财务公司可以经营的业务有（　　）。
    A. 办理成员单位资金结算与收付

B. 办理成员单位票据贴现
C. 吸收成员单位存款
D. 为成员单位提供财务顾问、信用鉴证及咨询代理业务
E. 提供成员单位委托贷款

三、判断题（请对以下各项描述做出判断，正确的为 A，错误的为 B）

1. 财务公司不能向成员单位开展全部种类本外币的贷款业务。（　　）
   A. 正确　　　　　　　　　　　　　B. 错误
2. 财务公司发生合并与分立、跨省级派出机构迁址，或者所属集团被收购或重组的，根据业务需要，可申请在成员单位集中且业务量较大的地区设立分公司。（　　）
   A. 正确　　　　　　　　　　　　　B. 错误

答案详解

一、单选题

1. B【解析】财务公司的基本定位包括：①通过作为内部银行的金融机构地位，提高企业集团内部资金融通的效率，最大限度地降低财务费用；②紧紧围绕成员单位业务和产品，促进成员单位业务的拓展和产品的销售；③利用自身金融机构在信息、资金等方面的优势，为成员单位提供全方位的顾问服务。

2. D【解析】选项 D 错误，成员单位作为财务公司出资人，应当具备下列条件之一，经营管理良好，最近 2 年无重大违法违规行为。

二、多选题

1. AB【解析】财务公司的负债业务：①吸收成员单位存款；②同业负债业务，主要包括同业拆入和卖出回购。

2. ABCDE【解析】选项 A、选项 B、选项 C、选项 D、选项 E 均为财务公司可以经营的业务。

三、判断题

1. B【解析】财务公司可以向成员单位开展全部种类本外币的贷款业务。
2. A【解析】题干表述正确。

第十五章　金融租赁公司业务与监管

应试分析

本章主要介绍了非银行金融机构业务经营与监管中的金融租赁公司业务与监管，包括金融租赁公司的概况、经营与管理和监管要求。本章内容较少，在考试中所占分值约为 3 分，考生需掌握金融租赁业务的核心业务与业务创新。

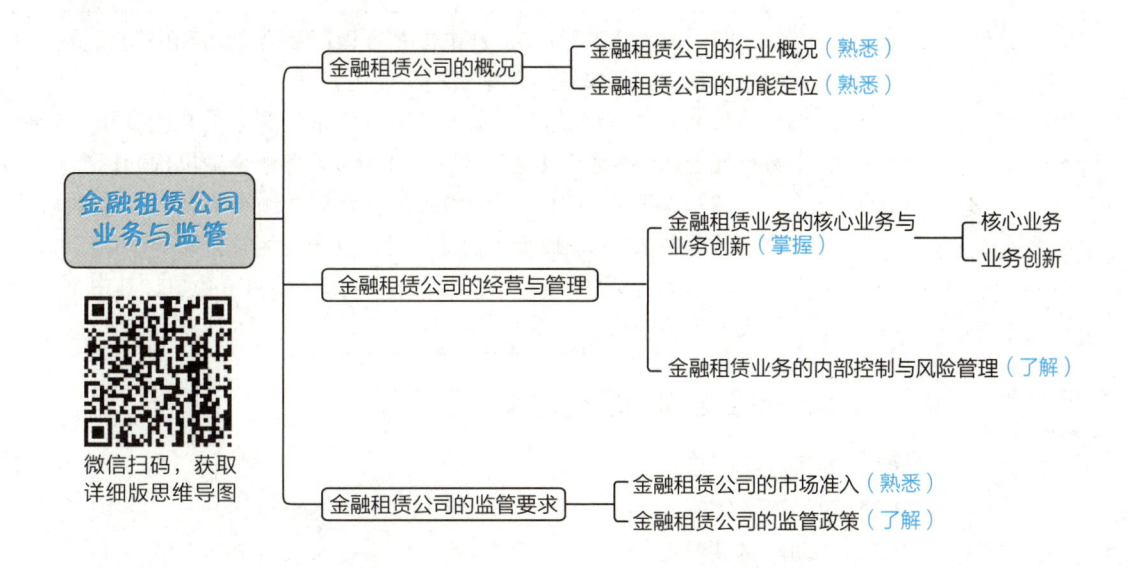

思维导图

- 金融租赁公司业务与监管
  - 金融租赁公司的概况
    - 金融租赁公司的行业概况（熟悉）
    - 金融租赁公司的功能定位（熟悉）
  - 金融租赁公司的经营与管理
    - 金融租赁业务的核心业务与业务创新（掌握）
      - 核心业务
      - 业务创新
    - 金融租赁业务的内部控制与风险管理（了解）
  - 金融租赁公司的监管要求
    - 金融租赁公司的市场准入（熟悉）
    - 金融租赁公司的监管政策（了解）

微信扫码，获取详细版思维导图

微信扫码关注 畅享在线做题

微信扫码关注 获取免费直播课

知识精讲

第一节 金融租赁公司的概况

一、金融租赁公司的行业概况（熟悉）

真考解读 考查相对较少，熟悉即可。

项目	内容
含义	金融租赁公司是指经银行业监督管理机构批准，以经营融资租赁业务为主的非银行金融机构。
行业发展情况	（1）1981年4月和7月中国东方国际租赁公司和中国租赁公司的先后建立，标志着我国融资租赁业的创立。 （2）1986年4月，中国人民银行发布《金融信托投资机构管理暂行规定》，明确了设立开展融资性租赁业务的金融机构的标准。 （3）2007年1月，原中国银监会修订并颁布了新的《金融租赁公司管理办法》，积极推进商业银行设立金融租赁公司的试点工作。 （4）截至2022年末，全国共有68家金融租赁公司，其中5家公司设立了境内或境外专业子公司。

二、金融租赁公司的功能定位（熟悉）

真考解读 考查相对较少，熟悉即可。

（1）促进社会投资。
（2）拉动产品需求。
（3）推动经济调整结构。
（4）增加企业融资渠道。
（5）平衡国际贸易。

第二节 金融租赁公司的经营与管理

一、金融租赁业务的核心业务与业务创新（掌握）

真考解读 属于常考点，一般会考1道题。

（1）根据《金融租赁公司管理办法》规定，经银行业监督管理机构批准，金融租赁公司可以经营下列部分或全部本外币业务：①融资租赁业务；②转让和受让融资租赁资产；③固定收益类证券投资业务；④接受承租人的租赁保证金；⑤吸收非银行股东3个月（含）以上定期存款；⑥同业拆借；⑦向金融机构借款；⑧境外借款；⑨租赁物变卖及处理业务；⑩经济咨询。

（2）经银行业监督管理机构批准，经营状况良好、符合条件的金融租赁公司可以开办下列部分或全部本外币业务：①发行债券；②在境内保税地区设立项目公司开展融资租赁业务；③资产证券化；④为控股子公司、项目公司对外融资提供担保。

（一）核心业务

项目	内容
融资租赁业务	（1）含义：融资租赁业务是指出租人根据承租人对租赁物和供货人的选择或认可，将其从供货人处取得的租赁物按合同约定出租给承租人占有、使用，向承租人收取租金的交易活动。 （2）业务种类：融资租赁和经营租赁。 （3）业务模式：直接融资租赁、转租赁、售后回租[解读1]、联合租赁、厂商租赁等方式。
负债业务	（1）接受承租人租赁保证金。 （2）吸收股东3个月以上定期存款。 （3）同业拆入[解读2]。 （4）向金融机构（银行和非银行金融机构借款）借款。 （5）境外借款。 （6）发行金融债券。

解读1 售后回租是指承租人将自有设备等固定资产以公允价值出卖给金融租赁公司，然后再从金融租赁公司租回使用并按期支付租金的业务形式。

解读2 金融租赁公司拆入资金的最长期限为3个月，拆入资金余额不得超过实收资本的100%。

（二）业务创新

项目	内容
租赁资产证券化	（1）定义：租赁资产证券化业务是指金融租赁公司作为发起机构，将金融租赁公司应收融资租赁款信托给受托机构，由受托机构以资产支持证券的形式向投资机构发行受益证券，以该资产所产生的现金支付资产支持证券收益的结构性融资活动。 （2）作用与意义：减少资本占用，提高资产回报率；创新融资渠道，降低融资成本；改善资产负债结构。
项目公司	（1）国际上飞机、船舶等融资租赁业务通常采取设立单机单船项目公司（SPV）的方法进行项目融资。项目公司（SPV）作为名义出租人，是实际出租人的子公司。 （2）优势：实现了风险隔离；有利于降低项目成本；减少承租人的成本支出。
租赁资产交易	（1）含义：租赁资产交易是指从事融资租赁业务的公司之间以租赁资产为媒介进行的买卖交易。 （2）交易模式：转收益权模式、转债权及物权模式。

二、金融租赁业务的内部控制与风险管理（了解）

项目	内容
租赁物的真实性管理	融资租赁业务以租赁物为核心，金融租赁公司必须确保租赁物真实、所有权清晰无瑕疵。

真考解读 考查较少，了解即可。

续表

项目	内容
租赁物的所有权取得	（1）直接租赁业务：金融租赁公司应当在签订融资租赁合同或明确融资租赁业务意向的前提下，按照承租人要求购置租赁物。 （2）售后回租业务：租赁物必须由承租人真实拥有并有权处分。金融租赁公司不得接受已设置任何抵押、权属存在争议或已被司法机关查封、扣押的财产或所有权存在瑕疵的财产作为售后回租业务的租赁物。 （3）由于融资租赁同时具有融资、融物的属性，金融租赁公司作为租赁物的所有权人，应当通过签订合同、办理登记等方式确保取得租赁物的所有权。^{解读3}
租赁物的价值管理	金融租赁公司应当建立健全租赁物价值评估和定价体系，根据租赁物的价值、其他成本和合理利润等确定租金水平。
租后管理和处置	（1）租后管理主要是监控租赁物运营维护状况、价值变动情况、流通性以及保险到期续保等情况，确保租赁物价值平稳，风险缓释能力持续充分。 （2）金融租赁公司应当重视租赁物的风险缓释作用，密切监测租赁物价值对融资租赁债权的风险覆盖水平。
租赁业务的减值准备	（1）融资租赁业务：参照信贷资产风险分类和拨备计提要求执行。 （2）经营租赁业务：一般按照折旧方式处理。

解读3《民法典》第七百四十五条，对融资租赁物的所有权作出了特殊规定，即出租人对租赁物享有的所有权，未经登记，不得对抗善意第三人。

真考解读 考查相对较少，熟悉内容即可。

第三节 金融租赁公司的监管要求

一、金融租赁公司的市场准入（熟悉）

项目	内容
法人机构设立	金融租赁公司法人机构设立，应符合以下条件：①有符合《中华人民共和国公司法》和银行业监督管理机构规定的公司章程；②有符合规定条件的发起人；③注册资本为一次性实缴货币资本，最低限额为1亿元人民币或等值的可自由兑换货币；④有符合任职资格条件的董事、高级管理人员，并且从业人员中具有金融或融资租赁工作经历3年以上的人员应当不低于总人数的50%；⑤建立了有效的公司治理、内部控制和风险管理体系；⑥建立了与业务经营和监管要求相适应的信息科技架构，具有支撑业务经营的必要、安全且合规的信息系统，具备保障业务持续运营的技术与措施；⑦有与业务经营相适应的营业场所、安全防范措施和其他设施；⑧银行业监督管理机构规章规定的其他审慎性条件。

第十五章 金融租赁公司业务与监管

续 表

项目	内容
专业子公司设立	（1）金融租赁专业子公司是指金融租赁公司依照相关法律法规在中国境内自由贸易区、保税地区及境外，为从事特定领域^{解读1}融资租赁业务而设立的专业化租赁子公司。 （2）金融租赁公司设立境内专业子公司原则上应100%控股，有特殊情况需引进其他投资者的，金融租赁公司的持股比例不得低于51%。 （3）金融租赁公司通过专业子公司可以在境外设立项目公司开展融资租赁业务，未经批准设立专业子公司的金融租赁公司不得在境外设立项目公司。

解读1 特定领域是指金融租赁公司已开展，且运营相对成熟的融资租赁业务领域，包括飞机、船舶以及经银行业监督管理机构认可的其他租赁业务领域。

真考解读 考查较少，了解即可。

二、金融租赁公司的监管政策（了解）

项目	内容
关联交易监管	（1）金融租赁公司重大关联交易是指金融租赁公司与单个关联方之间单笔交易金额达到金融租赁公司上季末资本净额5%以上，或累计达到金融租赁公司上季末资本净额10%以上的交易。 （2）金融租赁公司对单个关联方的融资余额不得超过上季末资本净额的30%。金融租赁公司对全部关联方的全部融资余额不得超过上季末资本净额的50%。金融租赁公司对单个股东及其全部关联方的融资余额不得超过该股东在金融租赁公司的出资额，且对单个关联方的融资余额不得超过上季末资本净额的30%。
监管指标	（1）单一客户融资集中度是指金融租赁公司对单一承租人的全部融资租赁业务余额占金融租赁公司资本净额的比例。金融租赁公司的单一客户融资集中度不得超过资本净额的30%。 （2）单一集团客户融资集中度是指金融租赁公司对单一集团的全部融资租赁业务余额占金融租赁公司资本净额的比例。金融租赁公司的单一集团客户融资集中度不得超过资本净额的50%。 （3）同业拆借比例是指金融租赁公司同业拆入资金余额占金融租赁公司资本净额的比例。金融租赁公司的同业拆借比例不得超过资本净额的100%。
项目公司监管	（1）项目公司是指金融租赁公司、金融租赁公司专业子公司依照相关法律法规，为从事融资租赁业务等特定目的而专门设立的项目子公司。 （2）金融租赁公司、境内专业子公司可以在境内保税地区、自由贸易试验区、自由贸易港等境内区域设立项目公司开展融资租赁

项目	内容
项目公司监管	业务。专业子公司可以在境外设立项目公司开展融资租赁业务，也可以在境外设立以投资管理其他项目公司或以发行债券等方式向其他项目公司融资为目的的管理型项目公司^{解读2}。 （3）项目公司项下无尚未履行的与融资租赁业务有关的合同及未决事项满 6 个月的，金融租赁公司、专业子公司应当依法组织清算关闭。

解读 2 一般来说，专业子公司原则上最多可以设立 3 家管理型项目公司。

章节练习

一、单选题（以下各小题所给出的四个选项中，只有一项符合题目的要求，请选择相应选项，不选、错选均不得分）

1. 金融租赁公司法人机构设立，要求注册资本为一次性实缴货币资本，最低限额为(   )亿元人民币或等值的可自由兑换货币。

    A. 1 B. 2 C. 3 D. 4

2. 单一集团客户融资集中度是指金融租赁公司对单一集团的全部融资租赁业务余额占金融租赁公司资本净额的比例。金融租赁公司的单一集团客户融资集中度不得超过资本净额的(   )。

    A. 30% B. 40% C. 50% D. 60%

二、多选题（以下各小题所给出的五个选项中，有两项或两项以上符合题目的要求，请选择相应选项，多选、少选、错选均不得分）

1. 金融租赁公司融资租赁业务的方式有(   )。

    A. 直接融资租赁
    B. 转租赁
    C. 转让或受让融资租赁资产
    D. 联合租赁
    E. 境外借款

2. 金融租赁公司可以开办的本外币业务包括(   )。

    A. 发行债券
    B. 资产证券化
    C. 在境内保税地区设立项目公司开展融资租赁业务
    D. 为控股子公司、项目公司对外融资提供担保
    E. 吸收非银行股东 3 个月（含）以上定期存款

三、判断题（请对以下各项描述做出判断，正确的为 A，错误的为 B）

1. 单一集团客户融资集中度是指金融租赁公司对单一承租人的全部融资租赁业务余额占金融租赁公司资本净额的比例。(   )

    A. 正确 B. 错误

2. 金融租赁公司的发起人包括在中国境内外注册的具有独立法人资格的商业银行，在中国境内注册的、主营业务为制造适合融资租赁交易产品的大型企业，在中国境外注册的具有独立法人资格的融资租赁公司以及银行业监督管理机构认可的其他发起人。（　　）

A. 正确　　　　　　　　　　　　B. 错误

答案详解

一、单选题

1. A【解析】金融租赁公司法人机构设立，要求注册资本为一次性实缴货币资本，最低限额为1亿元人民币或等值的可自由兑换货币。

2. C【解析】单一集团客户融资集中度是指金融租赁公司对单一集团的全部融资租赁业务余额占金融租赁公司资本净额的比例。金融租赁公司的单一集团客户融资集中度不得超过资本净额的50%。

二、多选题

1. ABD【解析】融资租赁业务包括直接融资租赁、转租赁、售后回租、联合租赁和厂商租赁等方式。

2. ABCD【解析】经银行业监督管理机构批准，经营状况良好、符合条件的金融租赁公司可以开办下列部分或全部本外币业务：①发行债券；②在境内保税地区设立项目公司开展融资租赁业务；③资产证券化；④为控股子公司、项目公司对外融资提供担保。

三、判断题

1. B【解析】单一客户融资集中度是指金融租赁公司对单一承租人的全部融资租赁业务余额占金融租赁公司资本净额的比例。

2. A【解析】题干表述正确。

第十六章　汽车金融公司、消费金融公司、货币经纪公司业务与监管

应试分析

本章主要介绍了非银行金融机构业务经营与监管中的汽车金融公司、消费金融公司、货币经纪公司业务与监管。本章在考试中所占分值约为 4 分，内容较少，考生需掌握汽车金融公司、消费金融公司的核心业务与业务创新。

思维导图

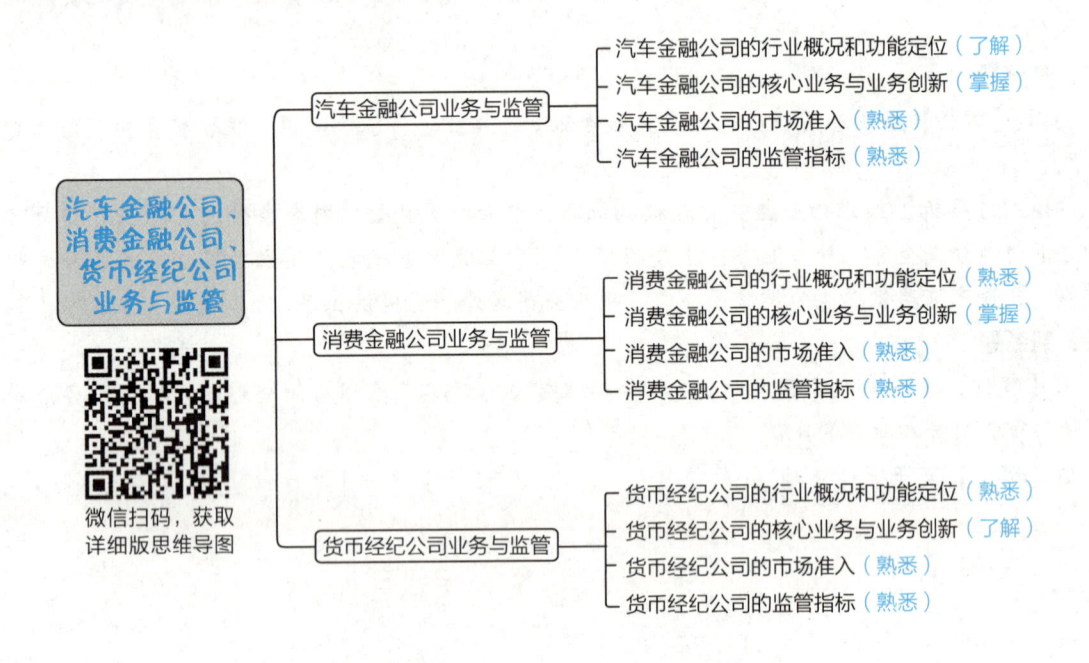

- 汽车金融公司、消费金融公司、货币经纪公司业务与监管
  - 汽车金融公司业务与监管
    - 汽车金融公司的行业概况和功能定位（了解）
    - 汽车金融公司的核心业务与业务创新（掌握）
    - 汽车金融公司的市场准入（熟悉）
    - 汽车金融公司的监管指标（熟悉）
  - 消费金融公司业务与监管
    - 消费金融公司的行业概况和功能定位（熟悉）
    - 消费金融公司的核心业务与业务创新（掌握）
    - 消费金融公司的市场准入（熟悉）
    - 消费金融公司的监管指标（熟悉）
  - 货币经纪公司业务与监管
    - 货币经纪公司的行业概况和功能定位（熟悉）
    - 货币经纪公司的核心业务与业务创新（了解）
    - 货币经纪公司的市场准入（熟悉）
    - 货币经纪公司的监管指标（熟悉）

微信扫码，获取详细版思维导图

微信扫码关注
畅享在线做题

微信扫码关注
获取免费直播课

第十六章 汽车金融公司、消费金融公司、货币经纪公司业务与监管

知识精讲

第一节 汽车金融公司业务与监管

一、汽车金融公司的行业概况和功能定位（了解）

项目	内容
概念	汽车金融公司是指经银行业监督管理机构批准设立的、专门提供汽车金融服务的非银行金融机构。
行业发展情况	（1）2004年，我国第一家汽车金融公司——上汽通用汽车金融有限责任公司正式开业，标志着这类专业化、特色化的新型非银行金融机构被成功引入我国。 （2）2008年和2023年，两次修订《汽车金融公司管理办法》，汽车金融公司走上了快速发展的道路。
功能定位	（1）汽车金融公司凭借专业化金融服务，个性化金融产品，以市场需求为导向，有效刺激我国的汽车消费需求。 （2）通过汽车金融服务促进汽车制造、销售与汽车金融的有机结合，延长企业价值链纵深发展，促进了我国汽车消费信贷市场竞争主体多元化发展，以创新、灵活、个性化的金融产品，增加消费者的金融产品选择。

真考解读 考查较少，了解即可。

二、汽车金融公司的核心业务与业务创新（掌握）

（一）核心业务

项目	内容
可从事的业务	经银行业监督管理机构批准，汽车金融公司可从事下列部分或全部本外币业务：①接受股东及其所在集团母公司和控股子公司[解读1]的定期存款或通知存款；②接受汽车经销商和售后服务商贷款保证金和承租人汽车租赁保证金；③同业拆借业务；④向金融机构借款；⑤发行非资本类债券；⑥汽车及汽车附加品贷款和融资租赁业务；⑦汽车经销商和汽车售后服务商贷款业务，包括库存采购、展厅建设、零配件和维修设备购买等贷款；⑧转让或受让汽车及汽车附加品贷款和融资租赁资产；⑨汽车残值评估、变卖及处理业务；⑩与汽车金融相关的咨询、代理和服务。
资产业务	（1）汽车融资租赁业务。即汽车金融公司根据用车人对汽车的特定要求和对销售商的选择，出资向销售商购买汽车，并租给消费者使用，消费者分期支付租金。[解读2]

真考解读 属于常考点，考生需要掌握。

解读1 控股子公司是指股东所在集团母公司持股50%（含）以上的公司。

解读2 在租赁期内，汽车的所有权属于汽车金融公司所有，消费者拥有汽车的使用权。

· 249 ·

项目	内容
资产业务	(2) 与汽车消费相关的贷款。 ①购车贷款。贷款人应建立借款人资信评级系统，审慎确定借款人的资信级别；贷款期限一般为1~3年，最长不超过5年，其中，二手车贷款的贷款期限不得超过3年；自用传统动力汽车贷款最高发放比例为80%，商用传统动力汽车贷款最高发放比例为70%；自用新能源汽车贷款最高发放比例为85%，商用新能源汽车贷款最高发放比例为75%；二手车贷款最高发放比例为70%。 ②向汽车经销商发放汽车贷款。汽车金融公司可以向汽车经销商发放采购车辆贷款和营运设备贷款，用于库存采购、展厅建设、零配件贷款和维修设备购买等。 (3) 汽车售后服务商融资服务。允许汽车金融公司向汽车售后服务商提供库存采购、维修设备购买等贷款，客户在办理汽车贷款后可以单独申请附加品融资。
负债业务	(1) 接受汽车经销商和售后服务商采购车辆贷款保证金和承租人汽车租赁保证金。(2) 吸收股东等的定期存款。(3) 同业拆入^{解读3}。(4) 向金融机构（银行和非银行金融机构借款的行为）借款。(5) 发行非资本类债券。
其他业务	(1) 资产证券化。(2) 向金融机构出售或回购汽车贷款应收款。(3) 向金融机构出售或回购汽车融资租赁应收款。

解读3 汽车金融公司拆入资金的最长期限为3个月，最高拆入限额和最高拆出限额均不得超过实收资本的100%。

典型真题

【单选题】汽车金融公司是为中国境内的汽车购买者及销售者提供金融服务的非银行金融机构。汽车金融公司的下列经营活动中属于违规行为的是（　　）。

A. 向购买汽车的消费者发放3年期汽车贷款
B. 向购买二手车的消费者发放汽车价格80%的贷款
C. 提供汽车融资租赁业务
D. 向购买新能源汽车的自用消费者发放贷款金额达到汽车价格的85%

【答案】B【解析】根据汽车金融公司购车贷款相关比例规定，二手车贷款最高发放比例为70%。

（二）业务创新

(1) 在零售业务方面，简化审批流程、丰富产品类型。
(2) 在批发业务方面，创新管理模式。
(3) 在风险管理方面，汽车金融公司无论是在创新风险管理手段还是反欺诈

第十六章 汽车金融公司、消费金融公司、货币经纪公司业务与监管

技术上均有所突破。

（4）汽车金融公司积极探索创新，以"互联网+"思维创新客户服务方式与运作模式，助推汽车金融行业的转型升级。

三、汽车金融公司的市场准入（熟悉）

（1）《汽车金融公司管理办法》规定，汽车金融公司注册资本的最低限额为5亿元人民币或等值的可自由兑换货币，注册资本为一次性实缴货币资本。国家金融监管总局2023年1号令实施后，汽车金融公司注册资本的最低限额提高至10亿元人民币或等值的可自由兑换货币且须为一次性实缴货币资本。解读4

（2）汽车金融公司的出资人为中国境内外依法设立的企业法人，其中主要出资人须为汽车整车制造企业或非银行金融机构。主要出资人是指出资数额最大且出资额不低于拟设汽车金融公司全部股本30%的出资人。汽车金融公司出资人中至少应有1名具备5年以上丰富的汽车金融业务管理和风险控制经验；或为汽车金融公司引进合格的专业管理团队，其中至少包括1名有丰富汽车金融从业经验的高级管理人员和1名风险管理专业人员。

（3）国家金融监管总局2023年1号令实施后，非金融机构作为汽车金融公司出资人，不再对总资产规模做要求，但对营业收入提高至不低于500亿元人民币或等值的可自由兑换货币，另增加"主要股东自取得股权之日起5年内不得转让所持有的股权，承诺不将所持有的汽车金融公司股权进行质押或设立信托，并在拟设公司章程中载明"的审慎性条件。

（4）《汽车金融公司管理办法》规定，汽车金融公司不得设立分支机构。

四、汽车金融公司的监管指标（熟悉）

国家金融监督管理总局明确了汽车金融公司监管的一系列指标，包括资本充足性指标、风险集中度指标、关联交易指标、流动性指标以及固定资产指标等。

（1）资本充足率解读5、杠杆率不低于国家金融监督管理总局的最低监管要求。

（2）风险集中度指标包括单一借款人的授信比例和单一集团客户授信比例两个指标。对单一借款人的授信余额不得超过资本净额的15%。对单一集团客户的授信余额不得超过资本净额的50%。

（3）关联交易监控指标主要是单一股东及其关联人授信比例，要求对单一股东及其关联方的授信余额不得超过该股东在汽车金融公司的出资额。

（4）流动性比例是流动性资产与流动性负债之比，应当不低于50%。

（5）自用固定资产比例不得超过资本净额的40%。

> 真考解读 考查相对较少，熟悉内容即可。
>
> 解读4 国家金融监管总局可以根据汽车金融业务发展情况及审慎监管需要，调高注册资本的最低限额。
>
> 真考解读 考查相对较少，熟悉内容即可。
>
> 解读5 资本充足率是指资本与风险加权资产之比，应不小于10.5%；核心资本充足率是指核心资本与风险加权资产之比，应不小于7.5%。

第二节 消费金融公司业务与监管

一、消费金融公司的行业概况和功能定位（熟悉）

真考解读 考查相对较少，熟悉内容即可。

项目	内容
概念	消费金融公司是指经银行业监督管理机构批准，在中华人民共和国境内设立的，不吸收公众存款，以小额、分散为原则，为中国境内居民个人提供以消费为目的的贷款的非银行金融机构。
行业发展情况	（1）2010年，北银消费金融有限公司、四川锦程消费金融有限公司、中银消费金融有限公司和捷信消费金融有限公司4家公司陆续开业。 （2）2013年11月，中国银监会修订《消费金融公司试点管理办法》，经国务院批准，新增包括沈阳、南京、杭州在内的12个城市参与试点，消费金融公司进入快速发展阶段。
功能定位	以"无抵押、无担保""小、快、灵"为特色的经营模式，面向中低收入群体，提供除住房和汽车之外的消费信贷服务。

二、消费金融公司的核心业务与业务创新（掌握）

真考解读 考点内容较重要，考生需掌握知识点。

（一）核心业务

项目	内容
可以经营的业务	根据《消费金融公司试点管理办法》的规定，经银行业监督管理机构批准，消费金融公司可以经营下列部分或者全部人民币业务： ①发放个人消费贷款；②接受股东境内子公司及境内股东的存款；③向境内金融机构借款；④经批准发行金融债券；⑤境内同业拆借；⑥与消费金融相关的咨询、代理业务；⑦代理销售与消费贷款相关的保险产品；⑧固定收益类证券投资业务；⑨经国务院银行业监督管理机构批准的其他业务。
资产业务	（1）发放个人消费贷款^{解读1}。（2）固定收益类证券投资。
负债业务	（1）接受股东境内子公司及境内股东的存款。（2）同业拆借^{解读2}。（3）向境内金融机构借款。（4）发行金融债券。

解读1 消费金融公司向个人发放消费贷款不应超过客户风险承受能力且借款人贷款余额最高不得超过人民币20万元。

解读2 消费金融公司拆入资金的最长期限为3个月，最高拆入限额和最高拆出限额均不得超过实收资本的100%。

典型真题

【多选题】消费金融公司可以经营下列（　　）部分或者全部人民币业务。
A．发放个人消费贷款

第十六章 汽车金融公司、消费金融公司、货币经纪公司业务与监管

B. 接受股东境内子公司及境内股东的存款
C. 向境内金融机构借款
D. 经批准发行金融债券
E. 境内同业拆借

【答案】ABCDE【解析】选项 A、选项 B、选项 C、选项 D、选项 E 均属于消费金融公司可以经营的业务。

（二）业务创新

（1）消费信贷管理模式：消费金融公司探索运用互联网等技术手段开展远程客户授权，实现消费贷款线上申请、审批和放贷。

（2）消费信贷产品创新：加大金融产品创新力度，积极开发不同期限和还款方式的信贷产品。

（3）消费金融公司不断加大对新消费重点领域的金融支持力度。

三、消费金融公司的市场准入（熟悉）

（1）消费金融公司的出资人应当为中国境内外依法设立的企业法人，并分为主要出资人^{解读3}和一般出资人。主要出资人是指出资数额最多并且出资额不低于拟设消费金融公司全部股本 30% 的出资人。一般出资人是指除主要出资人以外的其他出资人。

（2）金融机构作为消费金融公司的主要出资人，应具备以下条件：^{解读4}①具有 5 年以上消费金融领域的从业经验；②最近 1 个会计年度末总资产不低于 600 亿元人民币或等值的可自由兑换货币；③财务状况良好，最近 2 个会计年度连续盈利；④信誉良好，最近 2 年内无重大违法违规行为，或者已整改到位并经国务院银行业监督管理机构或其派出机构认可；⑤入股资金为自有资金，不得以委托资金、债务资金等非自有资金入股；⑥权益性投资余额原则上不得超过本企业净资产的 50%（含本次投资金额），国务院规定的投资公司和控股公司除外；⑦具有良好的公司治理结构、内部控制机制和健全的风险管理制度；⑧满足所在国家或地区监管当局的审慎监管要求；⑨境外金融机构应对中国市场有充分的分析和研究，且所在国家或地区金融监管当局已经与银行业监督管理机构建立良好的监督管理合作机制；⑩银行业监督管理机构规章规定的其他审慎性条件。

（3）非金融企业作为消费金融公司主要出资人，应当具备以下条件^{解读5}：①最近 1 个会计年度营业收入不低于 300 亿元人民币或等值的可自由兑换货币；②最近 1 个会计年度末净资产不低于资产总额的 30%；③财务状况良好，最近 3 个会计年度连续盈利；④信誉良好，最近 2 年内无重大违法违规行为，或者已整改到位并经国务院银行业监督管理机构或其派出机构认可；⑤入股资金为自有资金，不得以委托资金、债务资金等非自有资金入股；⑥权益性投资余额原则上不得超过本企业净资产的 40%（含本次投资金额），国务院规定的投资公司和控股公司除外；⑦银行业监督管理机构规章规定的其他审慎性条件。

解读3 这里所讲的主要出资人须为境内外金融机构或主营业务为提供适合消费贷款业务产品的境内非金融企业。

真考解读 考查相对较少，熟悉内容即可。

解读4 金融机构作为消费金融公司一般出资人，除应具备上述第③项至第⑨项规定的条件外，注册资本应不低于 3 亿元人民币或等值的可自由兑换货币。

解读5 非金融企业作为消费金融公司一般出资人，除具备上述第②、④、⑤项条件外，还应当具备以下条件：①财务状况良好，最近 2 个会计年度连续盈利；②权益性投资余额原则上不得超过本企业净资产的 50%（含本次投资金额），国务院规定的投资公司和控股公司除外。

四、消费金融公司的监管指标（熟悉）

真考解读 考查相对较少，熟悉内容即可。

银行业监督管理机构制定了消费金融公司监管指标，主要是资本充足率、同业拆入比例、资产损失准备充足率以及投资比例。

（1）资本充足率是指资本与风险加权资产之比，消费金融公司应不低于银行业监督管理机构有关监管要求。

（2）同业拆入是指消费金融公司与经中国人民银行批准进入全国银行间同业拆借市场的金融机构之间，通过全国统一的同业拆借市场进行的无担保资金融通行为。同业拆入资金余额不高于资本净额的100%。

（3）资产损失准备充足率是指信用风险资产实际计提准备与信用风险资产应提准备之比，应不低于100%。

（4）消费金融公司可以开展固定收益类证券投资业务，投资余额不高于资本净额的20%。

第三节　货币经纪公司业务与监管

一、货币经纪公司的行业概况和功能定位（熟悉）

真考解读 考查相对较少，熟悉即可。

项目	内容
概念	货币经纪公司是指经批准在中国境内设立的，通过电子技术或其他手段，专门从事促进金融机构间资金融通和外汇交易等经纪服务，并从中收取佣金的非银行金融机构。
行业发展情况	（1）2005年12月，中国首家货币经纪公司——上海国利货币经纪有限公司正式获准开业经营。 （2）目前，我国已有6家货币经纪有限公司，分别为上海国利货币经纪有限公司、上海国际货币经纪有限责任公司、平安利顺国际货币经纪有限责任公司、中诚宝捷思货币经纪有限公司、天津信唐货币经纪有限责任公司以及上田八木货币经纪（中国）有限公司。
功能定位	（1）货币经纪公司只能向金融机构提供有关外汇、货币市场产品、衍生产品等交易的经纪服务，不允许从事自营交易，不允许自然人提供经纪服务，也不允许商业银行向货币经纪公司投资。 （2）货币经纪公司主要是提供信息服务，为交易商提供交易红利，并从这部分红利中分得一定比例来维持公司运营及实现自身盈利，从而提高交易效率，降低交易成本，改善市场流动性和透明度，促进价格发现。

第十六章 汽车金融公司、消费金融公司、货币经纪公司业务与监管

二、货币经纪公司的核心业务与业务创新（了解）

（一）核心业务

根据《货币经纪公司试点管理办法》的规定，货币经纪公司及其分公司按照银行业监督管理机构批准经营的业务范围，可以经营的业务分为以下四类：①境内外外汇市场交易经纪业务；②境内外货币市场交易经纪业务；③境内外债券市场交易经纪业务；④境内外衍生产品交易经纪业务。

（二）业务创新

（1）鼓励货币经纪公司积极参与金融市场创新产品的制度设计和试点。
（2）货币经纪公司积极推动技术进步。

> 真考解读 考查较少，了解即可。

三、货币经纪公司的市场准入（熟悉）

（1）申请在境内独资或者与境内出资人合资设立货币经纪公司的境外出资人应当具备以下条件：①为所在国家或地区依法设立的货币经纪公司；②所在国家或地区金融监管当局已经与银行业监督管理机构建立良好的监督管理合作机制；③从事货币经纪业务 20 年以上，经营稳健，内部控制健全有效；④有良好的社会声誉、诚信记录和纳税记录；⑤最近 2 年内无重大违法违规经营记录，或者已整改到位并经银行业监督管理机构认可；⑥财务状况良好，最近 2 个会计年度连续盈利；⑦权益性投资余额原则上不得超过本企业净资产的 50%（含本次投资金额）；⑧有从事货币经纪服务所必需的全球机构网络和资讯通信网络；⑨具有有效的反洗钱措施；⑩银行业监督管理机构规章规定的其他审慎性条件。

（2）申请设立货币经纪公司或者与境外出资人合资设立货币经纪公司的境内出资人应当具备以下条件：①为依法设立的非银行金融机构，符合审慎监管要求；②从事货币市场、外汇市场等代理业务 5 年以上；③具有良好的公司治理结构、内部控制机制和健全的风险管理体系；④有良好的社会声誉、诚信记录和纳税记录，最近 2 年内无重大违法违规行为，或者已整改到位并经银行业监督管理机构认可；⑤财务状况良好，最近 2 个会计年度连续盈利；⑥权益性投资余额原则上不得超过本企业净资产的 50%（含本次投资金额）；⑦银行业监督管理机构规章规定的其他审慎性条件。

> 真考解读 考查相对较少，熟悉内容即可。

四、货币经纪公司的监管指标（熟悉）

货币经纪公司以现金资产或等值国债形式存在的资本金必须至少能够维持 3 个月的运营支出，不得将资本金投资于非自用的固定资产。

> 真考解读 考查相对较少，熟悉内容即可。

章节练习

一、单选题（以下各小题所给出的四个选项中，只有一项符合题目的要求，请选择相应选项，不选、错选均不得分）

1. 消费金融公司的出资人应当为中国境内外依法设立的企业法人，并分为(　　)。
   A. 主要出资人和次要出资人　　　　B. 特殊出资人和一般出资人
   C. 主要出资人和一般出资人　　　　D. 特殊出资人和次要出资人

2. 消费金融公司可以开展固定收益类证券投资业务，投资余额不高于资本净额的(　　)。
   A. 20%　　　　B. 30%　　　　C. 40%　　　　D. 50%

二、多选题（以下各小题所给出的五个选项中，有两项或两项以上符合题目的要求，请选择相应选项，多选、少选、错选均不得分）

1. 汽车金融公司的资产业务有(　　)。
   A. 发行金融债券　　　　　　　　　B. 向金融机构借款
   C. 提供汽车融资租赁业务　　　　　D. 向汽车经销商发放汽车贷款
   E. 购车贷款

2. 消费金融公司的负债业务包括(　　)。
   A. 接受股东境内子公司及境内股东的存款　　B. 同业拆借
   C. 向境内金融机构借款　　　　　　　　　　D. 发行金融债券
   E. 发放个人消费贷款

三、判断题（请对以下各项描述做出判断，正确的为 A，错误的为 B）

1. 我国货币经纪公司可以向境内外机构提供经纪服务，以及从事金融产品的自营业务。(　　)
   A. 正确　　　　　　　　　　　　　B. 错误

2. 货币经纪公司以现金资产或等值国债形式存在的资本金必须至少能够维持 6 个月的运营支出，不得将资本金投资于非自用的固定资产。(　　)
   A. 正确　　　　　　　　　　　　　B. 错误

答案详解

一、单选题

1. C【解析】消费金融公司的出资人应当为中国境内外依法设立的企业法人，并分为主要出资人和一般出资人。

2. A【解析】消费金融公司可以开展固定收益类证券投资业务，投资余额不高于资本净额的 20%。

二、多选题

1. CDE【解析】汽车金融公司的资产业务主要包括以下内容：①提供汽车融资租赁业务；②与

第十六章 汽车金融公司、消费金融公司、货币经纪公司业务与监管

汽车消费相关的贷款,其中包括购车贷款和向汽车经销商发放汽车贷款;③提供汽车售后服务商融资服务。选项 A、选项 B 属于汽车金融公司的负债业务。

2. ABCD 【解析】消费金融公司的资产业务包括以下内容:①发放个人消费贷款;②固定收益类证券投资。消费金融公司的负债业务包括以下内容:①接受股东境内子公司及境内股东的存款;②同业拆借;③向境内金融机构借款;④发行金融债券。选项 E 属于消费金融公司的资产业务。

三、判断题

1. B 【解析】货币经纪公司只能向金融机构提供有关外汇、货币市场产品、衍生产品等交易的经纪服务,不允许从事自营交易,不允许向自然人提供经纪服务,也不允许商业银行向货币经纪公司投资。

2. B 【解析】货币经纪公司以现金资产或等值国债形式存在的资本金必须至少能够维持 3 个月的运营支出,不得将资本金投资于非自用的固定资产。

第十七章 银行业消费者权益保护

🔍 应试分析

本章主要介绍了银行业消费者权益保护，包括银行业消费者权益保护概述、主要银行业务的消费者权益保护、银行业消费者投诉处理及银行业金融机构社会责任。本章在考试中所占分值约为6分，考生需要掌握银行业消费者的主要权利与义务、主要银行业务的消费者权益保护、银行业消费者投诉处理的内容。

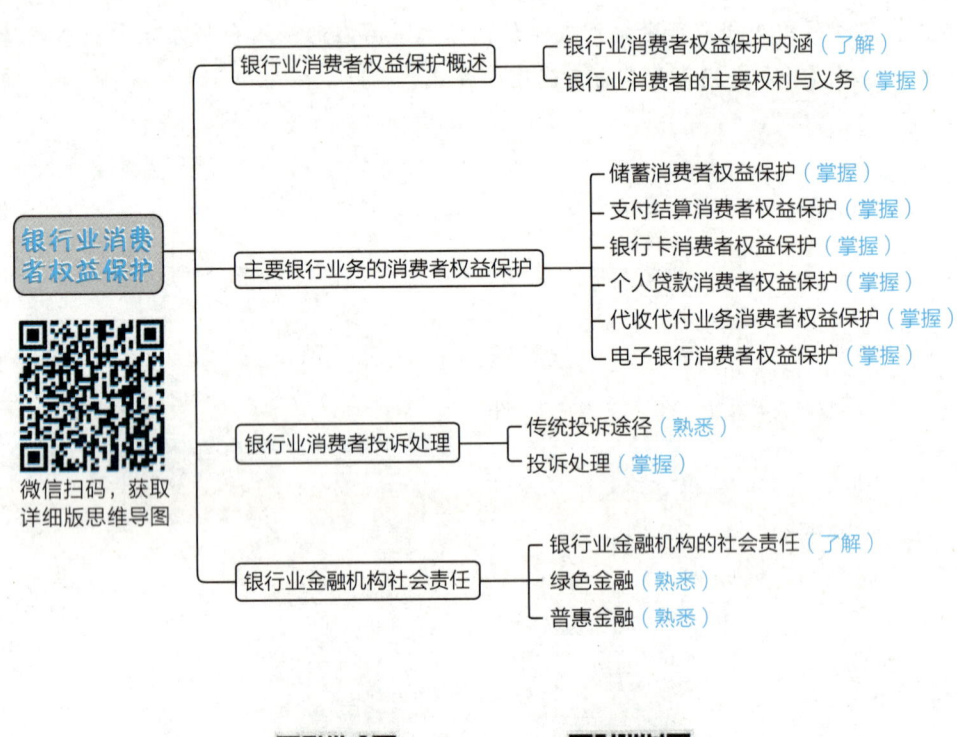

🏠 思维导图

银行业消费者权益保护

- 银行业消费者权益保护概述
  - 银行业消费者权益保护内涵（了解）
  - 银行业消费者的主要权利与义务（掌握）
- 主要银行业务的消费者权益保护
  - 储蓄消费者权益保护（掌握）
  - 支付结算消费者权益保护（掌握）
  - 银行卡消费者权益保护（掌握）
  - 个人贷款消费者权益保护（掌握）
  - 代收代付业务消费者权益保护（掌握）
  - 电子银行消费者权益保护（掌握）
- 银行业消费者投诉处理
  - 传统投诉途径（熟悉）
  - 投诉处理（掌握）
- 银行业金融机构社会责任
  - 银行业金融机构的社会责任（了解）
  - 绿色金融（熟悉）
  - 普惠金融（熟悉）

第十七章 银行业消费者权益保护

知识精讲

第一节 银行业消费者权益保护概述

一、银行业消费者权益保护内涵（了解）

项目	内容
概念	银行业消费者是指购买、使用银行业产品和服务的自然人。
工作的目标	银行业消费者权益保护工作应当坚持以人为本，坚持服务至上，坚持履行社会责任，充分践行向银行业消费者公开信息的义务，公正对待银行业消费者的责任，公平进行交易的行为。

真考解读 考查较少，了解即可。

二、银行业消费者的主要权利与义务（掌握）

项目	内容
银行业消费者的主要权利	（1）安全权。包括人身安全权和财产安全权两个方面。 （2）信息安全权。银行业消费者的隐私权包括身份信息保密和财务信息保密^{解读1}。 （3）知情权。享有知情权是银行业消费者在消费过程中作出自由选择并实现公平交易的前提条件。 （4）自主选择权。银行业消费者可以根据自己的体验、爱好与判断，自主选择银行作为交易对象或自主选择银行产品并决定是否与其进行交易，不受任何单位和个人的不合理干预。 （5）公平交易权。银行在与消费者形成法律关系时，应当遵循公正、平等、诚实、信用的原则，不得强行要求消费者购买、使用其产品或接受其服务，也不得在合同或法律关系中制定规避义务和违反公平的条款。 （6）依法求偿权。只有这项权利最终得到了实现，消费者的合法权益才算真正得到了保护。 （7）受教育权。银行业消费者的受教育权分为两类：银行消费知识的受教育权和消费者权益保护知识的受教育权。 （8）受尊重权。金融机构应当尊重金融消费者的人格尊严和民族风俗习惯，不得因金融消费者性别、年龄、种族、民族和国籍等不同进行歧视性差别对待。
银行业消费者的主要义务	（1）遵守相关法律。（2）交易信息公开。（3）妥善处理客户交易请求^{解读2}。（4）交易有凭有据。（5）保护消费者信息。（6）妥善处理投诉。

真考解读 属于常考点，一般会考1道题。

解读1 身份信息包括银行业消费者的姓名、住址、身份证号、联系电话和电子邮箱；财务信息包括银行账号、银行卡号、支付密码、印鉴、账户资产和负债情况。

解读2 银行对消费者购买银行产品或者接受银行服务的申请，应当在规定时间内办理；拒绝消费者有关申请的，应当及时告知消费者，并向其说明理由。

第二节　主要银行业务的消费者权益保护

一、储蓄消费者权益保护（掌握）

真考解读 属于重要考点，考生需要掌握。

解读1 银行的业务渠道包括营业网点、ATM机、电子银行、客服热线等。

解读2 开户银行受理消费者的挂失后，可在规定期限内，为消费者办理补领新存单、存折、银行卡或支取存款。

项目	内容
消费者的主要权利	（1）消费者有权选择任一银行营业网点开立个人银行账户。未经本人同意，任何单位和个人不得为消费者指定开户银行。 （2）消费者有权自己选择存款种类、期限、数额。 （3）消费者可根据自身需要，在开立定期存款账户时，要求银行为其办理定期存款到期约定转存业务。 （4）消费者有权通过银行的各种业务渠道^{解读1}查询本人储蓄账户变动情况。 （5）消费者可以按照与银行约定的日期取款，也可以不按照约定的日期取款，只要手续符合规定，银行就应当及时支付本金和相应的利息，不得以任何理由拒绝消费者提取存款。 （6）消费者依法对自己的合法财产（包括储蓄存款）享有隐私权，银行对消费者的银行账户信息负有保密责任。 （7）消费者自己保存的个人银行账户记名的存单、存折、银行卡等如有遗失，可以向开户银行申请挂失止付。^{解读2} （8）消费者有权获知储蓄存款种类、利率及计结息方式。 （9）消费者凭学校提供的正在接受非义务教育的学生身份证明一次支取教育储蓄存款本金和利息时，可以享受利率优惠，并免征教育储蓄存款利息所得税。 （10）消费者可以凭有效身份证件办理个人外汇储蓄账户资金境内划转及本人账户间的资金划转；消费者可以办理本人与其直系亲属账户间的资金划转，凭双方有效身份证件、直系亲属关系证明即可；境内个人和境外个人账户间的资金划转按跨境交易进行管理。 （11）消费者的本人外汇结算账户与外汇储蓄账户间资金可以划转，但外汇储蓄账户向外汇结算账户的划款限于划款当日的对外支付，不得划转后结汇。 （12）消费者提取外币现钞当日累计等值1万美元以下（含）的，可以在银行直接办理；超过上述金额的，凭本人有效身份证件、提钞用途证明等材料向银行所在地外汇局事前报备。 （13）消费者向外汇储蓄账户存入外币现钞，当日累计等值5 000美元以下（含）的，可以在银行直接办理；超过上述金额的，凭本人有效身份证件、经海关签章的《中华人民共和国海关进境旅客行李物品申报单》或本人原存款银行外币现钞提取单据在银行办理。

续表

项目	内容
风险提示	（1）定活两便储蓄存款存期不限，存期不满 3 个月的，按支取日活期利率计息；存期 3 个月（含）以上、1 年以内的，按支取日同档次整存整取利率打 6 折计息；存期超过 1 年（含）的，无论存期多长，一律按支取日定期整存整取 1 年期存款利率打 6 折计息。 （2）个人银行账户的存单、存折、银行卡等，以及设定的支付密码，消费者应妥善保管。 （3）定期储蓄过期利息按活期利率计算。 （4）长时间存入活期储蓄账户的一定数额的闲置资金宜及时转为定期储蓄，以提高利息收益。 （5）存款凭条应由消费者本人填写并签字，避免发生纠纷，银行从业人员不得代填，以便产生纠纷时通过核对笔迹落实责任。 （6）如存单遗失，消费者需立即拨打客服电话或到银行网点办理挂失相关手续。 （7）防范电话、短信及网络诈骗。

二、支付结算消费者权益保护（掌握）

项目	内容
消费者的主要权利	（1）没有开立存款账户的消费者，向银行交付款项后，也可以通过银行办理支付结算。 （2）消费者（汇款人）对汇出银行尚未汇出的款项可以申请撤销。申请撤销时，应出具正式函件或本人身份证件及原信、电汇回单。汇出银行查明确未汇出款项的，收回原信、电汇回单，方可办理撤销。
银行的主要义务	（1）汇出银行受理消费者签发的汇兑凭证，经审查无误后，应及时向汇入银行办理汇款，并向汇款人签发汇款回单。 （2）汇入银行对开立存款账户的收款人，应将汇给其的款项直接转入收款人账户，并向其发出收账通知。
风险提示	（1）汇款回单只能作为汇出银行受理汇款的依据，不能作为汇款已转入收款人账户的证明。 （2）未填明"现金"字样和代理付款人的银行汇票以及未填明"现金"字样的银行本票丧失，不得挂失止付。 （3）银行汇票、银行本票的持票人超过规定期限提示付款的，丧失对出票人以外的前手的追索权。支票的持票人超过规定期限提示付款的，丧失对出票人以外的前手的追索权。

真考解读 属于重要考点，考生需要掌握。

三、银行卡消费者权益保护（掌握）

真考解读 属于重要考点，考生需要掌握。

项目	内容
消费者的主要权利	（1）符合银行规定条件的自然人有权自主申办银行卡。 （2）消费者有权使用银行卡办理存取现、转账、消费、查询等金融业务，有权使用信用卡办理透支支付业务。 （3）消费者有权要求银行就信用卡章程、领用协议、计息政策、收费标准、收费项目、安全用卡等作出解释和说明。 （4）如银行卡的章程、收费项目、收费标准等发生变化，消费者有权在公告期间选择是否继续使用该卡及相关服务。 （5）消费者有权查询自己申办的所有银行卡账户和交易信息。 （6）未经消费者激活的信用卡，消费者有权拒付发卡银行就该卡收取的任何费用。 （7）消费者有权对银行卡的服务质量进行监督。
银行的主要义务	（1）客户申领信用卡时，发卡银行应当向消费者提供相关的章程、领用协议等供其阅读，从业人员应准确解释、客观回答消费者的相关咨询，不得进行误导性和欺骗性的宣传^{解读3}。 （2）发卡银行应按监管规定对申请人身份真实性进行核实，确保为消费者本人申请，防止身份信息被他人冒用。 （3）发卡银行应通过柜台、自助设备、网上银行等渠道向消费者提供存取现、转账、消费、挂失、查询、补（换）卡、销户等服务，应按照与消费者约定的方式提供对账服务，并及时就即将到期的信用卡透支金额、还款日期等信息提醒消费者。
风险提示	（1）申领渠道要正规^{解读4}。（2）妥善保管银行卡。（3）支付密码要保密，密码设置应易于记忆但难于破译。（4）用卡安全要牢记。（5）金融欺诈要警惕。（6）透支消费要量力。（7）个人信用要珍惜。

解读3 发卡银行应确保消费者本人在信用卡申请材料上亲自签名，不得在消费者不知情或违背消费者意愿的情况下发卡。

解读4 要通过发卡机构正规渠道办理申请手续，不要委托他人或中介机构代办信用卡。

四、个人贷款消费者权益保护（掌握）

真考解读 属于重要考点，考生需要掌握。

项目	内容
消费者的主要权利	（1）消费者有权选择贷款银行、选择贷款产品，自主决定是否贷款。 （2）消费者有权要求银行在贷款申请阶段准确、全面地告知个贷产品的贷款条件、贷款期限、贷款利率、利率调整、还款方式、担保方式等贷款要素相关信息。

续 表

项目	内容
消费者的主要权利	（3）消费者有权要求银行在贷款申请阶段全面告知与所选择个贷产品相关的中间业务收费项目、收费标准等内容，以便全面测算贷款成本。 （4）消费者有权要求银行告知本人所申请贷款的处理进度。 （5）消费者有权按借款合同约定，提取和使用借款合同项下全部借款。 （6）消费者有权按借款合同约定，提前偿还借款合同项下全部或部分借款。 （7）消费者有权要求银行提供还款计划、还款明细等信息。 （8）消费者有权要求银行不得收集与个贷业务办理无关的个人信息，如个人密码等。 （9）消费者有权要求银行及其工作人员按约定方式使用在个贷业务办理过程中获取的客户个人信息，并承担保密义务（法律法规及其他规范性文件要求提供的除外）。 （10）消费者有权拒绝强制交易行为。 （11）消费者有权获得价格合理、质价相符的个贷服务，有权拒绝银行就未提供实质性服务的产品和服务收取费用。
银行的主要义务	（1）银行应按借款合同约定，向消费者发放借款。 （2）银行不得预先在本金中扣除利息。利息预先在本金中扣除的，按实际借款数额返还借款并计算利息。 （3）银行应在借款合同、担保合同及与消费者签署的其他合同文本中，对格式条款进行标示，并按消费者要求，充分向客户解释格式条款含义。 （4）银行应对在个人贷款业务办理过程中获取的个人信息、经营信息、财务信息、资产信息等非公开信息承担保密义务，未经消费者允许，不得将上述信息透露给第三人。 （5）个人贷款采用质押担保方式的，银行在贷款存续期间，须妥善保管质押物。在贷款结清后，银行应将质押物移交质押人。 （6）个人贷款采用抵押担保方式的，在贷款结清后，银行应配合抵押人前往相关抵押登记管理部门办理抵押物解除抵押手续。 （7）对未获批准的个人贷款申请，贷款人应告知借款人。
风险提示	（1）银行在受理贷款申请时，需就贷款金额、贷款期限、贷款利率、贷款放款时间等信息与消费者进行沟通，并作出风险提示。 （2）银行在个贷办理过程中，需在获得消费者授权后查询其征信记录，以审查消费者资信情况是否符合规定，因此有必要在贷款

续表

项目	内容
风险提示	受理阶段向消费者作出风险提示，并由个贷消费者签字。 （3）在申请贷款时，银行应提醒消费者量力而行，根据自己的还款能力及未来收入预期确定申请额度及还款方式，每月还款金额以不超过家庭收入的50%为宜。

五、代收代付业务消费者权益保护（掌握）

真考解读 属于重要考点，考生需要掌握。

项目	内容
消费者的主要权利	（1）消费者向银行的权利主张仅限于一般结算账户的交易明细查询、对账服务等。 （2）对于代收付出现的错漏，消费者应首先向委托单位进行查询、主张相关权利，银行配合提供相关查询，确属银行执行收付指令错漏的，银行应按照协议规定进行纠正。
银行的主要义务	（1）按照委托单位收付指令，执行代收代付业务，并为业务的准确性负责。 （2）法律、行政法规及相关协议规定银行应履行的其他义务。
风险提示	（1）消费者要提高风险防范意识，不要相信陌生电话、短信，遇有疑问，应向银行或委托收付单位进行查询。 （2）消费者要关注自身账户收支情况，及时核对账单，遇有不明原因、金额异常的收支明细，应尽快向委托收付单位或银行进行查询。

六、电子银行消费者权益保护（掌握）

真考解读 属于重要考点，考生需要掌握。

项目	内容
消费者的主要权利	（1）消费者可以自主决定是否申请注册电子银行业务，自主选择注册电子银行的渠道种类。注册电子银行业务后，有权依据与银行签署的电子银行服务协议及开通项目的种类享受银行提供的该类服务。 （2）在电子银行服务协议生效期间，消费者可以自主决定是否申请暂停、恢复、注销电子银行业务。 （3）消费者对电子银行服务有疑问、建议或意见，可拨打银行客服热线、登录银行官方网站及至银行营业网点进行咨询或投诉。

续 表

项目	内容
银行的主要义务	（1）及时受理消费者相关电子银行服务的申请，经审查符合条件的，及时、准确地办理相关业务，并按消费者注册方式、内容的不同为消费者提供相应的电子银行服务。 （2）应及时准确地执行消费者发送的有效电子交易指令^{解读5}。 （3）有义务为消费者提供电子银行业务咨询服务，并在官方网站或其他正常渠道公布相关服务功能介绍、收费标准或操作指南等内容。
风险提示	（1）给网上银行消费者的风险提示。 （2）给手机银行消费者的风险提示。 （3）给电话银行消费者的风险提示。 （4）给电子商务消费者的风险提示。 （5）给自助银行消费者的风险提示。

解读5 对于以下情况，银行不承担任何责任：银行接收到的指令信息不完整或信息内容有误；消费者账户可用余额或信用额度不足；消费者账户资金被依法冻结或扣划；消费者未能按照银行有关业务规定正确操作；消费者的行为出于欺诈等恶意目的；不可抗力或其他不属于银行过失的原因。

第三节　银行业消费者投诉处理

真考解读 考查相对较少，熟悉内容即可。

一、传统投诉途径（熟悉）

（1）银行分支机构接访或营业网点现场受理的消费者投诉。
（2）客户服务中心受理的消费者投诉。
（3）通过新闻媒体、网络、信访以及政府有关部门、人大、政协部门、金融监管机构转办的消费者投诉。

二、投诉处理（掌握）

真考解读 属于重要考点，考生需要掌握。

项目	内容
分类	（1）一般性投诉处理。 ①基本原则：积极主动原则^{解读}；客观公正原则；专业原则；效率原则；合规谨慎原则。 ②相关要点：注重服务礼仪；明确投诉处理流程；掌握投诉处理技巧；明确处理投诉的权限划分，构建快速处理通道。 （2）重大投诉处理。 ①基本原则：积极应对、快速反应；有效控制、减少影响；公正诚信、实事求是。 ②相关要点：银行接到大规模投诉，或者投诉事项重大，涉及众多消费者利益，可能引发群体性事件的，应当及时向银行业监督管理机构或其派出机构报告。

解读 积极主动原则要坚持以人为本，树立维护金融稳定大局观，做到即便投诉不是因我而起，也要坚持"投诉到我为止"的负责态度，积极主动地处理投诉，杜绝互相推诿、退缩。

续表

项目	内容
基本要求	（1）建立投诉处理机制。银行应设立或指定投诉处理部门，制定投诉处理工作流程，及时妥善解决客户投诉事项。 （2）畅通投诉渠道，为客户投诉提供必要的便利。 （3）明确投诉处理时限。投诉处理应当高效快速，情况复杂或有特殊原因的，可以适当延长处理时限，并应告知客户延长时限及理由。 （4）跟进投诉处理结果。

典型真题

【单选题】银行业消费者一般性投诉处理的基本原则不包括（ ）。
A. 专业原则　　　　　　　　　　B. 合规谨慎原则
C. 客观公正原则　　　　　　　　D. 有效控制、减少影响
【答案】D【解析】银行业消费者一般性投诉处理的基本原则包括以下内容：①积极主动原则；②客观公正原则；③专业原则；④效率原则；⑤合规谨慎原则。

第四节　银行业金融机构社会责任

一、银行业金融机构的社会责任（了解）

真考解读 考查较少，了解即可。

项目	内容
经济责任	在遵守法律条件下，营造公平、安全、稳定的行业竞争秩序，以优质的专业经营，持续为国家、股东、员工、客户和社会公众创造经济价值。
环境责任	环境责任包括支持国家产业政策和环保政策，节约资源，保护和改善自然生态环境，支持社会可持续发展。
社会责任	（1）以符合社会道德和公益要求的经营理念为指导，积极维护消费者、员工和社区大众的社会公共利益；提倡慈善责任，积极投身社会公益活动，构建社会和谐，促进社会发展。 （2）银行业金融机构应承担消费者教育的责任，积极开展金融知识普及教育活动。 （3）主动承担信用体系建设的责任，积极开展诚实守信的社会宣传，引导和培育社会公众的信用意识。 （4）努力促进行业间的协调和合作，加强银行业信用信息的整合和共享，稳步推进我国银行业信用体系建设。

续 表

项目	内容
社会责任	（5）提倡以人为本，重视员工健康和安全，关心员工生活，改善人力资源管理；加强员工培训，提高员工职业素质，提升员工职业价值，激发员工工作积极性、主动性和创造性，培养金融人才，创建健康发展、积极和谐的职业环境。 （6）支持社区经济发展，为社区提供金融服务便利，积极开展金融教育宣传、扶贫帮困等内容丰富且形式多样的社区服务活动，努力为社区建设贡献力量。 （7）关心社会发展，热心慈善捐赠、志愿者活动，积极投身社会公益活动，通过发挥金融杠杆的作用，努力构建社会和谐，促进社会进步。

典型真题

【单选题】银行业金融机构应尽的环境责任不包括(　　)。
A. 支持国家环保政策，节约资源
B. 持续为国家、股东、员工、客户和社会公众创造经济价值
C. 按照赤道原则，把握银行的信贷投向
D. 保护和改善自然生态环境
【答案】B【解析】选项B属于银行业金融机构应尽的经济责任。

二、绿色金融（熟悉）

（一）绿色金融的概述

绿色金融是指为支持环境改善、应对气候变化和资源节约高效利用的经济活动，即对环保、节能、清洁能源、绿色交通、绿色建筑等领域的项目投融资、项目运营、风险管理等所提供的金融服务。

绿色金融体系是指通过绿色信贷、绿色债券、绿色股票指数和相关产品、绿色发展基金、绿色保险、碳金融等金融工具和相关政策支持经济向绿色化转型的制度安排。

（二）相关规定

（1）《银行业保险业绿色金融指引》，要求银行业金融机构深入贯彻落实新发展理念，从战略高度推进绿色金融，加大对绿色、低碳、循环经济的支持，防范环境、社会和治理风险，提升自身的环境、社会和治理表现，促进经济社会发展全面绿色转型。银行业金融机构应将环境、社会、治理要求纳入管理流程和全面风险管理体系，强化环境、社会、治理信息披露和与利益相关者的交流互动，完善

真考解读 考查相对较少，熟悉即可。

相关政策制度和流程管理。

（2）《银行业保险业绿色金融指引》要求银行业金融机构加强投融资流程管理，做好授信和投资尽职调查，加强授信和投资审批管理，通过完善合同条款督促客户加强环境、社会和治理风险管理，完善贷后和投后管理。

真考解读 考查相对较少，熟悉即可。

三、普惠金融（熟悉）

（一）普惠金融概述

项目	内容
概念	普惠金融是指立足机会平等要求和商业可持续原则，以可负担的成本为有金融服务需求的社会各阶层和群体提供适当、有效的金融服务。
服务对象	小微企业、农民、城镇低收入人群和残疾人、老年人等特殊群体是当前我国普惠金融的重点服务对象。
关键要素	普惠金融定义中的四个关键要素：①可得性；②多样且适当的产品；③商业可行性和可持续性；④安全和责任。
基本原则	（1）健全机制、持续发展。 （2）机会平等、惠及民生。 （3）市场主导、政府引导。 （4）防范风险、推进创新。 （5）统筹规划、因地制宜。
重要意义	让所有市场主体都能分享金融服务的雨露甘霖，有利于促进金融业可持续发展，推动大众创业、万众创新，助推经济发展方式转型升级，促进社会公平和社会和谐。

（二）我国在普惠金融方面的实践

（1）小微金融服务^{解读}。

解读 小微金融主要是指专门向小型和微型企业及中低收入阶层提供小额度的可持续的金融产品和服务。

（2）支持脱贫攻坚服务。
（3）"三农"金融服务。
（4）巩固拓展脱贫攻坚成果与乡村振兴政策的有效衔接。

（三）普惠金融的深化

（1）健全多元化广覆盖的机构体系。
（2）创新金融产品和服务手段。
（3）加快推进金融基础设施建设。
（4）加强普惠金融教育与金融消费者权益保护。

第十七章 银行业消费者权益保护

章节练习

一、单选题（以下各小题所给出的四个选项中，只有一项符合题目的要求，请选择相应选项，不选、错选均不得分）

1. 根据《银行业消费者权益保护工作指引》，银行业金融机构应当尊重银行业消费者的（   ），即公平公正制定格式合同和协议文本，不得出现误导、欺诈等侵害银行业消费者合法权益的条款。
   A. 风险承受能力　　　　　　　　B. 安全权
   C. 知情权　　　　　　　　　　　D. 公平交易权

2. 银行对消费者购买银行产品或者接受银行服务的申请，应当在规定时间内办理，体现了银行对消费者的主要义务中的（   ）。
   A. 交易信息公开　　　　　　　　B. 妥善处理客户交易请求
   C. 保护消费者信息　　　　　　　D. 遵守相关法律

3. 当前我国普惠金融的重点服务对象不包括（   ）。
   A. 农民　　　　　　　　　　　　B. 城市白领
   C. 小微企业　　　　　　　　　　D. 残疾人

二、多选题（以下各小题所给出的五个选项中，有两项或两项以上符合题目的要求，请选择相应选项，多选、少选、错选均不得分）

1. 银行业消费者的受尊重权是指金融机构应当尊重金融消费者的（   ），不得因金融消费者性别、年龄、种族、民族或国籍等不同进行歧视性差别对待。
   A. 生活习惯　　　　　　　　　　B. 消费能力
   C. 民族风俗习惯　　　　　　　　D. 个人价值观
   E. 人格尊严

2. 以下属于银行业消费者主要权利的是（   ）。
   A. 受尊重权　　　　　　　　　　B. 受教育权
   C. 自主选择权　　　　　　　　　D. 公开交易权
   E. 依法求偿权

三、判断题（请对以下各项描述做出判断，正确的为A，错误的为B）

1. 银行接到大规模投诉，或者投诉事项重大，涉及众多消费者利益，可能引发群体性事件的，应当及时向银行业监督管理机构或其派出机构报告。（   ）
   A. 正确　　　　　　　　　　　　B. 错误

2. 银行业金融机构的企业社会责任包括经济责任、社会责任、环境责任等内容。（   ）
   A. 正确　　　　　　　　　　　　B. 错误

答案详解

一、单选题

1. D【解析】公平交易权是指银行在与消费者形成法律关系时,应当遵循公正、平等、诚实、信用的原则,不得强行要求消费者购买、使用其产品或接受其服务,也不得在合同或法律关系中制定规避义务和违反公平的条款。

2. B【解析】妥善处理客户交易请求的义务是指银行对消费者购买银行产品或者接受银行服务的申请,应当在规定时间内办理;拒绝消费者有关申请的,应当及时告知消费者,并向其说明理由。

3. B【解析】小微企业、农民、城镇低收入人群和残疾人、老年人等特殊群体是当前我国普惠金融的重点服务对象。

二、多选题

1. CE【解析】金融机构应当尊重金融消费者的人格尊严和民族风俗习惯,不得因金融消费者性别、年龄、种族、民族和国籍等不同进行歧视性差别对待。

2. ABCE【解析】银行业消费者主要权利有安全权、信息安全权、知情权、自主选择权、公平交易权、依法求偿权、受教育权、受尊重权。

三、判断题

1. A【解析】题干表述正确。

2. A【解析】题干表述正确。